集人文社科之思　刊专业学术之声

集 刊 名：中国农村教育评论
主办单位：教育部人文社会科学重点研究基地
　　　　　东北师范大学中国农村教育发展研究院
　　　　　中国教育学会农村教育分会
主　　编：邬志辉
副 主 编：李　涛
本辑执行主编：李　涛

Vol. 4 REVIEW OF CHINESE RURAL EDUCATION

第四辑

集刊序列号：PIJ-2021-434

中国集刊网：www.jikan.com.cn

集刊投约稿平台：www.iedol.cn

邬志辉／主　编

李　涛／副主编
　　　　执行主编

中国农村教育评论

REVIEW OF CHINESE RURAL EDUCATION

农村教育：文化与社会

第 四 辑
Vol.4

社会科学文献出版社
SOCIAL SCIENCES ACADEMIC PRESS (CHINA)

卷首语

农村教育：文化与社会

近年来，随着社会公共资源和国家政策资源向农村教育大力倾斜，中国农村教育事业不断取得进步，农村各级各类教育保持良好增长势头，如学前教育各项普惠指标超额完成；义务教育县域均衡发展水平稳步上升；高中阶段教育质量建设快速推进；优质高等教育入学机会向更多农村学生倾斜。此外，针对农村困难学生的贫困资助也在不断加大力度、精度和覆盖面，总人数不断减少的留守儿童与随迁儿童等弱势农村教育群体也得到了更多关爱与帮扶。中国农村教育总体呈现出欣欣向荣的发展态势。

当前，中国农村学生早已实现"有学上"的基本目标，正在向"上好学"的高质量发展目标迈进。在迈向共同富裕、全面推进乡村振兴的大背景下，中国农村教育尽管取得了巨大成就，但未来依旧面临考验：农村教育如何在城乡社会急剧变迁下有效平衡"公平"与"效益"、"离农"与"为农"等内生矛盾？农村特有的乡土文化在未来乡村社会中究竟扮演何种角色且何去何从？乡村建设人才究竟应如何"家园式"服务乡村而不是"资源式"掠取乡村？诸如此类问题亟待破解。梁漱溟先生有言，"中国传统文化的根在乡村""只有乡村有办法，中国才算有办法，无论在经济上、政治上、教育上都是如此"。陶行知先生亦言，"学校是改造乡村的中心""教师是学校和乡村的灵魂"。教育始终是乡村建设与发展的根基，自然也是乡村振兴的基础性工程，乡村教育促进乡村振兴，关系中国社会主义现代化建设全局。本集刊自创刊以来，始终聚焦农村教育理论前沿，探索农村教育田野实践，努力寻找行之有效的中国农村教育进步之路。本辑以"农村教育：文化与社会"为主题，所精心遴选的论文，俱为中外研究者切实关注现实前沿问题，凸显理论联系实践、行知合一的学术研究成果。

本集刊第一部分为"教育理论"栏目，聚焦"基于教育社会学的儿童观察"议题，所遴选的两篇文章都紧密围绕儿童在学校中的日常生活世界展开，以"谁的"与"何以可能"两种提问方式，在习焉不察的琐碎细节处探妙教育社会学的想象力。第一篇文章围绕"谁在'制造'儿童？"这一经典教育社会学问题，借由布迪厄的"炼金术"概念，依循知识社会学研究路径进入"教室"（这是经由学科科目教学养成儿童规范意识与形成纪律观念的重要社会空间）；遵循社会认识论致思取向，以考古学方法检视学科教学法背后学科规范形成所蕴含的历史进路，探寻约束儿童学习行为、日常交往、思维习惯等理性标准所确立的"知识 - 权力"网络关系。作者以"教育面向未来社会"作为反思儿童教育方式的标准，以教学法的精巧技艺展开这一标准心理技术铭刻与理性思维规范过程，动态呈现了教学规范与学科科目的调试匹配过程，以"融入"与"排斥"的双重生产方式剖析了作为"炼金术"的学校数学课程。第二篇文章基于教育社会学"何以可能"的提问方式，运用"场域 - 惯习"理论，以家庭作业为切入点，采用质的研究方法描绘了不同家庭社会经济地位的家长参与儿童学业成就的行动策略图景：准确、按时、整洁的作业习惯实现了家庭惯习与学校教育标准的契合，展现了协作培养养育方式与学校教育方式的交融；错误、拖延、脏乱的作业习惯造成了家庭惯习与学校制度规范的相悖，凸显了自然成就成长养育方式与学校教育方式的分离。"契合"与"相悖"成为教师评定和确认儿童学校表现的主要标准，进而延伸至与儿童日常的课堂互动方式与行动策略，结构性、差异化地勾勒出家校关系复杂的发展轨迹与动态边界，形塑了学校日常师生互动的基本样态。

第二部分为"教育调查"栏目，聚焦"基于实证的教育社会问题研究"议题。该部分文章采取量和质的实证研究方法，以期解释和回应当前中国教育现实问题，如深度贫困县学校空间布局、农村学前教育阶段教师职业倦怠、农村地区择校现象。在第一篇文章中，作者对最后一批深度贫困县学校空间布局展开了研究，这对深度贫困县的教育发展具有特殊意义，也对"后脱贫时代"深度贫困县从"脱贫攻坚"向"乡村振兴"平稳过渡具有重大意义。作者共收集整理了全国 7 个省区 52 个深度贫困县数据，揭示了深度贫困县学校布局与空间类型、聚落、人口之间的关系，发现深度贫困县多属于"大型空间县域"和"地广人稀型县域"，所下辖乡镇多属于"小型人口乡镇"和"小型人口村庄"，学校布点多存在高度"分散性"特征（学校数量是全国标准县的近两倍）。在此基础上，作者将全国深度贫困县分为"新疆深度贫困县""甘肃和宁夏深度贫困县""西南四省深度贫困县"三类，分别剖析三类深度贫困县不同的学校布点特征，进而提出适度缩减学校布点、改变上学时段划分、建立省级小学科教育中心、试点建立新型学校联合体等建议，并呼吁制定学校布局结构调整的教育政策中应具"空间维度"和"类型思维"。第二篇文章关注了学前教育教师的职业倦怠问题。作者通过分析全国 18 省 34 县的 10581 位学前教育教师数据，以"工作要求 - 资源模型"为视角，运用多层结构方程模型对当前县域内学前教育教师的职业倦怠现状及影响因素进行探析后发现，县域内学前教育教师职业倦怠问题较为严重，倦怠型教师和倦怠倾向明显型教师分占 26.9%和 44.2%；学前教育教师不同群体存在显著的群体差异；职业倦怠受等多重因素影响，如工作资源对学前教育教师职业倦怠存负向影响，且工作要求在工作资源与职业倦怠间发挥部分中介作用。基于此，作者建议运用多元整合视角重点关注不同幼儿园间学前教育教师群体差异性和空间异质性问题，在降低工作要求程度的同时，构建充足和具体化的工作资源网络以破除职业倦怠困境。第三篇文章针对农村学生为何从公办学校转向民办学校就读这一择校问题展开研究。作者基于对农村民办学校的实地调查，对择校现象背后的利益主体进行访谈，厘清了影响农村学生家庭做出择校行为的原因：一方面来自城乡、县域、校际教育不均衡发展等结构性因素的驱动，另一方面来自家长作为能动的"理性人"冲破结构束缚的反抗与努力。

第三部分为"教育文化"栏目，聚焦"农村文化与社会适应分析"议题。在第一篇文章中，作者通过对吉林省东部山区 P 镇农人行动取向及其代际传递的教育效应展开考察，阐述了与传统农业社会结构相适应的行动取向及教育表现，阐述了传统行动取向产生的代际传递与学校行动的潜在冲突，阐释了农人行动在过程和结果中的教育意义。作者将"天 - 人"结构作为行动系统，"生产方式"作为行动架构，"习性"作为行动结果来理解农人行动及其教育后果，揭示了隐匿在农人与子女互动中的再生产的另一种路向。在第二篇文章中，作者在对某一流学科建设高校 1013 份农村籍大学生有效问卷展开分析的基础上，基于社会转型与文化冲突视野，通过社会关系网络，对"农村籍大学生文化适应策略"和"不同文化适应策略对其社会关系网络特征产生何种影响"两个问题展开研究，发现"隔离与边缘策略"不利于建构社会关系网络，"同化策略"需要承担情感负担与区隔压力，农村籍大学生应采取"整合策略"在关系网路中占据结构洞位置，实现个体现代转型，走向个体生命自信。在第三篇文章中，作者基于"中国大学生追踪调查"数据，从社会质量视角，将 2187 个有留守经历的大学生样本作为研究对象，发现社会经济保障、社会凝聚、社会包容对留守经历大学生主观幸福感有不同程度的显著性影响，由个人收入和家庭经济关系构成的社会经济保障水平对留守经历大学生主观幸福感影响作用最大，而与外界的社会互动、社会参与并不会影响他们的主观幸福感，他们主观幸福感的来源是内心感受、认同感与物质安全感，这为读者重新审视具有留守经历的学生幸福感提供了一个新颖视角。

第四部分为"会议综述"栏目，聚焦中国社会学会 2021 年学术年会"代际贫困与教育扶贫"论坛。本次论坛由教育部人文社会科学重点研究基地东北师范大学中国农村教育发展研究院牵头，联合中国社会科学院中国教育发展智库、西南大学教育政策研究所、重庆师范大学历史与社会学院、《中国农村教育评论》编辑部、《探索与争鸣》编辑部、《东北师大学报》（哲学社会科学版）编辑部共同主办，负责人为李涛、邬志辉、李春玲、李玲、杨如安和秦卫波，于 2021 年 7 月 18 日在线召开。论坛紧密围绕"代际贫困与教育扶贫"这一中心议题，系统探讨了"教育贫困的理论谱系与实践前沿""贫困和相对贫困人群的社会流动与再生产""代际贫困传递的发生机制与阻断策略""乡村振兴战略下的中国教育扶贫""学业成就提升与教育贫困改善""教育扶贫经验反思：中国与世界"六个子议题，为进一步深入 研究与实践提供了学理支持。

近年来，中国农村教育研究与实践取得了卓越成就，一批富有代表性的研究成果和实践成果在给广大农村教育工作者们带来惊喜的同时，也带来了更多希冀。本集刊将始终不忘办刊初心与使命，进一步创新农村教育理论，服务国家重大决策，改善农村教育实践，努力寻找行之有效的中国农村教育进步之路！

李 涛

《中国农村教育评论》副主编、本辑执行主编

二〇二一年十一月三十日于长春

目　录

教育理论

基于教育社会学的儿童观察

教育调查

基于实证的教育社会问题研究

教育文化

会议综述

作为炼金术的数学课程：被铭刻和塑造的儿童*

〔美〕托马斯·波朴科维茨（Thomas Popkewitz）著

常亚慧　译**

摘　要： 学校科目类似于中世纪的"炼金术"，当数学、自然科学和社会科学从它们的学科空间被搬入教室，就发生了神奇的变革。教育心理学和社会心理学对这种学科实践了解很少或者压根没有察觉，它们理智的发明，主要是规范和约束儿童的行为、关系和交流。作者检视了这种基于数学教育政策和 K-12 学校研究的"炼金术"的标准，讨论了强调"问题解决"、合作和"学习共同体"认同（圣洁化）的科学，以及作为拥有权威知识扩展人类现象领域的科学家，结果是窄化了可能行动的边界和批判思维，而改革则强调"所有孩子"都需要教育公平，"不让一个孩子掉队"，教学模式分离、划定和排斥特殊儿童的参与。

关键词： 炼金术；铭文装置；教学法；数学课程；改革标准

---

* 这篇文章的草稿源于丹麦赫尔辛格国际数学教育社会会议上的一场邀请演讲。笔者很感激在周三小组（波朴科维茨课题组的读书会）研讨会上，吉姆·毕肖普、努里亚·戈里奥、露丝·古斯塔夫森、杰米·科瓦尔奇克、大卫·沙弗、奥莱斯科夫斯莫斯、诺拉·史密斯、达尔·温伯格和亚伦·温伯格对笔者准备这篇文章时的评论。

** 托马斯·波朴科维茨，美国威斯康星大学麦迪逊分校教育学院终身教授，主要研究方向为课程与教学社会学、学校教育改革社会学、教师社会学等研究，Tthomas.popkewitz@wisc.edu; 常亚慧，陕西师范大学教育学部教授，主要研究方向为教育社会学，E-mail:yahuichang@126.com。

在相关研究和政策文献中谈论儿童的方式在各个学校科目之间并没有很大不同，这在现行学校改革的课程标准中显而易见（Popkewitz & Gustafson，2002）。例如，国家音乐课程标准从根本上讲是关于学生能力的，即通过做出抉择或解决问题来提升参与能力，通过参与辩论或有效地参加小组工作来培养沟通技巧，通过获取和使用信息来提升工作质量，通过参与社区活动成为一个负责任的公民。国家数学课程标准中也存在类似的术语，它描述了儿童认知发展的过程。在这个过程中，儿童在学习、解决问题以及思考问题方面变得更有主动性且有责任心。[①]

我们应该如何思考跨学科语言的相似性？一种方法是设想学校课程是通过"炼金术"形成的，我们将教学法比喻为中世纪的一种冶金技术，试图将一些普通金属也炼成金子。当学术知识进入学校空间场域，这将是一个神奇的嬗变过程，"炼金术"的管理原则不再是那些数学或科学，而是教学法。教学法非常重视儿童的沟通，认为课程内容的选择应符合学生的年级水平、学校课程表的安排以及中小学儿童的发展规律。

"炼金术"是学校教育的必要组成部分，教学法将学术知识转化为与学校生活相适应的知识。儿童既不是数学家也不是历史学家，因此需要转化工具来进行教学。[②]学校课程的"炼金术"是由很多东西构成的，然而，学校课程"炼金术"的广泛存在是通过"铭文装置"的翻译、组合实现的，这种情况并不是特例。笔者使用铭文装置的概念来考虑教育研究中所产生的智能工具或映射的类型，教学铭文装置对教学对象进行排序和分类——对学生的思维过程进行分类，对学科知识的"性质"进行分类以进行指导（参见 Foucault，1979；Latour，1986；Rose，1999）。教学铭文装置的意义在于它们使一个孩子的思维过程不仅能够被观察，还可以对其进行管理。这里使用的"管理"概念是指对孩子们的各种表现、行动以及参与活动在

---

① 对于这个问题的关键讨论，请参见 Bishop，1991；Bishop et al.，1996；Valero，2003。

② 法国的教学者明确承认了对教学进行翻译的必要性，但是没有质疑这种"炼金术"本身。参见 Brousseau，1997。铭文装置在文中主要是指由教育研究产生的智力工具或地图类型。——译者注

进行分类的基础之上进行观察和记录。"解决问题"是一种区分、保存和管理那些被认为是孩子内在特质和能力的显著特征的铭文装置。①

　　本文将学校课程中的数学课程作为一个典型的"炼金术"案例进行分析，探索了国家和国际上为建构主义②和社会语言学研究传统而进行的题为"标准化改革"的铭文装置。③笔者论证第一部分的目的是考虑在更广泛的治理历史背景下进行基于标准的改革（在当代学校话语的关键术语中发挥）的标准，使儿童的思维过程清晰、可管理，并使之成为未来合格的公民。笔者认为，教学的标准是制定、规划和管制作为未来公民的儿童的内在品质和个性。在第二部分中，笔者将教育心理学作为基于数学教育改革标准的"炼金术"的核心。笔者认为，数学的想象力应被转化为教育心理学的想象力，这些心理铭文注重儿童的内在性情或灵魂，将解决问题的儿童作为一种特殊的人来进行教育干预。④在一个句子里同时谈论学校主题和灵魂似乎有些奇怪，因为现代教育学并没有直接谈论灵魂，相反，它讲述了孩子的行为、个性、关系和情感的管理。这个现代的灵魂从教育心理学中形成，它使孩子的"问题解决"与参与一个"学习社区"的社会网络工作成为可观察和可治理的。

　　在第三部分和第四部分，笔者将论述数学知识的教学铭文装置。作为"炼金术"的一部分，心理铭文被作为学术知识的结晶传播，在课程中，作为一种稳定的结构，被映射为特定的符号、标志、归纳和证明。虽然改革

---

① 笔者的看法是，在法国人的理解中，知识是一种历史上形成的规则和标准，知识通过该规则和标准形成并组织世界的对象，而不是以知识为内容或实体。

② 数学教育者对教学研究的不同方面进行区分。例如，看到科布和鲍尔斯的认知和构建主义的观点，以及赫肖科维奇和施瓦茨、萨瑟兰和巴拉切夫明确了构建主义心理学和一种教育理论的区别。与研究论述的观点不同，研究的不同之处在于，在构成课程的基础上，对同一种"炼金术"策略的规则和标准进行了内部讨论。笔者讨论了波朴科维茨的一些相似之处，不考虑其他数学教育的问题，比如荷兰乌特勒支学院的民族学，或者是弗洛伊德研究所的传统。

③ NCTM 的原则和标准在全国范围内和世界范围内传播，作为改革课程的范例（参见 Valero，2003）。

④ 这并不是在暗示一种决定论，而是通过将教育学的排序原则视为历史产生的，从而有可能抵制它们来改变其性质。这将在最后一节讨论。

不是最终目的，但因为数学内容的铭文，人们才产生了对权威科学知识以及学术研究结论的崇拜，而这种崇拜恰恰具有讽刺意味。课程旨在提升儿童参与和解决问题的能力，但就目前而言，这受限于标志性的科学专业知识。最终，教学法中这些不同的铭文装置会体现出标准化的原则和鸿沟，从而体现出社会的包容性和排斥性。在儿童群体活动的映射过程中，如解决问题，同时映射出一种个人的图谱，在图谱中，如果一个孩子不能很好地解决问题，他将被定义为"掉队的孩子"。

正如笔者在结尾处所讨论的那样，要想去探讨基于标准的改革政策或研究的标准到底是什么，就必须弄清楚隐藏在学校学科铭文装置中的"思想"到底是什么。从教育研究的角度来看，数学与其他所有学科一样，不仅是"下一代知识的基础知识的介绍，而且是对某种语法的介绍"（Skovsmose，1994：5），而这也同时能够为我们确立一个边界——通过一定的外界干预，我们能够改变什么，谁有资格成为干预的参与者，等等。而且，与社会科学一样，教育科学是"国家社会复兴的巨大监测的组成部分"（Giddens，1990：181；参见 Wagner et al.，1991）。考虑到这一点，笔者在结论中将对教学研究的惯例与传统是如何阻碍了学术领域的呈现以及如何才能使研究传统生产出的知识更利于儿童接受等问题进行阐述。

一 标准的标准：使孩子成为未来公民的清晰性和可管理性

各个学科领域的学校改进以课程标准为中心（参见 Ravitch，1995），关于标准的争论集中在哪些应该作为课程内容，课程内容促进了哪些人的发展、阻碍了哪些人的发展（参见 Boaler，2000）。然而，该标准的影响不仅没有在公开的课程目标中体现出来，也没有在有关哪些群体从标准中受益的争论中得到充分显现。关于该标准的影响，笔者感兴趣的是使孩子们的思想和行动可见并得到监督的原则。教学法中这些标准的产生来自对公民的管理和自治条件的一部分，笔者通过例证的方式，质询两个看似常识性的教育研究目的，用以探究标准的概念。

　　教育研究通常被认为是在寻找正确的策略，用一套新的"行动"和"观察"规则来取代孩子们的"直觉"推理。例如，一个数学教育研究项目的目的是确定"新知识与现有知识结构之间的联系是如何形成的，或者当新的知识导致认知冲突时，为了解决冲突，对现有结构进行重组"（Warfield，2001：137）。上述句意中的"联系"和"重组"，并不是指在儿童的意识中已经存在的。该研究项目制定并对什么是和什么应该被理解为儿童自身推理能力的标准做了分类。另一个研究项目，表面上看只是为了寻找对提高数学内容理解力的更有效的程序，"这一教训不是仅仅让亚瑟重新思考他的假设，而是帮助每个人理解为什么这些假设使他得出了 75 最终会以 1 结尾的结论"（Lampert，1990：53）。据称，数学教育改革产出了特定类型的教师和学生，他们"与课程的关系不同于传统的教学情境下的知识输出交换"（Lampert，1990：53）。

　　然而，在对研究叙述做了进一步研究之后，可以很明显地看出，这些项目不仅旨在培养学生对数学内容的理解，还关注学生对沟通交流、社会参与及社会关系标准的理解。我们如何解释孩子内在品质的正常化和管理？一种方法是将现代教学法视为历史上有关管理的现代艺术。[①] 比较变量的标准化对培养自由平等的公平仍然具有重要意义。例如，在 18 世纪之前，因为变量标准的不确定性使国家的管理十分困难，每个地区都有自己的计量单位（一只手、一只脚、一车装载、一个伴等）来抵制任何中央政府管理（Scott，1998：25–33）。在制定人口普查标准之前，税收是多样的和不系统的，没有姓氏的人将无迹可寻。到了 18 世纪末，国家的管理方案发生了改变，统治阶级需要寻求合适的分类标准与正确的分类工具（设备）绘制一个行动过程。标准制定了可靠的方法，列举、定位和规范国家的人口，衡量其财富，并绘制土地、资源和定居点的地图。法国大革命前，学者们在寻求统一的公制体系，使国家"收入丰富，军事力量强大，易于管理"

---

　　① 笔者关心的是根据执政条件定义的州，而不是像美国国会这样的法律行政机构。考虑到治理的条件，将人们的注意力集中到文化实践的融合上，从而管理反思和行动的对象。"负责任的公民"使现代国家和学校成为可能。

（Scott，1998：31）。

　　但管理并不仅仅意味着对公民健康与领土的筹划，对民主政府以及现代公民的自由而言，筹划人口以及国家资源的标准尤为重要。例如，法国大革命前夕的百科全书作家认为，衡量、制度、继承法、税收和市场法规之间的不一致是使法国成为一个拥有平等权利的独立民族国家最大的障碍（Scott，1998：32）。如果公民不能在评价标准方面享有平等，就会使他们不能平等地享有法律权利，甚至无法获得人身自由。因此，统一标准的建立有利于国家公民的培养，让人民坚信"相同的习俗、观点和行为的原则将更好地建立惯习和倾向联盟"的信念。公制是行政集权、商业改革、文化进步、民主变革的一种手段，以保障公民的自由，数学改革的语言通过建立关于孩子是谁和应该是谁的比较标准来保持这种对治理的历史关注，研究将进一步讨论改革的功能。

　　这种对自由的管理是对现代共和国、自由民主和教学法的讽刺之一，"公民不是天生的，而是后天培养的"（Cruikshank，1999：3），民主参与是"需要征求、鼓励、引导和指导的制度"（Cruikshank，1999：97）。因此，现代治理将个人的自由和意志，以及国家的政治自由和意志这两个表面对立的事物联系起来。社会科学通过对公民身份意识以及参与意识的发展，在政府管理过程中发挥着积极作用。

　　这种管理的背景涉及 19 世纪现代国家与现代学派形成之间的关系，现代教育学的自我管理取代了古老的清教徒观念。清教徒的"皈依法令"与传福音有关，这将带来一个人的救赎，而现代学校的主题则是"通过科学的作用来拯救灵魂"，因此，学校成了联结个人公共权力以及个人主观能动性的桥梁。

　　现代学校的课程与学术领域的知识生产的文化实践几乎没有关系（Popkewitz，1987、2000；Goodson，1985；Depaepe，2006），公众关心的是儿童的道德和身体健康，他们体现了国家的意志和进步的形象。例如，在 19 世纪的英国大众教育教学中，现代英国文学通过两个不同的历史运动体现出来，而这并不是从原有的读写培养习惯演变而来的（Hunter，1988）。

首先，由于公众的关注，大众教育开始对工人阶级中的"口齿不清以及文盲"问题进行介入；其次，英语的学习内容开始涉及政府社会福利问题，文学作品的叙事结构及其传递的道德情感信息被用来帮助阅读者提升道德修养，而道德行为的教育则主要通过和工薪阶层子女的日常经验相关的内容来完成。数学教育经历了类似的转变过程，希望通过数学教育来帮助孩子成为有道德且具有一定自主能力的个体（Stanic，1987）。

与道德教学法作用相一致的是使用心理学取代清教徒转换机制的灵魂救赎：努力去测试信仰缺失或行为不良的社区成员。过去，清教徒认为人们的灵魂是由格蕾丝牧师来管理的，但在现代教育学中的观点则是实践构成了自我意识，而这些自我意志恰恰是由科学的合理性组成的。科学的合理性将孩子的灵魂及内在品质作为培养目标，而教学法欲重新配置行动和参与的规则与标准。

我们很容易认识到，各种各样的心理指导在历史上都与一种正常化的教学法有关，而不是用来理解科学、历史或数学实践领域的智力实践。心理学铭文装置关注儿童的内在心理以及"理性"的规则与标准，而这些规则和标准将更有利于实现人类的进步与个人的自我改善。例如，杜威的"科学方法"试图探索在一个充满不确定性的世界里，儿童是如何思考的，是否存在一种普遍的原则，而这种普遍的原则加入了一个教会新神学（新正统神学）和认识论去管理孩子的道德和自我发展（Kuklick，1985）；[1]维果茨基的教育心理学是当前课程改革的主要动力，是为了把马克思主义的社会理想带入组织管理心灵的日常生活（Popkewitz，1998b）；斯坦利·霍尔关于青少年的概念，以浪漫的幻想、基督教伦理、社会生物学和科学为原则去指导儿童的生长发育（Baker，2001）；爱德华·桑代克的心理学受到学校行政管理需求，以及培养孩子与未来公民的道德健康、幸福和繁荣的影响。

今天教学法谈到的"转化条例"不同以往[2]，孩子的管理被看作一个

---

① 在课程中使用心理学并不是一个预期的结论。威廉·詹姆斯发言反对它，而斯坦利·霍尔则为它辩护，认为它是形成灵魂的中心原则。

② 参见拉图尔（Latour，1986）在皮亚杰的工作中对这一问题的描述。

现代化的救赎故事，它为孩子准备了一个不确定的未来，这个未来与杜威或霍尔设想的未来有着不同的性质。这与一份跨学校科目的声明产生共鸣，全国数学教师委员会（NCTM，2000）认为，变化是"当代生活中无处不在的特征，因此，学习理解是使学生能够使用他们所学的知识来解决他们将来不可避免地面对的新问题的必要条件"（NCTM，2000：20–21）。

全国数学教师委员会关于救赎的说法对于学校教育来讲并不鲜见，现代教育不断地将个人与社会或经济进步以及振兴民主和改善个人生活的叙事联系起来（Meyer et al.，1997）。[①]这些救赎叙事中管理原则不仅是为了拯救灵魂，也是为了加入两个现代性的寄存器：社会管理和自由。瓦格纳认为，"现代性的历史不能简单地以增加自治和民主的方式来书写，而是必须写在改变自我实现的实质性基础的观念上，以及在个体化的支持和公共/集体能力之间转移重点"（Wagner，1994：14）。瓦格纳关于个人启用和公共/集体能力之间关系的论证适用于学校科目中教学方法引用的心理铭文，因此只有有人参与到"炼金术"中，才能使这种关系显现出来。

二 教学法的心理测试工具：铭刻与规范

在当代改革的过程中，"炼金术"这个概念出现了相互矛盾的地方，比如在数学教学领域的研究与各种标准中所关心的是孩子对文化价值的学习以及认识数学话语共同体的方式。然而，在实践中，该标准被用于不同的功能。接下来笔者将对产生教学实践对象的组合进行探索，首先运用教育心理学的想象力研究数学，其次探索其中的五个基本组成部分，它们重叠构成了"炼金术"。（1）在教学中对数学进行二次想象；（2）将心理学视为教学法的"眼睛"；（3）以解决问题的能力为标准对孩子进行排序，从而对

---

① 说到"炼金术"和救赎时不一定是混合隐喻。"炼金术"士与魔法力量一起工作，希望能延长寿命，如果不是永生，那就代表了上帝的方式。但笔者不想把这个类比推得太远，因为类似的例子是有限的。

孩子进行分类与管理；（4）将培养解决问题的孩子作为一种教学干预手段；（5）对课堂"共同体"和交流过程的研究，这些过程将个人的自我实现与公共或集体的能力联系起来。在第三部分和第四部分笔者将讨论"炼金术"的另外两个组成部分，即稳定的数学知识的铭文以及产生社会包容和排斥的原则区别。

（一）教学法话语体系下数学的重新构想

教学改革的特点是拉近教学规范与数学学科规范之间的距离。拥有这种观点的人坚信数学成果与数学研究过程中的原则和文化息息相关，例如，数学教育应该是实践的过程，而不是学习有关静态实体的过程。根据全国数学教师委员会的《学校数学课程与评价标准》，想要对数学有所了解就必须在数学学习过程中进行"实践"是否专注于实践与过程是实践数学与重构数理逻辑之间的区别[①]，重建的逻辑强调形式化的演绎过程，它是作为探究的最终产物出现的。它将结论系统化，以便其他人能够测试结果，如在期刊上发现的实证研究的方法论。然而，改革后的数学教育则力求集中在数学发现的过程中，而不是重构逻辑。在这一观点中，接受数学教育的人认为它是"一群知识共享者，他们共享信仰或知识"，而且他们的知识"是通过与群体规范相一致的过程和协商而产生的"（Nelson et al.，2001：6）。

下面讨论了数学转化成数学教育的重叠实践。首先，笔者分析了在课程中对"数学共同体"感兴趣的方式被转化为一种教育"眼"，它关注的是孩子的道德品质。接下来将探索和分析三个铭文装置：（1）通过对孩子问题解决的排序来划分思维；（2）制造或重塑一种特定类型的解决问题的孩子或个体；（3）"学习者共同体"的铭文与解决问题的儿童的重叠，为社会交往和交流创造了特殊的标准和规则。

---

① 这些区别可以在兰伯特的著作中推断出来，并在科学哲学的讨论中及在科学和数学的比较中找到。Lakatos 被视为使用这一论点的典范。

（二）心理学：教学法的"眼睛"

这种活跃且具有创造性的学习品格体现在"话语社会"一词中。儿童被视为数学家，他们"站在个人的角度来思考问题的前提假设，对问题的合理性进行讨论，并希望有其他人会认同自己的观点"（Lampert，1990：32）。

这种数学的"实践"不仅关乎认知学习，也关乎一个人的道德存在和社会参与。例如，Lampert（1990）呼吁儿童在学习数学的时候要有道德勇气，以表达对数学非线性特性的试探与注意，数学教育应该"努力使用直觉和有意识的猜测，敢于冒险，以及在反驳和证明中曲折地做到解决问题"（Lampert，1990：30-31）。Nelson 等（2001：6）达成了相关结论：课堂是提供与学术领域相同的公共规范和实践。"从数学领域来看，这个学科本身的性质，"他们写到，"数学不只是一个静态的，具有丰富知识传播记载的有局限性的学科，而是一个不断发展和被修正的人文领域"，这包括"集体意识中存在的人类创造的思想"。

但是，当数学教育的论述被更仔细地进行研究时，发现干预的对象不是数学，而是作为道德代理人对孩子进行的管理，对"实践"数学的敬意很快被转化为儿童发展的社会心理学概念。如果回到全国数学教师委员会的《学校数学课程与评价标准》（1989）中，那么数学教育研究的则是关于心灵的心理指导，评估"学生知道什么，需要学习什么"，并让学生"依据他们的经验和原有的知识积极构建新知识"，并且"灵活运用知识，将所学适当地运用于其他方面"。例如，一本具有学术领先地位的数学杂志将数学比喻为异化于"无数电流、分离与合并"以及"增值范式"的物质，这也将数学教育研究引入了一个特殊的研究领域。但是，这个比喻并不是在思考教学法的"增殖范式"，而是有其他用途，它表明数学教育工作者需要"一个大一统"理论，这个理论汇集了诸多教学心理现象。

心理学与教学法之间存在密切关系，在教育心理学部分占据重要地位。这是如何才能将教学法与心理学更好地统一在一起的问题。就目前的学校教育而言，我们对待所能"看到"或"听到"的数学就如同它们本来就是那样一样。

　　但在数学教育中，规则和假设的构建是有其后果的，这些后果可以被比作在澳大利亚海德堡学院的山水画，它是由 19 世纪中期移民到澳大利亚的、训练有素的、具有欧洲浪漫传统的德国和法国画家所作。画家坐在他们位于墨尔本郊区的工作室中画澳洲的风景：他们将欧洲的形象运用到澳大利亚民族风物的建设中，由此画家对澳大利亚田园风光的描绘模仿了北欧大陆郁郁葱葱的绿色。画家的"眼睛"是如此训练有素，以至于他们没有注意到，北欧的翠绿在澳大利亚温暖的气候中几乎没有一席之地。

　　类似自然化的过程会影响到学校的学科建设，教学法之眼是如此自然化，以至于心理学的铭文被认为在学术领域翻译和转化成学校科目的过程中有其应有的地位。

（三）管理灵魂：解决思想内在问题的问题

　　教学法是改造灵魂的"转换法令"，游走在政策和研究的表面，而不是作为一个隐藏的议程。联邦政策中阐释的政策文件是"不让一个孩子掉队"（Bush，2001）①，例如，通过讲述一个改善美国教育质量、更具包容性的社会事例来表达对孩子心灵的关注。但是，改进的方向是通过孩子的心灵或重塑孩子的内心和性格。在前面的叙述中，行政部门关于教育政策、学校改革的陈述是"打造不同背景下每一个孩子的心灵和品格"（Bush，2001）。如果我们转向数学教育的改革，就会联想到灵魂的形象。数学专业的原则和标准中提出教学是为了塑造学生性情，对孩子的学习"能力"和"倾向"进行监控：有影响力的教师认识到，教师的决定塑造了学生的数学气质，并为学习创造了丰富的环境（NCTM，2000：18）。教师应"关注学生的能力和倾向，以分析形势、框架和解决问题，使之有意义"（NCTM，2000：19）。现代灵魂的控制部分也在研究范围内，有效地指导孩子不但"想要去做"而且"能够做到"（Brousseau，1997：12）。

---

　　①　这份政策文件将美国总统乔治·W. 布什列为作者。

通过儿童在解决问题过程中的心理学图示来塑造其心灵，目前的研究主要集中在"实践部分"（NRC，2002：95）。所谓的实践内容，是指教师对学生的课堂表达进行分类或课后以教学反思的形式来思考何为"好"的教学方法或学习方法。在一项研究中，研究人员描述了其教学识别过程，由"教师和学生组成了一个话语共同体，他们就什么是知识以及被假定的知识获得的过程方面达成一致意见"（Lampert，1990：34）。在另一项研究报告中，研究人员记载了儿童在数学课上的反应，通过建立一个系统来进行分类、计算，并最终评估成绩。例如，多位数除法的任务，描述并指令为"猜测和检查""拆数""整合计算""添加组""分割组织""减法分割"（Warfield，2001：141–142）。研究中一个不同的儿童问题解决模型是将孩子的思维过程划分为"知道"、"想"、"修改"和"解释"（Lampert，1990：34）。

对于课堂观察及课堂行为编码而言，不同的方法有不同的优点，但这些方法永远不能描绘出儿童行为的本质原因或者一个特定课堂的特殊之处，也不能对一个优秀教师进行全面描述。这些学术传统本身受到文化与当时历史环境的约束①，建构和编码经验不能摆脱先前的经验结构（Fendler，1999；Britzman，1991）。

在考虑"炼金术"的过程中还有一点同样重要：可视化和刻画"思想"特征的技术创造了一个实用的物体及关系领域，而这些东西是可以做到的。在教学中注重数学课堂的沟通模式是对道德品格重塑的途径，社会语言学和建构主义的研究铭文汇集了个人的认知与道德行为。在一篇被广泛引用的文章中，人们断言，指令是"调节孩子之间互动的，而不仅仅调节个人行为"（Cazden，1986：450）。②

秩序问题解决的原则，是对在课堂上能够自主学习的人进行客观、公

---

① 在社会科学中，反省和新闻报道的风格有着悠久的历史（参见心理学丹泽格和社会学林德纳的研究），但是谈论报道的风格并不意味着它们没有编码和结构化的设备，这些设备可以对"经验"和"实践"的构成进行排序和分类。

② 笔者指的是与数学教育有关的研究，因为它是对所采取的策略的权威参考。

正的管理，但这种重塑儿童思想教育的做法并不是公正的管理，在某种程度上类似于标准测量的历史发明或者是清教徒对归属感的审判实践。思想的重构有着特殊的历史形态，在某种程度上，它从教会的牧师、忏悔的力量转变为科学策略来管理个体的发展和个体的解放（Foucault，1983；Foucault，1998；Lesko，2001）。因此，从一定意义上讲，对儿童思想以及沟通能力的分类更有利于重塑儿童的性格，以使他们改变敏感的性格，学会控制自己的欲望。

1. 人类的塑造：解决问题的儿童

教学研究不是描述性的课堂教学实践，也不是对教学本身的探索，教学法"炼金术"是一种规范性的实践行为，而心理学则是它的映射工具，这种工具规定学生沟通和教学都遵循的参数。解决问题是铭文装置的一种方式，是将孩子的内在特征映射出来使之发挥作用。在这一部分，笔者将介绍另外两个概念，以思考解决问题的铭文如何在"炼金术"中发挥作用。

第一个概念是"人类"（Hacking，1995）。在本部分及后文中笔者将讨论"人类"的概念，试图去探索教学法的知识工具是如何产生个性化教育行为的。笔者所讨论的其中一种人类是指有解决问题能力的儿童，另一种人类则是指弱势儿童群体。之所以称他们为人类，是因为他们不仅是一种术语，而且体现了特定类型的个性化，或者说由不同年代、不同生理特点和学校管理的心理特征所确定的分类。

第二个概念是"塑造"，笔者用这个词来考虑研究的双重含义。"塑造"关注语言范畴和教育研究的区别既是作品又是事物创造者的原因，就像语言学家所说的，语言功能被同时用于诠释和构造，如斯坦利·霍尔用"青春期"的概念对儿童世界感知到的事件做出回应，这是一个为研究和预测所做的虚构，也就是说，它是为了使其符合适合或适应管理一种特殊的人类的目的。这类关于青春期的作品提供了一种关心和作用于孩子发展和成长阶段的方式方法，这部分主题，无论是"青春期"还是"问题解决者"都不是人们可以触及的对象，而思考、"观察"和感觉世界上的"事物"才是最重要的。

　　但这类作品并不仅仅是关于思维的，研究的塑造使可能出现的新技术来构建现实，出现的新现象、造成的新影响可想而知。一个结果是出现了各种各样急需救援或救助的人，而教师和其他教育专家则被看作明智的救援人员。书是为父母和教师提供的，以确保青少年的心理健康，并帮助青少年的认知得到发展，使他们成为能够解决问题的人。当新的专业知识满足"需求"时，它会通过将一个孩子与另一个孩子进行比较，或者与规范进行比较来产生这些需求。

　　塑造作为社会科学的品质，具有双重含义：作品和事物的创造者。[①] 也就是说，一般情况下，社会科学扮演了作为作品创造者或事物创造者的双重角色（Hacking，2002）。教育研究以及教学领域的类别与差异塑造了不同的人类群体。对于教育研究来说，重要的不是人类的存在，而是以学习科目的名义特别塑造的反思性行为。

　　如此一来，将孩子视为"问题解决者"就相当于对孩子进行的塑造，这个词是一个虚构的类别，用来帮助人们思考被认为对教学和学习很重要的教育问题。例如，在全国数学教师委员会的《学校数学的原理和标准》中，教育的一个重要目标就是提高儿童的问题解决能力。解决问题是学习应对未来不确定性的一种策略（"当代生活无处不在的特征"前面讨论过），学习如何在民主社会中履行个人的义务。

　　面对未来"无处不在"的不确定性和促进民主这种对解决问题能力的关注之间只有间接关系，如果真有直接关系的话，也与数学共同体的文化规范有关。对未来不确定性的提及体现了自由民主中的参与和个人自治的政治和社会价值。这种规范可能是围绕美国数学领域的国家外部政治规范的一部分，但它们不一定是对构成学术纪律的知识文化和关系网络的恰当描述。[②]

---

① 制作提供了一种方法来消除名义主义与现实主义之间的分歧，或者主观主义与客观主义在哲学和教育研究中的区别（参见 Hacking，2002）。

② 民主以及科学或数学的个性化概念及细微差别并不一定会与一个国家的政治理性和政治制度直接重叠。因此，需要对它们进行调查，而不是在教育学中进行假设。例如，可以比较法国和美国科学界合作的含义，以了解在科学产生的不同文化和政治制度下，伙伴关系和合作的规范是如何不同的（Rabinow，1999）。

　　"问题解决者"的作品就像其他塑造的例子一样，创造了一种人类的类型，有一些项目可以帮助不同年龄段的孩子掌握解决问题的技能，有帮助孩子解决问题的课程、评估程序，以及在描述孩子能力方面有更细微差别的研究项目。"解决问题"孩子的形象和帮助那些不能正常解决问题的孩子的策略都是虚构的。例如，研究人员宣称，在对一位老师的观察中，老师和学生之间的课堂互动之所以被认为是成功的，是因为老师的"数学认识促成了她能够了解孩子的思维方式，他们用超出以往的策略来解决这个问题"（Warfield，2001：143）。

　　什么类型的人才能被称作"问题解决者"？《数学教师国家标准》将数学的学习放在了一个政治环境中，在这个政治环境中，一个孩子在道德上有义务不断地朝着自我完善和自我激励的方向努力，"学校数学课程的一个主要目标是创造自主学习者"。正如前面所提到的，这种体现不断自我完善和自治的人类，与数学知识的逻辑没有关系，也没有在某种文化和集体价值体系之外进行个体学习。只有在社会和文化的叙述中分配给"问题解决者"的自治才能实现，从而使这种个性成为可能。萨瑟兰和巴拉切夫在争论学校和数学教育的时候解决了这个问题，尤其是"'现代'社会对儿童成为公民的必要性的回应——也就是说，这个社会的成员可以接触到……共享文化，以及有权获得在工作场所和日常生活中面对问题的智慧和情感调节的能力"（Sutherland & Balacheff，1999：2）。

　　那些关于社会和个人自治的模糊和普遍的概念已经是陈词滥调，被当作毋庸置疑的真理为人们所接受，但对于自主性的论述体现了特定政治的合理性。鲍尔（2001）将自己的教学作为研究的"实践场所"进行研究，阐明了这些政治形象和对人类的叙述。这种教学被叙述为孩子利用日常生活和兴趣去学习如何解决问题，学习数学也是"创造一种能够对学生的想法、兴趣和生活做出反应的实践，我努力聆听我的学生们，通过与他们共同合作来探索、观察世界。我想要尊重他们是谁，以及他们能成为什么人"（Ball，2001：13）。要进行合适的指导就意味着：

能够通过学生的交谈以及行为表象来剖析其深层次特征……因此（教师）不会因为学生（实际上是一个有着有趣想法或只是按照不规范的步骤解题）的某些失误而打错分数，而是谁在数学方面有前途。中止学生对正确答案的渴望，从数学上思考孩子想表达什么，是教学中最困难的问题之一。（Ball，2001：19）

这项研究可以被解释为在教学中创造一种更积极参与的方法，它带有一种进步的语言，"课堂上，学生不同的特质被视为有价值的，学生们学会关心和尊重彼此，能够体现和学习对公正和民主社会的承诺"（Ball，2001：13）。与此类似，尼尔森等（Nelson et al.，2001：6-7）认为，教学是指"数学教学的愿景〔采取〕重视孩子建构自己的数学知识的事实"。研究人员继续说，"教学工作将包括开发教学情境，使学生在这些常规数学中能够建立他们自己直观的数学理解"。

但是，即使在这个层面上，关于教育的论述也与数学无关，其行为准则与特定的当代自由民主规范的参与和行动有关。如同上文所讨论的标准，鲍尔所讲述的教学实践中要遵循的原则将"个人的意志与自由"与"国家的意志与自由"结合在一起（Cruikshank，1999）。正如鲍尔所讨论的那样，教师对自己想要寻求学生正确答案欲望的遏制具有双重含义，它涉及"学生的想法、兴趣和生活"（Ball，2001：13），但它是一种牧师策略，因为它打开了审视的大门，并使儿童的内在思维和性格得到管理。

（四）在为灵魂而斗争的共同体和课堂交流

人类的出现将两种不同的铭文聚集在一起：一是有能力解决问题的孩子；二是涉及"共同体"，它是将心理范畴与社会话语联系起来的智力工具。这个问题解决者被期望通过参与一个课堂共同体来学习思考技能——"话语共同体""学习者共同体""数学家共同体"。在20世纪早期，教室是一个社会化场所，在这里孩子要内化预先建立的普遍的、集体的规范。今天的改革涉及孩子们如何通过教室中的交流系统达成身份的持续建构

（Steffe & Kieren，1994、1995；Cobb et al.，1991；Cobb，Yackel，& Wood，1992；Cobb，1994）。课堂共同体被认为是一种"参与结构"，在这种结构中，沟通理论关注的是创造身份的持续过程。

这个教室在修辞上与数学共同体有关。"话语共同体"使参与网络成为可能，孩子们积极参与被认为是数学领域典范的学习任务。全国数学教师委员会在《数学教师国家标准》中将改革后的教学称为"建立一个学习者的数学共同体"。Lampert（1990）把教室称为"话语共同体"，共同体是一个让孩子了解真相的地方，一旦他们的成员对定义和假设达成一致，他们就会明白什么是真实的。这个真理在数学知识的结构中被重新定义，学生们"将自己与学科中有效论证的建立联系起来"，因为他们的答案在"数学中是合理的"。教室里的"参与结构"，是孩子们的"互动平行参数数学标准社区"。正如一组数学研究人员所指出的，"教室是由数学组成的共同体，小而重要的改革文件把教室想象成一种数学文化，这种文化被大致相同的论据和证据所支配，就像在学科内部的学者群体中管理话语一样"（Nelson et al.，2001：6-7）。

教室是一种道德关系的社会空间，在这里的每个人都应拥有责任与忠诚，学习者群体、社会群体和知识群体都是基于对知识的"均衡"和"共识"（Cobb，Yackel，& Wood，1992；Cobb，1994）。共同体是一种协作，它能在意义和地位上产生稳定与和谐，"协作学习"被用来"达成对问题的一种共识"（Simon，1995：120）。

至于问题的解决，社会就是铭文装置放置在特定文化场所的个体（Cronon，1996；Rose，1996）。社区呼吁旨在生产出与学校教育有关的、更具代表性的民主思想来重振民主①，但"共同体"在教学法中的概念也是一种管理实践："共同体"的概念与"孩子"的概念重叠，二者都是"问题解决者"。这是一种"转换条例"的模式——文化互动的地图，它规范了儿

---

① 对社区的召唤是一个隐喻，覆盖整个欧洲和美洲，跨越了意识形态的界限（Popkewitz，1996）。关于市场和私有化的保守议程，部署了关于国家与个人关系的关系，这是一种对国家关系的看法。左翼人士谈到了社区，与赋予边缘化群体的权利有关。

童的问题解决问题，因为个体不断地参与到自我完善、自治和负责任的生活行为中。

社会的公民理想与崇高是相关的，在这种崇高中，通过面对面的关系，可以看到上帝创造的自然美与敬畏。20世纪初，杜威与芝加哥改革者和南加州科学家一起工作，提出了"共同体"概念。"共同体"概念重新设计了宗教题材与美国身份的政治形象。杜威的"共同体"概念和解决问题的方法为"思想"提供了规则和标准，使个人能够处理日常生活中的突发事件和自由民主地参与机构。杜威的观点非常重要，其影响力不容忽视，但是从历史的思维角度对其观点进行思考时，就能体会到在"炼金术"的思考框架中教学法及课程是如何形成的。除此之外，还能了解到我们在探究中所提出的细节措施是如何被一些未经检验的假设所引导的，且这些假设产生于相似年份。儿童是杜威和霍尔研究中的一个方面，另一个研究主题是当代数学教学改革。

三 教学铭文、学校科目和专家的标志性形象

有人可能会反驳笔者关于"炼金术"的论述，但不管你怎么称呼它——一种规范化的教学法或灵魂的管理，'炼金术'都是必要的，以及心理学对于教学法是重要的。课程就是要把孩子培养成有生产力、品行端正、有道德的公民。这种对课程的阅读忽视了那些与文化实践或"不科学"的数学有关的正常化和管理实践。这一部分探讨了一种铭文装置，这种装置能够对数学中的课程知识进行区分。笔者认为，数学知识是传统思想的稳定组成部分，它的功能是省略数学知识的社会和文化节点稳定的结构，其结果之一是解决问题、增加课堂参与，以及在课程中谈论"授权"，可能会减少而不是增加观察、行动和批判性思维的一系列现象。

（一）科目"内容"：通过界定解决问题的范围边界分析数学

课程问题的解决围绕着数学的"传统观念"。在传统观念中，假定数

学有一个"自然"和逻辑"结构"，并且这个逻辑结构能够为孩子提供指导（参见 Simon，1995：20；Cobb et al.，1991）。这种结构的假设出现在声明中，例如，教授数学是"数学推广应用的发展和证明"（Russell，1999），这句话的前提是儿童学习的对象是一个固定的、稳定的知识结构。

课程语言具有外显性，这是因为它涉及传统观念的铭文，是一种概念结构，学校学科被视为"知识体"——一种概念、证明、概括以及程序的系统总和——这些都是学生必须学习的。课程词汇的语言内涵——"主体""内容""内容覆盖面""概念性知识"——将学科视为无效的；孩子们学习的"东西"（概念或证明）是不变的。例如，《学校数学的原理和标准》假设数学是由逻辑和分析结构组成的。它要求学生：在 3～5 年级能够识别各种四边形的特征，在 6～8 年级能够检查和归纳特殊四边形的性质，在 9～12 年级能够发展逻辑论据来论证关于特定多边形的猜测。

学习的灵活性是为了减少儿童的意图与给定内容之间的冲突和紧张。随着知识结构的确定，孩子们对知识的建构需要找到多种方法，从而使数学属性的预设逻辑和分析基础变得明显。比如，学校数学课程就是"为了弄清楚以学生现有水平所能了解的数学表象系统与已经对数学有所了解的成人之间有什么区别"（Cobb et al.，1991：5；Simon，1995）。

传统数学思想（语言及符号）的选择需要先验结构的介入，而这种先验结构是通过教师"与学生的讨论和协商，增加他们能够使用工具来提高他们的思考能力"（Lampert，1990：47），通过课堂对话的内化，最终使传统的数学思想符合自己的逻辑标准。

对课堂互动起着制约作用的理念类似于前面所讨论的数学共同体标准，而这也是学者们进行逻辑讨论时所认定的真理。

但是对于学生来说，数学命题的解决方案是已知的，因此这种情况下的教学实践具有双重属性。学生要模仿数学共同体的数学论证（或者可以说，一个虚构的数学界的形象），在这里，当与形成逻辑论点的准则有关时，教师必须对学生互动进行观察。然而，课堂上关注学生学习辩论规则不仅仅是对真理进行建模的过程，也是将社会建模作为建构知识的一种手段，从而使学生的内在特征得以常规化。

如今的改革强调的是知识的社会建构，在这种情形下讨论数学的"结构"与"本质"似乎有些讽刺。[①]在教学实践中具有讽刺意味的是，所谓的"不确定"和"无处不在的"的数学标准其实并非如此不确定或无处不在，这种所谓的"不确定"和"无处不在"因为真情流露的教学而变得固定、有序，而这也体现了传统数学的结构与"本质"。解决问题给人一种灵活性的错觉，而数学本质、"结构"的概念则会稳定和调节不确定的未来。与此同时，问题解决者的铭文重新定义了人类机构的参数，而对于审查的公开受到哪些能够稳定和协调参与问题的专家的专业知识所限制，也是笔者所讨论的。

（二）数学省略：作为一种文化实践的领域

对传统数学思想的逻辑"结构"和"本质"的关注使数学成为文化习俗的一部分，如同学校中的其他学科一样，数学涉及来自不同实践与空间的融合机构、权利关系、类比、记忆以及一些形象，而这些事物的组合对各种行动与反应进行了排序和分类。如同巴赫金（Bakhtin, 1981：289）在其文学作品中所论述的那样，数学知识的动力和可能性洋溢着具体的判断，它们一起塑造特定对象和信仰体系的某些类型的表达和特定职业的观点。[②]

在巴赫金的论述中，数学被看作一个相互竞争的、知识传统的领域，它们的关系形成了学术领域。作为一种在课程中形成的特殊的归纳和程序系统，其参与的条件、探究的规范以及构成数学领域的认知和真理的标准

---

① 其他在社会科学和哲学中传播的"建构主义"的概念不能被简化为心理学，笔者提供了一些方法来解决这里所讨论的"炼金术"的困境。在总结部分将简要讨论这一点。
② 笔者在结论中再次讨论这一概念，以认识到某种柏拉图式的数学品质与它的文化生产条件共存。

与规则都被省略了。例如，全国数学教师委员会的原则和标准指的是"数学科学"中哪些知识可以作为核心知识进行教授，虽然在 1989 年或 2000 年的文件中并没有明确指出。"数学并不是'为了自身利益'而存在的"[1]，但是数学领域中"科学数学"的定义掩盖了数学领域中产生知识的传统和网络关系的多样性，因此，随着传统观念的选择，数学领域被简化为特别具体化的分支。

在这个时候，我们可能会问，当来自某个学科领域的传统思想被铭记为教学法的组织原则时，将会失去什么？例如，那些源自"科学数学"的原则。哈金（Hacking，2002）对科学与数学的讨论为解答这个问题提供了一些借鉴。哈金认为，数学学科体现了不同的思维方式并且能够创造出新的事物，数学中的不同推理风格开启了不同的研究对象，也提供了分类计划，通过分类计划，生活经验得以丰富，真理得到了检验，对未来也做出了选择。哈金将推理的算法和组合风格与数学中推理中的空间风格进行了对比。不同的推理风格是一种"自我认证"。也就是说，每个推理风格"介绍了自己的证明和示范，以及标准……它决定了适用于其应用域的真实条件"，以这种思维方式来思考数学使我们的关注重心放在了数学实践中而不是"能够给我们的思维带来新事实的技术"（Hacking，2002：4）。

哈金指出应该关注学科中的文化实践领域，这些学科产生了在一个巨大的机构、权威关系、"内涵、故事、类比、记忆和幻想"中找到真相的方法。各种各样的推理方式引入了不同的辩论记录，关于"被认为"的物体的本体状态的争论是真实的。[2]哈金认为，将科学和数学作为构成其对象和真理陈述的文化实践领域，是摆脱将哲学和教育分为现实主义和反现实主义阵营争议的出路，它是一种克服认识论和本体论非生产性分离和主观主

---

① 笔者很感激雷斯蒂沃在这个问题上做出了这一区别。
② 把社会科学作为多个知识传统的领域和相关的课程，参见 Cherryholmes，1988；Popkewitz，1977；Wagner，2001。

义与客观的世界观的分离方法。①

　　探究构成学科"炼金术"的不同实践内容是可行的：当对"传统观念"的选择与教育心理学以及社会心理学产生关系，用以对学生及教师进行管理的时候，我们能够做些什么？为了将当前的模型加以对比，我们可以把数学想象成一种特定的推理方式来思考事物，以及关于生命是如何经历和影响的。从有利的方面来讲，强调"实践"的数学能够化生为熟、探索未知、质疑已知及传统。

　　这种探索数学的方式使基于标准的改革失去了优势，传统观念的削弱与结晶使专业知识产生了一种特殊的专业形象。这一观点能够从麦克尼尼对科学教材的研究中得到印证。麦克尼尼发现，近几十年来，在教材中，科学知识的陈述以及形象发生了巨大改变。为了达到提高学生参与度、关注学生个体以及贴近学生情感的目的，课程已被重写，但学生参与度的提高也产生了科学的标志性形象"专家"，科学技术需要对自然界进行更广泛的控制掌握、分类以及解释。学生的参与和问题解决是一种使他们能够了解程序权威、辩论风格以及确认专家真实性符号系统的练习，学术专家的结论被认为超出了孩子们的提问和解决问题的范围。他们的提问和解决问题仅仅是一些程序，通过这些程序来确定既定的现实。

　　数学教育体现了这种专业的主张，数学公式被视为日常生活的典范。尽管"参与结构"和"学习共同体"的概念强调儿童的参与，但是这种介入将孩子们的注意力引向那些已经在教育和数学教育研究的先验世界中得

---

①　这提供了一种方法来撤销那些关于科学和数学的争论，这些争论涉及不确定性和确定性、理想主义和现实主义。这些可以被看作一个双重的铭文，柏拉图式的关于数学确定性的概念甚至在我们考虑产生知识体系的文化特质时也存在（Restivo，1993）。数学的柏拉图式的确定性不断地通过一个文化实践领域来完成，而数学家们则在此基础上建立起它的基础。例如，数学可以被认为是一个关于世界真理的逻辑，作为综合命题的集合和康德的先验集合，或者作为由其上下文决定的类的关系（如求和折扣的性质及测量问题）。即使一种柏拉图式的确定性概念被接受了，那些看似不言自明的数字类别，也包含了与可用于分类的文化资源相关的等级和划分的标准。我们可以考虑社会调查的分类系统，或者是计算机科学发展的数学问题的类型，或者是 DARPA 的国防项目，通过资源的内部和外部的资源来考虑数学领域的认知漂移问题。

到证实的命题，数学是一门用来测试和确定一个给定的经验世界的工具。例如，全国数学教师委员会的原则和标准宣称课程应"提供经验，让学生看到数学在建模和预测真实世界现象中有强大用途的经验"。法国的教育理论认为自己是建构主义教学法的一种变体，它重申了数学教育应该向社会阐明本性的观点。数学在课程中作为一种高度形式化的知识体系，其本体地位作为检验现实的模型，而这与认识论的问题是分离的（Brousseau，1997）。

有观点认为，孩子们使用数学来"建构""预言真正的世界"，而这种观点被认为体现了民主国家受教育的义务。此观点指出，数学知识给了孩子们一个日渐被科学以及数学充斥的世界。但这一观点是个悖论，数学知识的铭文使这个世界能够被（身体、社会和个人）看见，而孩子只是一种媒介，他们使用公式或者数学中合适的技术模型来测试以及证明所给定的外部世界。问题的解决成为一种战略，是科学显而易见的专业知识、真理与谬误的仲裁者。"当一个学生负责修改他自己的想法，并期望公开这么做的时候，决定什么是有效知识的权力就从教师转移到了学生和共同体上"（Lampert，1990：52），解决问题是用于访问和确认外部世界的"有效策略"（Lampert，1990：49）。

在"炼金术"中，作为未来公民的孩子有时活跃、有时消沉，他们在对传统数学的特定参数进行建模或者进行提问时显得很积极，但在进行概念定义并扩大其参与的可能性和界限上则不太积极。"炼金术"使孩子成为数学命题世界的旅行者或消费者，似乎拓展了那么多诱人的路径，但最终导向了单一的目的地。一方面，参与解决问题的能力和协作能够让孩子灵活地学会欣赏已给定世界的奥秘。另一方面，教学法解决了文化关系（"共同体"）的问题，在这种关系中，数学的柏拉图式形象是令人难以接受的，它通过为孩子们建立一个特别规划的机构，从而否定了这个世界的脆弱性和条件性。因为不确定所以需要探索，只要探索就会有结果，数学推理是对未来公民能力的规范化制定。

四 教学铭文作为包容与排斥的实践：对孩子的规范和区分

笔者一直认为"炼金术"是通过铭文设备的组合形成的。在讨论的铭文中，有一种是把孩子当作解决问题的人，作为共同体中的一员。这一过程将心理学范畴与社会范畴联系在一起，涉及沟通的方式和课堂互动，但是数学"内容"的选择在"炼金术"中扮演了一定的角色，因为它与心理铭文重叠。数学是通过关注"传统思想"和数学知识的逻辑结构稳定下来的，解决问题的目的和属于一个共同体的目标被描述为学生"授权"，"炼金术"将科学的专业知识作为一种安全的模型，用来讲述一个给定的现实，同时模糊了学术领域的社会纽带。在这一部分，笔者专注于"炼金术"，产生社会包容和排斥标准的另一种智慧工具。

在教育改革中，社会包容和排斥的问题是由一种公平的语言框定的，改革和标准被认为是对社会中特定群体或群体缺乏学术成就的重新调整。[①]对公平的承诺是通过不断重申所有的孩子都将参加，这个项目是为所有的学生提供的，当务之急是为所有孩子提供高质量的计划等来实现的。"所有的学生，不论其个人特点、背景或身体上的挑战，必须有机会和被支持去学习数学"（NCTM，2000：12），"一切"的重申是在强调教学的包容性，即"改善贫困儿童的学习成绩"（Bush，2001：2），阶级、种族、性别、残疾以及其他社会因素在取得学校的成功方面不再重要。

改革旨在纠正社会过错，并提供更加公正的学校和社会，但"炼金术"的铭文产生了不同的效果。报告中提到的"所有儿童"不只是一个简单的公平原则，"所有儿童"这一词组不仅重申了一项政治和社会的原则，而且在标准和研究中充当了区分两种人的支点——在学校教育中拥有充足能力去学习、解决问题并获得成就的儿童，以及不同于其他儿童的弱势儿童。"所有儿童"这一词组是围绕意象与叙述的一组区别，这组区别与早期关于解决问题儿童的讨论有关。笔者认为，基于标准的改革制造了一种人类的

---

① 参见纳西尔和柯布关于多样性、公平和数学学习的讨论。

问题，它的解决涉及自治灵活地处理变化、通过合作的社会规范、沟通的模式以及运用数学来测试假定的现实关系网络以重塑自我，能够将问题儿童与那些不符合行动和参与标准的儿童的内在特征和人格区分开来，笔者想通过改革话语进一步探索以上问题。

改革文件和研究很快就从"学龄儿童"的特点和标准转变为对"一些能力落后的儿童"的讨论，例如，美国数学教师协会将不能解决问题的孩子归类到心理上"低期望"的孩子。"低期望"的心理素质涉及形成明显的人类的其他社会特征，这些孩子都是"生活在贫困中、不讲英语、残疾、女性和非白人学生，他们传统上比其他群体的同龄人更有可能成为低期望值的受害者"（NCTM，2000：13）。那些没有体现自治和协作规范的孩子也"不是英语母语的学生，他们可能需要特别的关注，让他们能够充分参与课堂讨论，"因为有残疾的学生可能需要更多的时间来完成作业，或者他们可以从口头而非书面评估中获益（NCTM，2000：13）。

社会和心理上的区别被放在更一般的类别中，比如位于城市或乡村地区和位于"穷人和少数族裔学生"群体之中的孩子，拥有"独特的数学需要"，因此需要救助，以免其在开始上学的时候就处于劣势。

可以根据前面对铭文和人类制造的讨论来考虑上述区别与划分，首先，产生"弱势"人类的社会和心理类别的集合不是单一类别或标签的结果，而是通过作为需要救助的个性特征产生的重叠的区别所融合形成的。其次，尽管叙事的目的明显是要将被排斥的孩子包括进来，但"炼金术"的铭文规范并确立了教学法上的差异，包容性实践不断被置于同时被排除的事物背景下（Popkewitz & Lindblad，2000）。最后，需要救援的类别并非仅来自基于标准的改革，数学改革的课程本身就包含在一个更普遍的、权威的理性体系中，它的形状、框架和方式是教育和改革的作用方式①。如果一个人在全国范围内对城市儿童和农村儿童的教师教育项目进行调查，就会发现

---

① 这些类别和区别有细微的变化，是更一般的美国改革运动以及国际统计和欧洲社会包容与排斥问题的努力所体现的典型及区别（参见 Popkewitz & Lindblad，2000；Lindblad & Popkewitz，2001）。

类似的人类构造（Popkewitz，1998）。城市儿童和农村儿童具有相似的需要救助与补救的素质和特点，一个连续的社会价值被建立起来，用以区分和分类孩子是什么，应该是什么样的，以及孩子是否符合标准（Popkewitz，2004），被我们称为的"弱势儿童"永远处于准备中，从未达到"平均水平"的标准（Popkewitz，Tabchnick，& Wehlage，1982）。

五　对"炼金术"、教学法和研究的一些总结思考

1932年，历史学家卡尔·贝克尔对18世纪发生的哲学思想的转变进行了重要分析。其著作《十八世纪哲学家的天国之城》认为，18世纪的思想家抛弃了在上帝中居住的知识，转向了一种生活在自然中的知识，他们的规则可以应用于人类在世俗世界中的进步。这种转变的重点并没有涉及改变知识的基本规则，在许多方面，在教学改革类似于学校科目被视为通过理论知识更容易应对不断变化的社会，但是，教育"思想"的规则和标准，通过注重管理孩子的实践，使世界保持不变，从而使这个世界趋于稳定。一个多世纪以来，我们一直在改变知识的规则，让学校和社会变得更人性化、更公正，笔者通过反思学校科目中惯常的工作方式和思维方式，对这些规则提出挑战。

学校课程的"炼金术"为什么是有意义的？对铭文进行排序的不同做法是一种思考政治教学法的方法，但这种政治不同于在当代政策以及关于公平和多样性的研究中所强调的。例如，现代研究主要集中在数学课堂上代表的社会群体，或是在课堂教学的社会过程中受益或受损的利益。笔者关注的是教育政治中一个不同的、经常被忽视的方面，即教育知识的功能作为一种管理实践会被排除在外（Popkewitz & Lindblad，2000）。笔者认为，"炼金术"中汇集的各种实践，产生了改革的标准，而这些标准不是在产生一种规范化教学法的区别和原则中发现的。

在这种情况下，"炼金术"的政治是很重要的，构成学校科目的铭文装置与这些调查领域的实践没有太大关系，但是教学法的智力工具有重要意

义，因为重叠的实践构成了教育的对象。首先，正如笔者所主张的，基于"传统观念"的数学推理的变形或稳定消除了学校学科的文化或社会因素。其次，铭文是产生差异的标准化教学方法，这种差异凝结为人类价值观的连续统一体——问题解决者或弱势儿童。在规范化过程中，排斥不是刻意回避的行为，其本质上与将被映射为学习者的孩子的纳入相关。再次，在学校里教授解决问题的策略实际上可能会减少参与和开放行动的空间，因为科学的专业知识被认为是对孩子们产生影响的社会现实。最后，由于历史原因，当代的改革和研究缺乏分析工具来对构成公平与正义问题的规则及标准进行反思，改革的问题和它的研究不是特定的类别或标签，而是为孩子留下决定性分类的铭文装置的集合。

"集合"的概念在理解"炼金术"方面起着重要作用，当代的教学研究倾向于将"知识内容"问题与教师对"知识"的处理分开。学校学习的文化情境模型（如"情境学习"）和校外数学学习就是例子。在力求消除社会分化的后果并在教学中重视多样性的同时，它们的作用在于重新安装一种将数学自然化为服务于规范化教学内容的铭文装置。[1]该文化情境模型并不质疑构成"炼金术"的学校科目的双重构造：学校教育内容的铭文和儿童思想的心理地图是如何编织在一起并作为管理原则联系在一起的。

笔者要讲的最后一点涉及学校课题研究的范畴和区别的自我反省性（Popkewitz，1997），这种反省性与认识论上的障碍有关，用加斯东·巴什拉的著名术语来说就是通过引导人们关注理性的缺陷和结构的认知行为。巴什拉认为，知识是通过将以前看不见的东西转变为可能而获得的，考虑到这一点，我们就能想到一个认识论的障碍来解开这个"炼金术"：文本与语境之间的区别。这种区别有时被表达为思想、话语或理论与课堂行为或教师信念的"真实世界"之间的区别；有时是基于标准的改革，像很多与政策相关的课程研究一样，假定教师和孩子正在接受调查，那么解决问题的方式自然就存在于孩子的思想和课堂互动中。笔者之前关于制造的讨论

---

① 这种对学校学科的转变也是批判教育学的局限性之一。

有助于解释理论和实践的分裂不仅掩盖了研究和政策话语在形成这些信条中的作用，而且掩盖了教学法铭文装置在构建实际的学校教育及其科目方面的作用。如果可以回到笔者开始时的类比，那么需要质疑的是"炼金术"的基本金属，它们被升华以产生教育和学校科目的黄金宇宙。笔者现在重点介绍"炼金术"中体现的另外两个认识论障碍：课程中学术领域的分析性阅读和教育研究中的救赎文化。

一个不同的认识论障碍是"不认为""炼金术"是阅读科学、数学或其他学科的方式，如果一个人思考在此讨论中构成学校科目的解释性策略，那么他们通常会涉及对学术领域的特定分析性阅读。这种分析性阅读着眼于在如数学的中心概念和（或）过程中发现的逻辑特征，它使研究人员和课程设计者能够寻找到独立于科学或数学文化实践"实体"之外的"传统的想法"与结构。学校科目的"实体"是教学法规范化项目中作为逻辑形式处理的"事物"，正如瓦莱罗所指出的，数学是一种合乎逻辑的内容，它为学生的认知发展提供了服务（Bishop et al.，1996）。

这种分析性阅读忽略了单词及其概念如何嵌入将事物和人与科学知识及方法联系起来的思维或推理方式中。[1] 例如，对科学、技术和数学的研究可以被解读为探索一个学术领域定义其问题、方法和知识体系的关系领域。科学的概念和概括是通过一套规则和实践来形成的，从这个意义上讲，科学实践中的各种组合可以调节如何做出判断、得出结论、提出纠正意见，并使存在领域变得可管理和可预测（Cetina，1999；Foucault，1966、1973；Hacking，2002；Kuhn，1970；Latour，1999；Nasar，1998；Wagner，2001）。这种阅读科学实践的复杂性是由巴赫金表达的，"语言不是一种中立的媒介，它可以自由而轻易地进入说话人的意图的私有财产；它是人口过剩和其他国家的意图，征用它，强迫它服从自己的意图和口音，这是一个艰难而复杂的过程"（Bakhtin，1981：294）。

将科学研究转化为教学法需要不同的智力工具和策略来思考和对学术

---

① 这是一个分析推理的例子，它把类别视为"纯粹的思想"，作为一个历史对象，因此无法识别被审查的现象（参见 Schrag，1999）。

领域的实践进行排序，而不是在当前的课程模型中发现（Spivak，1992）。
这种替代阅读将侧重于构建学科的关系或组合，使主题的构建和变化历史
化，以及在某一领域中使特定类型的知识成为可能的知识或思想体系。也
就是说，教学法需要知识工具来考虑知识（概念、概括）和文化实践之间
的关系，从而使知识得以产生。这样的一种阅读科学或数学的方法，在其
他学科中需要一种思维方式，而不是将某个领域的结论和命题具体化，或
者产生一种心理上的简化论。

做出这样的解读并不排除"炼金术"的问题，也不能否认在课程建设
中有教育心理学的一席之地。相反，它表明，在建设教学法的过程中，我
们应该转向学术领域以解释知识的形式、思想的规则以及在学术学科中产
生知识的实践，基于标准的改革中的教学心理学是使孩子正常化的发明，
因此不足以将数学、科学或其他学术领域转化为课程项目。

另一个认识论障碍与学校课程教学研究项目的救赎主题有关，救赎的
文化在一组假设中表达出来，这组假设把研究定义为有用的或实用的。在
上述关于基于标准的改革讨论中，拯救主题与保留参与式民主的未来和拯
救尚未成功的儿童有关，研究被视为提供专业知识，通过重塑儿童来创造
社会和个人进步，或者称为改变灵魂。

可以被列为社会规范性目标的救赎主题在更公正和更公平的社会与学
校教育工作中是重要的，然而，在研究背景下，救赎文化有着不同的含义
和后果，因为它在教育现象、社会和个人实践的解释之间建立了联系，并
通过科学的铭文预测了未来（Popkewitz，1998a）。关于研究中有用知识的
救赎主义是特殊的历史实践，是权力的影响，尽管课程改革的意图是好的，
甚至有时是激进的，但目的是赋予他人力量，教学法中的授权关系就是权
力和它本身的关系（Cruikshank，1999）。任何试图通过治理"思想"来提
升人们情绪的尝试都不是良性的，也不是中立的，即使是旨在直接影响课
堂日常实践的研究也不能没有疑问地忽视要改革的"科目"以及"科目"
是如何被重新规划的。正如笔者在这篇文章中所指出的那样，在"解决问
题"和合作中看起来民主的东西，在拘禁和围墙被诊断出来的时候可能既

不民主也不实用。

当关于变革的科学话语和战略论述放在一起时，关于未来（解放和民主）的救赎主张就构成了科学家的社会地位，他们是以人民的名义出现的使者——无论这些人是否被归类为失声、受压迫或学习障碍的人。正如许多研究人员所主张的那样，把科学的话语（无论一个人是否承认进步的政治）和社会变革的战略论述混为一谈，都是错误地解释了教学的内容和主观的东西是如何通过铭文装置产生的（Johannesson，1998）。总而言之，笔者阅读了一些与学校科目背道而驰的研究报告，目的并不是要对教育研究的成果进行辩论，也不是反对教育心理学、儿童问题解决或在当代改革中具有较高文化价值的社区主题。相反，笔者把重点放在了研究和改革政策的文本上，是为了扰乱和争论反思与行动的对象，并询问在教学法中将真理和虚假作为一套统治实践的秩序是什么。借用福柯（Foucault，1989：305–306）的话：

> 知识分子的工作并不是塑造他人的政治意愿，而是通过分析他自己的领域，重新审查证据和假设，改变习惯的工作和思考方式，消除惯常的熟悉，重新评估规则和制度，并从这一问题（他作为一名知识分子的特定职业）开始，参与政治意愿的形成（在那里他扮演一个公民的角色）。

参考文献

Bachelard, G. 1984. The new scientific spirit. Boston: Beacon Press.

Baker, B. 2001. In perpetual motion: Theories of Power, Educational History, and the Child. New York: Peter Lang.

Bakhtin, M. M. 1981. The Dialogic Imagination. Austin: University of Texas Press.

Ball, D. 2001. "Teaching, with Respect to Mathematics and Students." In T. Wood, B. Nelson, & J. Warfield (Eds.), *Beyond Classical Pedagogy: Teaching Elementary School*

Mathematics, pp. 11-21. Mahwah, NJ: Lawrence Erlbaum.

Becker, C. 1932. The Heavenly City of the Eighteenth-century Philosophers. New Haven, CT: Yale University Press.

Bill Ateeh. 2002."Reflections on Educational Studies in Mathematics." *Educational Studies in Mathematics* 50: 251-257.

Bishop, A. 1991. "Toward a Cultural Psychology of Mathematics: A Review of Culture and Cognitive Development." *Journal for Research in Mathematics Education* 22(1): 76-80.

Bishop, A., Clements, K., Keitel, C., Kilpatrick, J., & Laborde, C. (Eds.). 1996. *International Handbook of Mathematics Education.* Dordrecht, The Netherlands: Kluwer.

Boaler, J. (Ed.). 2000. *Multiple Perspectives on Mathematics Teaching and Learning.* Westport, CT: Ablex Publishing.

Britzman, D. 1991. Practice Makes Practice: A Critical Study of Learning to Teach. Albany: SUNY Press.

Brousseau, G. 1997. *Theory of Didactical Situations in Mathematics: Didactique Des Mathématiques, 1970-1990* (N. Balacheff, M. Cooper, R. Sutherland, & V. Warfield, Eds.). Dordrecht, The Netherlands: Kluwer.

Bush, G. W. 2001. No Child Left Behind. Washington, DC: Department of Education, U.S. Government Printing Office.

Cazden, C. 1986. "Classroom Discourse." In M. Wittrock (Ed.), *Handbook of Research on Teaching* (3rd ed.), pp. 432-63. New York: Macmillan.

Cherryholmes, C. 1988. Power and Criticism: Poststructural Investigations in Education. New York: Teachers College Press.

Cobb, P, Wood, P, Yackel, E., Nicholls, J., Weatley, G., Trigatti, B., et al. 1991. "Assessment of a Problem-centered Second-grade Mathematics Project." *Journal For Research in Mathematics Education* 22(1): 3-29.

Cobb, P. 1994. "Where is the Mind? Constructivist and Sociocultural Perspectives on Mathematical Development." *Educational Researcher* 23: 13-20.

Cobb, P., & Bowers, J. 1999. "Cognitive and Situated Learning Perspectives in Theory and

Practice." *Educational Researcher* 28(2): 4-15.

Cobb, P., Yackel, E., & Wood, T. 1992. "A Constructivist Alternative to the Representational View of Mind in Mathematics Education." *Journal for Research in Mathematics Education* 23(1): 2-33.

Cronon, W. 1996. "The Trouble with Wildernesss; or, Getting Back, to the Wrong Nature." In William Cronon (Ed.), *Uncommon ground: Rethinking the Human Place in Nature*, pp. 69-90. New York: W. W. Norton.

Cruikshank, B. 1999. The Will to Empower. Democratic Citizens and Other Subjects. Ithaca, NY: Cornell University Press.

Danziger, K. 1990. Constructing the Subject: Historical Origins of Psychological Research. New York: Cambridge University Press.

Depaepe, M. 2006.Order in Progress: Everyday Education Practice in Primary Schools-belgium, 1880-1970. Leuven, Belgium: Leuven University Press.

Fendler, L. 1999. "Predication, Agency, and Critical Intellectuals." In T. Popkewitz & L. Fendler (Eds.), *Critical Theories in Education: Changing Terrains of Knowledge and Politics*, pp. 169-190. New, York: Routledge.

Foucault, M. 1973. The Order of Things: An Archaeology of the Human Sciences. New York: Vintage.

Foucault, M. 1979. Governmentality. *Ideology and Consciousness* 6: 5-22.

Foucault, M. 1983. "Afterword." In H. Dreyfus & P. Rabinow (Eds.), *Michel Foucault: Beyond Structuralism and Hermeneutics* (2nd ed.), pp. 208-264. Chicago: University of Chicago Press.

Foucault, M. 1989. "The Concern for Truth." In S. Lotringer (Ed.), John Johnston (Trans.), *Foucault Live: Interviews,* 1966-84, pp. 291-308. New York: Semiotext(e).

Giddens, A. 1990. The Consequences of Modernity. Stanford, CA: Stanford University Press.

Goodson, I. 1985. Social Histories of Secondary Curriculum: Subjects for Study. London: Falmer Press.

Hacking, I. 1995. "The looping effects of humankinds." In D' Sperber, D. Premack, & A. J.

Premack (Eds.), *Causal Cognition: Amultidisciplinary Debate*, pp. 351-394. Oxford, UK: Clarendon Press.

Hacking, I. 2002. Historical Ontology. Cambridge, MA: Harvard University Press.

Hershkowitz, R., & Schwarz, B. 1999. "The Emergent Perspective in Rich Learning Environments: Some Roles of Tools and Activities in the Construction; of Sociomathematical Norms." Educational Studies in Mathematics 39, 149-166.

Hunter, Ⅰ. 1988. Culture and Government: The Emergence of Literary Education. Hamsphire, UTK: Macmillan.

Ingolfur Asgeir Johannesson. 1998. "Genealogy and Progressive Politics: Reflections on the Notion of Usefulness." In T. Popkewitz & M. Brennan (Eds.), *Foucault's Challenge: Discourse, Knowledge, and Power in Education*, pp. 297-315. New York: Teachers College Press.

Kirk, D. 1998. Schooling Bodies: School Practice and Public Discourse, 1880-1950. London: Leichester University Press.

Knorr Cetina, K. 1999. Epistemic Cultures: How the Sciences Make Knowledge. Cambridge, MA: Harvard University Press.

Kuhn, T. 1970. The Structure of Scientific Revolutions. Chicago: University of Chicago Press.

Kuklick, B. 1985. Churchmen and Philosophers: From Jonathan Edwards to John Dewey. New Haven, CT: Yale University Press.

Lakatos, I. 1976. Proofs and Refutations: The Logic of Mathematical Discourse. New York: Cambridge University Press.

Lampert, M. 1990. "When the Problem is not the Question and the Solution is not the Answer: Mathematical Knowing and Teaching." *American Educational Research Journal* 27(1): 29-63.

Latour, B. 1986. "Visualization and Cognition: Thinking with Eyes and Hands." *Knowledge and Society: Studies in the Sociology of Culture Past and Present* 6: 1-40.

Latour, B. 1999. Pandora's Hope: Essays on the Reality of Science Studies. Cambridge: Harvard University Press.

Lesko, N. 2001. Act your Age: A Cultural Construction of Adolescence. New York: Routledge.

Lindblad, S. & Popkewitz, T. S. 2001. *Education Governance and Social Integration and Exclusion: Studies in the Powers of Reason and the Reasons of Power (A Report from the EGSIE Project).* Uppsala, Sweden: Department of Education, Uppsala University.

Lindner, R. 1996. The Reportage of Urban Culture: Robert Park and the Chicago School. Cambridge, UK: Cambridge University Press.

McEneaney, E. 2003. "Elements of a Contemporary Primary School Science." In G. S. Drori, J. W. Meyer, F. O. Ramirez, & E. Schofer (Eds.), *Science in the Modern World Polity: Institutionalization and Globalization.* Stanford, CA: Stanford University Press.

Meyer, J, Boli, J, Thomas, G., & Ramirez. F. 1997. "World Society and the Nation-state." *American Journal of Sociology* 103(1): 144-181.

Nasar, S. 1998. A Beautiful Mind: The Life of Mathematical Genius and Nobel Laureate John Nash. New York: Touchstone.

Nasir, N., & Cobb, P. 2002. "Diversity, Equity, and Mathematical Learning." *Mathematical Thinking and Learning* 4(2-3): 91-283.

National Council of Teachers of Mathematics. 1989. Curriculum and Evaluation Standards for School Mathematics. Reston, VA: Author.

National Council of Teachers of Mathematics. 2000. Principles and Standards of School Mathematics. Washington, DC: Author.

National Research Council, Committee on Scientific Principles for Education Research. 2002. *Scientific Research in Education* (R. Shavelson & L. Towne, Eds.) Center for Education, Division of Behaviorial and Social Sciences and Education. Washington. DC: National Academy Press.

Nelson, B., Warfield, J., & Wood, T. 2001. "Introduction." In T. Wood, B. Nelson, & J. Warfield (Eds.), *Beyond Classical Pedagogy: Teaching Elementary School Mathematics*, pp. 5-9. Mahwah, NJ: Lawrence Erlbaum.

Popkewitz, T, Tabchnick, B, &Wehlage, G. 1982.*The Myth of Educational Reform: A Study of School Response to a Program of Change.* Madison: University of Wisconsin Press.

Popkewitz, T. & Gustafson, R. 2002. "The Alchemy of Pedagogy and Social Inclusion/ exclusion."*Philosophy of Music Education Review* 10(2)：80-91.

Popkewitz, T. (Ed.). 1987. *The Formation of the School Subjects: The Struggle for Creating an American Institution.* New York：Falmer Press.

Popkewitz, T. 1977. "Latent Values of the Discipline Centered Curriculum." *Theory and Research in Social Education (51)*：41-60.

Popkewitz, T. 1991. A Political Sociology of Educational Reform: Power/knowledge and Power in Teaching, Teacher Education, and Research. New York：Teachers College Press.

Popkewitz, T. 1996. "Rethinking decentralization and the State/civil Society Distinctions：The State as a Problematic of Governing." *Journal of Educational Policy* 11：27-51.

Popkewitz, T. 1997. "A Changing Terrain of Knowledge and Power：A Social Epistemology of Educational Research." *Educational Researcher* 26(9)：5-17.

Popkewitz, T. 1998a. "The Culture of Redemption and the Administration of Freedom as Research：The Redemptive Culture of the Educational Sciences." *Review of Educational Research* 68(1)：1-34.

Popkewitz, T. 1998b. "Dewey, Vygotsky, and the Social Administration of the Individual：Constructivist Pedagogy as Systems of Reason in Historical Spaces." *American Educational Research Journal* 35(4)：535-570.

Popkewitz, T. 1998c. Struggling for the Soul: The Politics of Education and the Con-struction of the Teacher. New York：Teachers College Press.

Popkewitz, T. 2000. "The Denial of Change in the Process of Change：Systems of Ideas and the Construction of National Evaluations." *Educational Researcher*(2951)：17-30.

Popkewitz, T. 2004. "Educational Standards：Mapping who we are and are to Become." *Journal of the Learning Sciences* 13(2)：243-256.

Popkewitz, T., & Lindblad, S. 2000. "Educational Governance and Social Inclusion and Exclusion：Some Conceptual Difficulties and Problematics in Policy and Research." *Discourse* 21(1)：5-54.

Rabinow, P. 1999. French DNA: Trouble in Purgatory. Chicago: University of Chicago Press.

Ravitch, D. 1995. National Standards in American Education: A Citizen's Guide. Washington, DC: Brookings Institution Press.

Restivo, S. 1993. "The Promethean Task of Bringing Mathematics to Earth." In S. Restivo, J. P. Van Bendegem, & R. Fischer (Eds.), *Math Worlds: Philosophical and Social Studies of Mathematics and Mathematics Education*, pp. 3-17. Albany: State University of New York Press.

Rose, N. 1996. "The Death of the Social: Re-figuring the Territory of Government." *Economy and Society* (253): 327-356.

Rose, N. 1999. Powers of Freedom, Reframing Political Thought. Cambridge, MA: Cambridge University Press.

Russell, S. J. 1999. "Mathematical Reasoning in the Elementary Grades." In L. Stiff & F. Curcio (Eds.), *Developing Mathematical Reasoning in Grades K-12: 1999 yearbook*, pp. 1-12. Reston, VA: National Council of Teachers of Mathematics.

Schrag, F. 1999. "Why Foucault now?" *Journal of Curriculum Studies* 31(4): 375-383.

Scott, J. 1998. Seeing Like a State: How Certain Schemes to Improve the Human Condition Have Failed. New Haven, CT: Yale University Press.

Simon, M. 1995. "Reconstructing Mathematics Pedagogy from a Constructivist Per*spective.*" *Journal for Research in Mathematics Education* 26(2): 114-145.

Skovsmose, O. 1994. Towards a Philosophy of Critical Mathematics Education. Dordrecht, The Netherlands: Kluwer.

Spivak, G. 1992. "The Politics of Translation." In M. Barrett & A. Phillips (Eds.), *Destabilizing Theory: Contemporary Feminist Debates*, pp.177-219. Stanford, CA: Stan-ford University Press.

Stanic, G. 1987. "Mathematics Education in the United States at the Beginning of the Twentieth Century." In T. Popkewitz (Ed.), *The Formation of the School Subjects: The Struggle for Creating an American Institution*, pp. 145-175. New York: Falmer Press.

Steffe, L. & Kieren, T. 1994."Radical constructivism and mathematics education." *Journal for*

Research in Mathematics Education 25(6): 711-734.

Steffe, L. & Kieren, T. 1995. "Toward a Working Model of Constructivist Teaching: A Reaction to Simon." *Journal for Research in Mathematics Education* 26(2): 146-159.

Sutherland, R. & Balacheff, N. 1999. "Didactical Complexity of Computational Environments for the Learning of Mathematics." *International Journal of Computers for Mathematical Learning* 4: 1-26.

Valero, P. 2003. *Reform, Democracy, and Mathematics Education.* Unpublished doctoral dissertation, Danish University of Education, Copenhagen.

Van Bendegem, J. 1996. "The Popularization of Mathematics or the Pop-music of the Spheres." *Communication & Cognition* 29(2): 215-238.

Van Bendegem, J. 1999. "The Creative Growth of Mathematics." *Philosophica* 63(1): 119-152.

Wagner, P. 1994. The Sociology of Modernity. New York: Routledge.

Wagner, P. 2001. Theorizing Modernity: Inescapability and Attainability in Social Theory. London: Sage.

Wagner, P., Weiss, C., Wittrock, B., & Wollman, H. 1991. *Social Sciences and Modern States: National Experiences and Theoretical Crossroads.* New York: Cambridge University Press.

Warfield, J. 2001. "Where Mathematics Content Knowledge Matters: Learning about and Building on Children's Mathematical Thinking." In T. Wood, B. Nelson, & J. Warfield (Eds.), *Beyond Classical Pedagogy: Teaching Elementary School Mathematics*, pp. 135-155. Mahwah, NJ: Lawrence Erlbaum.

游离在家庭作业中的家校边界

常亚慧　赵思萌[*]

摘　要: 本研究基于"场域–惯习"理论,以家庭作业为切入点,采用质性研究方法对 M 小学 C 班学生的家庭作业情况进行调查分析,通过不同家庭、不同社会经济地位家长的参与行动以及学生作业表现呈现分层的图景,展现出家庭作业中的不同边界样态。研究发现,在惯习影响下,中上阶层家庭场域的家长倾向于协作培养的教养方式,学生家庭作业表现较好,体现着边界交融;劳工阶层家庭场域的家长倾向于孩子自然成长的教养方式,学生家庭作业问题百态,体现着家校分离。但在交融与分离的样态中,家长的不当参与行动会导致学生的不良表现。因此,我们需要寻求合理的家校边界,开展良性的家校互动,以期形成双赢的家校合作。

关键词: 家庭作业;家校边界;场域;惯习

一　研究背景

家庭作业是学生在家庭环境中完成的作业,主要是为了检查并巩固学生在校的学习效果,但如今家长成了家庭作业完成过程中的主角,孩子成

---

① 常亚慧,陕西师范大学教育学部教授,主要研究方向为教育社会学,E-mail: yahuichang@126.com;赵思萌,陕西师范大学教育学部硕士,主要研究方向为小学教育,E-mail: simengzhao@126.com。

了家庭作业完成过程中的配角。针对家长介入家庭作业程度不同的现象，家长与教师的态度不尽相同，由此引发的家校问题日渐凸显。屡屡发生的家校冲突事件映照出家庭教育与学校教育的职责错位。家校互动中的边界模糊已成为学校教育不可回避的棘手问题。家庭作业的布置与完成在时间和空间上属于不同的场域。家庭教育场域通过占有性资本来运作，而不同场域中资本的数量与质量形塑着其特有的惯习，展现着不同家庭背景下形成的文化差异。学校场域中的组织生活意味着学校空间处处充斥着制度权力。由于学校承担着国家未来人才培养的重任，因此，学校传递着社会主流文化价值观。家庭场域和学校场域在关系与资本的运作中进行教育行动，达成教育目的。已有研究主要是对家庭作业的聚焦现象或者问题的描述，对其内在运作机制以及深层社会结构原因的剖析则需要多层次与多维度的深入研究。因此，本研究以习焉不察却又周而复始的家庭作业作为家校连接的抓手，基于教育公平立场，运用场域 – 惯习理论来深描家校场域中的家庭作业，探讨映射在家庭作业中的家校边界问题，并尝试挖掘其背后的运作逻辑及深层社会结构原因。

二　文献探讨

（一）家校边界浮现

关于家校边界的研究成果丰硕，主要聚焦于边界不清所引发的教育问题描述，比如"家庭教育学校化""学校教育家庭化"，学校教育向家庭教育"退让"、家庭教育向学校教育"避让"等。学校向家庭的越界是学校强行跨入家庭领域的一种行为。它使家庭成为第二学校，家长沦为教师助手，导致"家庭教育学校化"（霍国强，2017）。与学校越界相对的是家庭向学校的越界，即家庭只负责"养"的错误观念把"教"的责任推卸给了学校（程正强，2015）。例如，一些留守儿童由于缺失了一定的家庭教育，教育的职责和功能被间接地转嫁给了学校和教师，由此出现了"学校教育家庭化"的情况。在相互退让中，一方面，学校教育向家庭教育的"退让"使家长常常对教育"指手画脚"，便出现了学校因家长对教师的教学方式不满意而辞退教师的现象，导致学校教育的独立地位和功能由于"退让"而发生错位；另一方面，家庭教育向学校教育的"避让"使很多家长由于顾虑孩子的在校生存现状，在面对学校布置的众多家庭作业时，一边抱怨一边又迫不得已帮助孩子完成，却不敢对学校提出任何要求（张雅慧，2018），逐渐淡化了家庭教育的功能。家校边界在家庭与学校的互相"推"与"让"中处于游走状态。《中国教育报》上发表的《家校共育不要模糊了责任边界》中提到，学校教育虽然需要家长教育的配合，但这并不代表双方可以越界对学生施加教育影响（钟焦平，2018）。上述研究多从边界问题的现象角度和影响层面进行研究，对家校边界问题的深层原因以及家校主体之间的责任划分并未进行深入探讨。家校边界问题背后的深层社会原因是影响家校关系的关键，因此，以社会学的视角洞悉家校边界问题为家校关系的研究提供了新思路。

（二）作业中含混的家校边界

家庭作业是沟通家庭与学校的一座桥梁，但家庭作业也反映了家校边界模糊的问题，如家庭作业中的家长签字问题。有些教师要求家长帮助学生检查作业并用红笔将错误进行圈画，学生修改后，家长再签字。这样的方式使家长成了家庭中的教师，承担了教师的一部分教育职责。有些家长认为家庭作业应该由教师布置和批改，完全是教师的教育职责，于是他们把学校教育全都推给教师，只负责孩子的生活起居问题。家长的不配合导致教师对学生的家庭作业也无再多关注。此外，由于作业是面向全体学生进行布置，而不同学生的能力存在差异，因此有些家长对孩子学习的特别关注促使他们介入家庭作业并给予其指导，但对指导"度"的把握不准很容易使家长指导过度，最终成为家长教学生写作业（黄莹，2019）。有调查显示，大部分家长在参与孩子作业的过程中扮演着"教师"的角色，会以提问或更机械的方式引导孩子选出正确答案（周晓燕、陆露，2011）。虽然家长需要参与到学生的学习中，与学校形成教育合力，但家长不是教师，并未接受过专业的训练，也未进行过相关理论知识的学习，不可能代替教师开展教学工作，承担教学职责（黄莹，2019）。因此，在家庭作业问题上，家长和教师的职责有时变得模糊甚至同化。以往对家庭作业中边界的研究聚焦于对家长的参与及教师的角色的研究，也有对家庭作业中存在的边界模糊问题及现状进行的研究。本研究则将映现在家庭作业中的表层现象与埋藏在深层的社会结构相联系，以此讨论家庭作业背后的家校边界问题，探析这一教育事实背后的隐性力量。

三　研究方法

2019 年 3 月至 12 月，研究者前往 M 小学展开田野研究，以实习教师的身份融入 C 班的学习生活，主要通过文本分析与访谈收集资料，展现家庭作业的日常情况。

（一）所在学校与班级

M 小学是位于 X 市 Y 区的一所普通全日制公办小学。Y 区坐落于 X 市二环以外三环以内的城区，该城区居民楼主要由以前的"城中村"改建而成。因此，学校周边基本是一些拆迁改造后的高层居民楼，许多商铺、宾馆、饭店聚集于此。每当上学或放学时，学校门口都呈现一幅嘈杂、拥挤的画面。M 小学现有教学班 23 个，在校学生 1200 余名，教职工 61 人（其中高级教师 2 人，具有研究生学历的 6 人）。师资构成主要有两条渠道：一是来自社会公开招募的有经验教师，二是来自高校应届毕业的本科生和硕士研究生。M 小学的学生主要由周边"城中村"拆迁居民的子女和外来务工人员子女构成。C 班是 M 小学四年级的一个班级，共有 51 名学生，即 26 名女生和 25 名男生。大多数学生的年龄在 10 岁左右。Z 教师承担该班的语文教学工作并担任班主任。Z 教师自 1999 年进入 M 小学任教，现已从教二十余年，教学经验丰富，工作能力突出，曾在市、区、校级等教学设计大赛中获奖，稳居 M 小学骨干教师之列。Z 教师业务精湛，班级管理有条有理。独特的班级文化和干净的班级卫生环境使 C 班常常荣获"优美教室"的称号。在班干部任用方面，Z 教师推行的是班长集体。这个集体由多个学生轮流担任，负责不同的班级工作。Z 教师把 C 班分为 4 个小组，每个小组 12~13 人，即班内每两竖排为一组，共设 4 名小组长。小组长负责日常作业的收发以及背诵作业的检查。

（二）资料收集与分析

本研究采用质性研究的路径，尝试在田野研究范式下采集经验资料，在收集资料过程中主要采用以下三种方法。一是文本分析法：通过了解作业的内容与形式，查看作业中学生的完成、家长的辅导以及教师的评价等方面的情况，分析不同家庭的学生在家庭作业中的不同表现。二是访谈法：对 M 小学 C 班教师、家长和学生主要采用半结构式访谈法，在对学生家庭作业的分析过程中逐渐确定研究对象，针对作业情况深入访谈并将收集到的材料进行整理与编码。三是个案研究法：研究者在深入了解被研究群体后，由多到少，逐渐排除，确定具有代表性的个案研究对象，并选取 C 班个案学生的家庭作业进行分析和研究。

由于家庭作业是在家庭场域中完成的，因此，家庭作业一方面自上而下地传递着来自学校主流文化的意识形态，规定着学生需达到要求的标准；另一方面自下而上地呈现着来自不同家庭的文化，因为在不同家庭场域中完成的家庭作业必然受到家庭场域中惯习的影响。家庭社会经济地位成为影响学生家庭作业的关键因素。本研究需对学生的家庭情况进行调查，以展现其如何影响家庭作业中家长的行动策略与学生的作业表现。

图 1、图 2 不仅呈现了 C 班学生家长学历以及职业的基本情况，而且显示出 C 班学生家长在学历以及职业方面的较大区隔。由于 C 班大部分家长是拆迁人口和流动人口，大多是城市中的"新市民"和务工农民，因此，他们文化水平普遍偏低，基本为初中学历。这部分家长占班级学生家长的 53%。有些家长只有小学文凭，甚至不识字，因此大部分家长在家庭场域中不能依靠自身的文化资本为子女提供教育支持。班级中也有少部分家长拥

有大学文凭，但其人数只占班级家长总人数的 6%。综观 C 班家长的职业，大部分家长为个体经营者或专业技术工人、普通工人，他们工作不稳定，在家庭场域中缺乏一定的经济资本与教育时间。班级中有极少数家长收入相对稳定，是社会地位相对较高的公务员、事业单位工作者。相比之下，这类家长拥有相对充足的经济资本与文化资本，这也造就了此类家庭场域中的教育优势。由此可见，C 班学生家长的学历与职业分化现象突出，这种分化体现在家长对孩子教养方式以及教育期待的认知不同上。同时这也决定了他们对学校教育和家庭教育的态度迥异，进而导致家庭作业中的家长行动截然不同，映现出家庭作业中画面各异的图景。

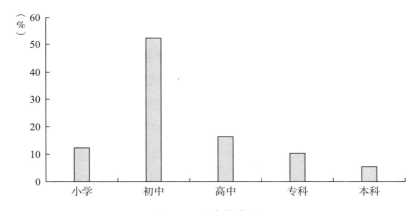

图 1　C 班家长学历

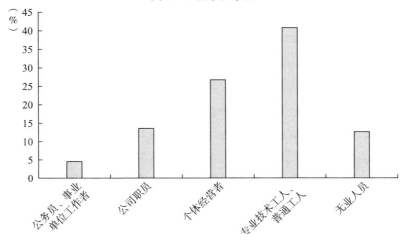

图 2　C 班家长职业

四　研究发现

（一）"映现"在作业中的家长行动

1. 家庭作业：场域交融的展现

对小学生来说，家长参与家庭作业的角色和作用都至关重要。C 班中一些学历相对较高、工作较为稳定的家长意识到了家长角色在家庭作业中的重要作用，并认同家长和学校共同承担教育责任，因此他们在参与家庭作业的行动中将家庭作业作为孩子习得基础知识和基本能力的保证，积极参与孩子的家庭作业。

（1）被"重视"的家庭作业

在 C 班的一次家长会上，Z 教师让部分家长分享教育经验。不少家长提到十分重视孩子的作业，从作业习惯的培养、作业书写的规范、作业的纠错等方面展现家长在家庭作业中的作用。L 学生是班级里的数学小组长之一，成绩稳定在班级前几名，在"六一"活动中获得了"三好学生"奖，因家庭作业表现优异在"小红旗"排名中也名列前茅。L 妈妈是班级中为数不多拥有大学学历的家长，是电子公司的一名职员。在与 L 家长的交谈中我们了解到，她非常认可家长在家庭作业中的重要影响，并积极培养孩子良好的作业习惯和强烈的时间观念，为孩子制订合适的作业时间计划，同时也给予孩子自由时间。她不仅对作业中的字词与练习册上的阅读题认真批改，还重视培养孩子的阅读习惯并激发孩子的阅读兴趣。对 L 学生的阅读，L 妈妈从 L 学生幼儿阶段就有意引导其读与看，以提高其语言表达能力与思维能力，为其进入学校教育做准备。L 妈妈注重培养孩子的主动性，努力在日常生活互动中引导孩子主动阅读，使其在活动中学习。她还注重加强家庭与学校的沟通交流，使教育融入生活。同时家庭生活节奏与安排也以孩子的学校教育重心，使家庭和学校形成了一个有机的教育联结，家庭生活和学校教育之间建立了良好的互动。L 妈妈对孩子的培养并不完全是为学校教育做准备而故意为之。这种教育行动的发生是在无意识中顺其自然地产生的，因为在 L 妈妈眼中，这不仅会促使孩子拥有良好的学业表现，而且对孩子习惯的培养与能力的发展至关重要。因为对时间观念的强调以及对阅读习惯的重视而产生的教育行动只是家长内在心智结构的外化表现，无形中形成了 L 家庭场域中的教育惯习，渗透于孩子的思想观念中，使 L 学生也会带着这种认知观念与习惯实践在学校生活中。家长有规划地引导和督促意识最终会成为孩子的主动行为。

T 家长是当地一名事业单位人员，在家长会上十分赞同 L 妈妈的观点，并同样强调了家庭作业中时间观念的重要性与家长的作用。T 家长对家庭作业的时间规定体现在让孩子自主制订学习计划上，对孩子的学习引导潜移默化地融入孩子的生活，例如，即使在上学路上，他也会对孩子的背诵作业进行检查。值得一提的是，当孩子喜欢玩游戏时，T 家长并没有反对孩子对玩游戏"着迷"，相反，T 家长认可孩子爱玩游戏的天性并陪伴孩子一同游戏。与其他玩游戏的孩子不同的是，T 学生会在游戏中学习到知识。这离不开 T 家长在孩子娱乐中的教育引导。T 家长会向孩子讲解游戏中人物的历史背景等相关知识，进而有意地给孩子普及其感兴趣的相关知识。T 家长自身丰富的文化资本为孩子的娱乐学习提供了条件，也使孩子拥有了其他孩子无法比拟的优势。家庭娱乐的同时教育行为也在发生，真正实现了寓教于乐，由此展现了家庭生活与学校教育的结合。

N 学生也是班里的小组长之一，以往成绩虽名列前茅但作业书写并不出彩。近期由于 N 学生家庭作业书写取得巨大进步，家长会上 Z 教师特别请 N 家长分享了她的教育方法。

　　我家孩子从三年级刚开始用钢笔的时候，本子上总是乱七八糟黑乎乎的，潦草、缺笔画的情况都有。我发现以后，每天都会翻阅她的作业，翻的过程中我会给她指出，你今天哪个字没有写好，好比说笔画顺序或者是高低。因为在结构方面，孩子写左右结构的字时，有的左边写得高，右边写得低。我就凑暑假的两个月，找专业的老师报了暑假班。这个老师正好是我同事的朋友，所以我会经常和老师交流

（如询问孩子的进步情况）。每周我也会安排 2~3 次时间，让孩子练字帖。每次练完之后，我会先表扬，然后拿一个红笔把她有问题的字圈出来。

当发觉孩子字词书写有问题时，N 家长会寻求专业书法教师的帮助，以让孩子参加培训班的方式纠正其作业中的书写问题。不仅如此，N 家长即使工作再忙，下班后也会抽时间指导孩子练字，弥补其书写方面的不足。N 家长是当地一所小学的语文教师，因此她能够清楚地掌握字体的结构与书写规范，利用自己的专业优势为孩子提供正确的指导。场域中的行动者受资本的影响进行行动，即当孩子出现问题时，N 家长会充分借助自身的资本为孩子提供帮助。N 家长运用已有的社会资本为孩子寻求专业教师的帮助，从自身职业的优势出发，通过职业关系为孩子提供较为专业平台的帮助，通过熟人关系了解孩子更多的课外学习进展；同时，N 家长借由自身的文化资本，在家庭中给予孩子更多的学习帮助，营造良好的家庭教育氛围，帮助孩子形成良好的学习习惯。孩子在家庭场域中接受训练和规范，无形中形塑了书写规范的惯习。这与学校场域中对书写的规范"不谋而合"，所以家庭场域与学校场域中的教育达成了一致，家长同时成了家庭中的"教师"。

（2）被"质疑"的家庭作业

家庭作业需要家长参与，并且家长的参与起到了重要的监督与指导作用。家长的配合在帮助孩子的同时也减轻了教师的负担，获得教师的一致认可。但家长在承担自身教育责任时不免会产生"过度"的行为，将正常的家长参与变成了家长干预，在一定程度上对教师形成了某种压力。我国的 8 种职业分类将教师划为"专业技术人员"，使教师成为一种专门职业。对教师职业的专业性认定要求教师专业化的发展。教师职业之所以为专业，是因为教师职业具有不可替代性特征。教师是受过专业训练的教育工作者，他们拥有专业的教育学、心理学等方面的知识，了解学生身心发展的规律，能够根据学生不同的发展阶段进行专业的指导。同时，他们也接受过专业的教育培训，掌握着与社会发展相一致的教育理念并进行教育研究。教师专业化促使教师的专业素养、学历水平、知识结构等都在不断提高和优化。随着家长学历和素质的提升，很多家长对教育的关注度明显提高并自信于对孩子的教育，这就导致他们经常以经验质疑教师的专业性，表现出对教师专业性缺乏信任，时常以直接或间接的方式对其进行干预。虽然家长对学生作业有了充分的重视与关注是一件好事，但有时家长的教育行为也会使教师在教育中产生压力并陷入困境，给教师带来困扰，甚至引起家校冲突。

　　有一次，家庭作业中有个修改病句的题，按照语言的严谨性和语文的标准，L 学生的答案应该是错的，我就给圈出来了。结果第二天家长就给我打电话，说认为我改错了。我就跟家长解释了，家长还是觉得是可以的，觉得答案应该是开放的。我记得有一次考试卷子上也有一道类似的题，于是家长就想讨个说法。我最后还是给她解释了好多。其实家长对孩子关注我是很高兴的，但有时候又搞得我们有点无奈。

　　在子女接受教育的过程中，家长对学校教育有着自身的教育诉求。诉求的原动力来自家长在教育过程中显性或隐性的教育期待。从日常家校互动情况来看，家长的教育诉求一般包括直接和间接两种表达形式：一是直接地进行公开批评和质疑，面对面向校长、教师等教育工作者就教育内容、方法、形式等方面表达不满并提出自己的建议；二是间接性表达，也称为隐性的表达方式，即采用一种较为沉默的方式进行表达。正是这种隐性方式使学校与家长之间似乎存在一种"合同"式默契。虽然家长的表达较为隐性，但教育工作者还是能够"默契"地感受到这种诉求产生的压力（胡金平，2012）。L 家长的"质疑"行为虽然是表达教育诉求的一种方式，但是从 Z 教师的话语中我们也能够体会到教师的无奈与压力。L 妈妈主动参与学生的家庭作业，并积极地对学生进行监督与辅导。这种参与有时会因"度"的不清晰导致一种"越界"行为，使教师产生压力。对教师而言，其希望家长承担起家庭教育的责任，但同时也希望自身作为专业人员在教育中处于主导地位，拥有一定的话语权。在 Z 教师眼中，学校教育与家庭教育应当相互配合，但更多的应当是学校教育对家庭教育的指导。对 L 妈妈而言，由其文化水平相对较高，对教育子女有一套自己的教育理念与方式，因此她在监督与辅导作业的过程中不免会和教师的一些看法产生冲突，最直接的表现便是对作业的批改产生质疑。针对作业问题，L 妈妈会主动与教师进行沟通，并使自己占据话语的主导权。对学历水平较高的家长来说，他们有信心且认为自己有能力承担起家庭教育的职责，并对孩子的教育给予充分的建议，他们努力了解孩子的在校表现，甚至干预孩子的在校经历，质疑教师的一些行为。这无疑是对学校教育的"过度"干预。在这个过程中，家庭场域的触角已逾越到了学校场域中，影响了学校教育的正常进行，使家校边界发生了交融。

对家庭作业赋予积极行动的家长存在诸多相似之处。研究发现，此类家长大多有稳定、体面的工作，大部分为企事业单位的工作人员。他们都意识到家庭作业的重要性，并将家庭作业视为家庭教育中的重要部分，通过控制作业时间，监督、检查作业，改变孩子在作业中的不良习惯，甚至干预孩子的在校经历等手段，在日常家庭活动中强化孩子的学习意识，丰富孩子的生活经历，以履行自身的职责，与学校共同承担教育责任。在此类家庭场域中，孩子的成长基于家庭的引导和监督，使教育成为家庭与学校的共同事业，孩子与家长共同经历着学校的学习和生活。

2. 家庭作业：场域分离的运作

虽然家长在家庭作业中的角色与作用至关重要，但 C 班部分家长认为，家庭与学校有明确的责任分工，教师不应该将孩子学业的主要责任移置给家长。而在教师看来，这体现了家长对家庭作业的不重视，是家长对家庭作业责任的推卸。

（1）被"推卸"的家庭作业

因 C 班有个别学生背诵作业屡次未完成，Z 教师在一次背诵作业检查中放学后留下学生检查。F 学生就是其中一个，但 F 家长对此产生不满。

F 家长：老师，这都放学了，这会不会耽误娃吃饭了，可不能让娃饿着呀。

Z 教师：我留你孩子背诵，你问问你孩子我吃饭了吗？

F 家长：大人和小孩子不一样，不能和小孩子比呀。

Z 教师：我已经下班了，我这是陪你孩子呢。

F 家长：不好意思老师，我知道了……

从 F 家长的言语中，我们可以明显感受到家长对孩子生活的关注多于对学习的关注。家长并不希望因为口头作业的问题耽误孩子的就餐，将孩子的学习全部看作教师的责任。家长虽然反对教师的做法，但并不想主导教师的行为以及孩子的学习。

针对这类现象，Z 教师特此提及了 Q 家长。Q 学生是同学眼中的"小霸王"，教师眼中的调皮生。因父母离异，Q 母亲一星期照看他一次。Q 父亲为建筑工地工人，长期在外工作，因此 Q 学生主要由爷爷照顾，家庭作业基本在托管班完成。对 Q 家长对家庭作业的态度，Z 教师这样评价：

Q 妈妈觉得作业、学习是老师的事，学校要求家长检查作业签字的时候，就让孩子自己检查。Q 学生父母也不在一块儿，写作业全交给托管班了。

在与 Z 教师的交谈中，研究者明显体会到了其对家长推卸孩子学习责任的不满。这类家长将教育与生活分离，对待家庭作业敷衍了事，有时甚至会对教师产生抱怨。这种抱怨虽然基本上与学习无关，但家长会因孩子的生活问题与教师发生冲突。这些家长普遍认为，孩子教育的关键在于学校而非家长，即他们将教师定位成"托管者"，认为把孩子送进学校就相当于全权让渡了家长的教育权。这些家长文化程度普遍较低，因此"教育靠教师，生活靠父母"成为他们坚信的教养理念。在他们眼中，依靠专业的教师是对孩子教育负责任的一种体现。

部分家长在孩子教育过程中表现出明显的"分工"意识。这体现在他们对家庭与学校明确"分工"的教育理念中。这种"分工"导致家长对学校教育"无动于衷",具体表现在家长对家庭作业冷漠的态度上。由于对家长不关心孩子作业情况感到很焦虑,Z教师多次尝试与家长进行沟通,但她发现自己的努力并没有奏效。

> 我找了他家长好几回,但是我觉得找了以后一点起色都没有。家长就说:"我知道,我知道,我们就是这样子。"我说你光承认这样子有什么用,你不采取措施。

相比于作业情况良好的学生家长,教师与作业表现差的学生家长似乎有更多的交流。虽然教师与作业表现差的学生家长沟通的频率更高,但沟通的结果对学生的情况并没有什么帮助。家长并没有为此做出努力来改变孩子的现状,处于"缺位"的配合状态。在家校联系中,这些家长扮演着被动的角色,基本都是当教师与其进行联系时才会发生家校沟通。也有部分家长由于文化资本的欠缺,连基本需要配合的日常班级事务都无法参与,更不要说仔细检查孩子的作业了。家长无法为孩子提供学校需要的教育帮助,导致孩子在校的学业成功只能建立在自己的能力、努力基础上。在此情况下,家庭作业同样被家长冷落。较低的文化程度致使一些家长因专业能力的缺乏而缺少参与学校教育的自信心,并自然地回避参与学校的相关活动。此外,家长在参与学生教育的过程中,社会对处于较低社会阶层家长的"自我淘汰"机制(Driebe,1996)也促使他们处于不参与或被动参与的状态。

（2）被动参与的家庭作业

当教育成为学校的"专属"事业时,家庭场域与学校场域就产生了分离。一部分家长由于自身文化资本的欠缺,把教育的责任托付给学校,将教师看作"专业人",予以教师充分信任,对孩子的教育持观望态度;其中也不乏一些家长重视学生的家庭作业,期望通过自己的努力使学生的作业有所进步，但有时这种努力又显得"力不从心"。

针对 K 学生，Z 老师发现：

> 元旦放假回来，就发现 K 耳朵青着，半边有点紫，就问他怎么弄的。他说是他家长打得，因为他没写完作业。他家长管过他一个月的时间，觉得没成效，就把娃完全交给教师管了。

对于这样的情况，研究者访谈了 K 家长询问情况。

> 研究者：K 学生写家庭作业的时候，您有没有参与什么呢？
>
> K 家长：有时候参与，不是天天参与。他不会的，我给他讲讲。
>
> 研究者：他不是写作业就写得时间比较长，你就看着他、盯着他吗？
>
> K 家长：以前一直盯着，我看那种方法也不行。你盯上他两三个月，一不盯，最后还是不行。反正天天换不同的方法。

经访谈，研究者了解到，K 父亲是一位装修工人，母亲是商场员工，平时基本由父亲管教 K。家长曾为孩子的作业努力过，却没有看到成效。K 家长也对孩子作业进行监督，但从 Z 教师口中得知，K 学生的作业几乎每天都完不成。K 家长与其他家长一样对孩子作业予以重视，为此努力变换过多种方法，但事实上 K 家长的这种监督成了监视，异化的监督并不会促使孩子养成良好的学习习惯，反而会让其置身于压力中。当孩子作业出现问题时，家长的教养方式表现为不耐心与粗暴。家长往往只期望成绩与结果，而忽视过程与方法。这种现象同样体现在 Q 家长身上。

> Q 家长：我一年在家待的时间短，肯定是要以挣钱为主，我不可能成天待在家里。最后一看孩子成绩差到不行。有时候说他，他就装作没听见，气得我只能打。去年我离得近，在镇上的工地上，我就经

常来回跑。今年我一直在外地，就没办法管他。他妈又管不了，没办法。当时就因为孩子老和不学习的在一块，我就给他分开了。那时候学习成绩是可以的，就放到这个托管班吧，我就看不到一点希望。

Z 教师：这个方法不行啊，没有哪个孩子是打出来的。孩子是一点一点教出来的。

Q 家长的言语中透露出家长面对孩子作业问题时的无助。家长对孩子的学业感到担心，但由于忙于工作，无法付出时间对其予以管教，于是"担心"最终沦为"伤心"。Q 家长会急于询问孩子作业问题的原因，也想在自己力所能及的范围内为孩子的问题做出改变，但迫于现实原因而无力改变。为了不让孩子复制依靠打工维持生计的人生，这些家长往往对孩子的学业表现出较高的期待。但教育具有长期性和过程性的特点。忽略教育中过程性的引导使这些家长的期待显得有些不切实际。这最终导致了他们的孩子学业成绩的"失败"。

由于有些家长缺乏固定的亲子陪伴时间，疏于对孩子的管教，因此，虽然有些家长对孩子的作业付出了时间与精力，但效果却不尽如人意。

W 家长：您上回说 W 写的字不好，我也注意了，但我们又没有能力，也不懂，那只有寒暑假给她报班，但她还是进步不大。老师您都不知道，她每天写作业，我就在旁边盯着、看着。

Z 教师：这是个慢功夫，要一点一点来。还有你家孩子注意力特别分散，啥事都跟她有关系。

W 家长：上次我也发现了，就跟她急。我还没怎么样呢，她先急了。我觉得这个东西一定得给她弄好。

W 学生性格急躁，经常因作业书写潦草成为 Z 教师批评的对象。虽然 W 家长只有初中文凭，但是非常配合教师的工作并为此做出过努力，然而学生的情况并没有因为家长的付出发生改变。一味地付出时间但缺乏文化资本的家长往往缺少适切的教育方法，"没有能力"成为他们无法改变的事实。

在家长参与家庭作业时出现的种种不良现象中，少数家长对家庭作业缺乏重视，多数家长虽与其他家长一样重视，但行动与目的南辕北辙。研究发现，此类家长多无稳定工作，基本为小型个体经营者或打工者，有些甚至是无业人员。他们整体受教育程度不高，经济收入较低且不稳定，职业地位相对较低。经济资本欠缺与教育背景薄弱导致此类家长缺乏充足的教育时间与教育能力，即使想要参与学生的学习，也要付出相对较大的时间成本。因此，大多数劳工阶层家长属于边缘性参与。此类家长在参与过程中的表现为：需要参与时，家长会积极响应；让参与就参与，让参与多少就参与多少；别人怎么参与我就怎么参与；甚至有许多家长抱着能少参与就少参与、能不参与就不参与的心态（董梁、王燕红，2015）。这类家长将教师视为纯粹的专业人员并对其持仰望的态度，认为他们受过专业化训练，具有专业知识和技能、教学权威，完全有能力控制教育质量（拉鲁，2014）。因此，在此类家庭场域中，家长往往将教育依托于拥有"专业人"身份的教师，将教育看作他们的专职工作，使家庭教育与学校教育处于分离的状态。

家长的学历、职业等差异形成了家庭资本的差异，进而表现为阶层差异。家庭作业中体现出的家长行动具有明显的阶层特点，即阶层差异展现在家长参与家庭作业的程度与态度差异中。然而大多数家长都对子女教育十分重视，阶层的差异主要体现在家长是否将教育纳入家庭日常生活。家庭作业需要家长的参与，但最终是由学生完成的。在阶层的区隔下，隐匿于家庭作业中的深层结构问题需要透过学生作业的具体表现进行进一步讨论。

（二）"浮现"于行动中的作业表现

1. 契合：家庭作业中的惯习对话

（1）准确：同质的文化表现

布劳－邓肯模型关注家庭背景的社会经济地位维度，并认为这是影响学生学业表现的重要因素。他指出，出身于家庭社会经济地位指数高的家庭的学生比其指数低的学生学业表现要好（肖日葵，2016）。家庭社会经济地位对学生学业成就的影响源于家庭所拥有的资本不同，资本与阶层之间存在着相互制约、相互促进的同向关系。一般认为，中上阶层的家庭比劳工阶层家庭的资本更丰富。除了最易显现的经济资本外，中上阶层家庭较高的文化资本使成长于此场域中的儿童具有先天优势，获得一种"先赋性"资源，同时为"获致性"资本的获得提供了便利。家庭中的文化资本主要以身体化的状态呈现。这也说明文化资本是儿童早期经过身体体验获得的，也可被称为"惯习化"。每一个儿童在进入学校进行学习时，看似都处于同一起跑线，实则本身已携带了不同程度的文化资本在相互竞争。这种先赋性文化资本的差异构成了学生差异的起点，同时家长借由这种资本参与到子女的教育中，资本的数量与质量影响着其参与子女教育的认知、方式及内容（齐学红，2007），进而影响着子女在学校场域中各个方面的表现。拥有更多文化资本的家长往往更关注孩子教育的获得，为孩子做出更长远且更系统的规划，使孩子接受更多高雅文化的熏陶，对孩子的教育赋有更多的话语权与行动力，更认同家庭教育与学校教育的紧密联系。此外，家庭场域中丰厚的社会资本的运作也助推了儿童的多方面发展。在经济、文化以及社会三重"资本"的合力作用下，中上阶层家庭中的儿童对主流文化的认可与匹配程度更高，更易通过学校教育习得知识并获得较高的学历。学校是实现社会控制且以传播主流文化为主的机构，家庭场域与学校场域的同质性使中上阶层家庭的孩子在学校中获得较高的学业成就。对他们来说，"文凭作为社会性的掩护，是攀登社会阶梯的力量"（威利斯，2013）。家庭场域与学校场域这种"同质"在伯恩斯坦的符码理论中得到了更细致的诠释。伯恩斯坦认为，人们的日常语言本质上是一种文化符码。语言符码根据阶层来划分可分为中上阶层的精致型编码和劳工阶层的局限型编码（黄汉军，2018）。成长在不同家庭场域中的儿童持有其场域相应的语言系统。中上阶层家长的精致型编码表现在与孩子的日常沟通中，其特征是语言具有逻辑性，语句具有复杂性，言语沟通中语句较多，语句中词汇量较大，且多为从句。而学校以精致型编码及其社会关系体系为基础（张人杰，2009），因此来自中上阶层家庭的孩子也更容易理解课堂教学中的语词表达，更容易融入学校环境。家庭场域中学生的语言编码与学校语言编码呈现高度的"契合性"，家庭场域与学校场域文化之间呈现同质性。学生的语言编码在家庭作业中也得以体现，表现在学生作文的写作、阅读相关的解读题意以及其他形式与语言运用相关的作业中。由于受家庭影响，那些中上阶层家庭中学生，其作文往往逻辑性较强，语句较长且擅长运用多种修辞手法，在阅读中能更容易理解文章内容与思想。除此之外，家长也有能力为孩子作业提供有效的指导与帮助，因此这类学生作业的准确率较高，表述更清晰、更完整。以 L 学生的作文为例，在一次"我和＿＿过一天"的习作中，L 学生这样写道：

我和哆啦 A 梦过一天

今天上午，我坐在沙发上津津有味地吃着一个大苹果。忽然，我闻到了铜锣烧的味道，我被铜锣烧的香味深深地诱惑住了。接着我跟着香味一直走了过去，只见草坪上坐着一个"蓝胖子"。他穿着一件蓝色的外套，圆圆的脸上嵌着一双珍珠般的大眼睛，嘴巴有时大大的，但有时也小小的，像樱桃一样，圆滚滚的肚子上面还有一个小口袋……

对此 Z 教师给出了这样的评语：

文章想象奇特，合乎逻辑，故事情节有趣，算是一篇佳作。

（摘自 L 学生作文本）

在作文中，L 学生对动画人物的描写首先以其代表——食物作为文章的线索，使用"忽然""接着"等连接词赋予文章逻辑，对人物外貌的描写加入了一定的形容词，并使用比喻的修辞手法进行修饰。L 学生的作文用词丰富且准确，语言结构与句型复杂，语句具有严密的逻辑性与规范性，以精致型编码为特征的语言表达符合学校书面语言的标准，获得了教师的肯定。类似 L 这样来自文化资本相对丰富家庭的学生，家庭中的文化资本可以通过不同形式渗透到其生活和学习中，使其在学校教育中顺其自然地获得更多的优势。此外，家长的文化资本、社会资本隐性地嵌入教养方式，并且参与学校教育的行动中，为子女良好的学业成绩铺设了一条宽敞的道路（徐晓军，2007）。L学生优秀的作业表现离不开L家长有意识地对其语言进行培养与训练，更与其家庭场域中日常以精致型编码为特征的语言表达形式紧密相关。这种优秀的作业表现展现出与学校文化的同质性，显现为家庭教育与学校教育的合力，形成良性的家校互动。

（2）按时：强烈的时间观念

学校是由时间"安排"活动、"控制"节奏的场域。学校的时间被巧妙地划分，每段时间都被嵌入一定的活动，具体表现为课程表、作息时间表、校历等外在形式。根据时间表，学校的教育时间被划分为上课时间、下课时间、课间操时间、午休时间、放学时间等时间类型。身处学校场域中的教师与学生行动在时间与空间编织的网格中。在时间表的规定下，复杂的时间变得清晰化，教师与学生的各项活动和行为被时间规范，进行工作、学习与休息，体现出一种有序的时间节奏，进而实现了学校场域的有序性。福柯将时间看作一种秩序的重构，以控制、规训、纪律为内在本质，以人们生产与生活中的时间表的形式得以外化体现，其实质是实现社会规范与秩序的一种工具（福柯，2003）。学校作为实现社会控制的场域，时间的分割与细化使其能以一种更加隐蔽而难以被察觉的方式实现对学生的规训与控制，因此，学校场域是时间控制下的有序场域。家庭场域也是由时间构成的，家庭场域中的时间在行动者的日常活动中得以体现，但这种时间在不同阶层的家庭场域中展现出不同的节奏。在中上阶层的家庭中，家长有着稳定的工作，在工作时间的制度性管理下进行着规划性行动。他们的生活紧张繁忙却有节奏，在各种各样的活动之间奔忙。他们通常也会为孩子安排调整活动，使时间被安排在有计划、有组织的活动中。成长在此类家庭场域中的学生与学校时间的制度性管理环境相互依附，学生、家长因工作关系而更有时间观念。在L学生的家庭中，家庭时间呈现为计划性，时间被分配于家庭作业、兴趣爱好、自由时间中。对家庭作业，L家长注重时间观念，会为孩子规定作业时间，而 L 学生也会在家长的时间安排下有序地进行活动。同样地，T 家长的时间观念体现在训练孩子自己安排学习计划、进行时间的组织规划上，家长的监管起调整作用。不论是 L 家长规定作业时间，还是 T 家长让孩子制订学习计划，这些行动都形塑着孩子制订计划的行为与思维习惯，成为适应学校场域的重要教养方式。无形的时间成为家庭场域中规范与形塑孩子行为的方式，并以有序的行动外显为良好的习惯。这种有序性体现在计划性的时间控制下，学生付诸相应时间内的行动，强烈的时间观念印刻在学生行动中，形成了作业按时完成的习惯。与学校场域相同，孩子在家的每一段时间都被嵌入特定的活动，家庭场域与学校场域达成了时间的对接，形成了自律性的生活习惯。

（3）整洁：良好的卫生习惯

埃利亚斯认为，文明的进程源于社会结构的变迁（袁志英，1999）。在文明进程中，文明成为社会控制下的产物，展现着社会对个体的一系列外在行为的规范。卫生作为文明的表现，已然成为符号暴力下主流意识的反映和良好生活习惯的标志。在"卫生"的话语下，学校作为实现社会控制，传递主流文化的场域，要求学生养成卫生的行为习惯。在学校场域中，随处可见的"讲文明，重卫生"的标语，班级的"卫生值日"活动等时刻展现着学校对学生卫生的高要求。家庭作业作为学生巩固、检测主流文化习得的形式，必然附带着一套主流标准。

> 要求学生爱护作业本，保持清洁，不乱涂乱画、不卷角、无污迹、不乱撕作业本、不出现半页作业。必要情况下，可要求学生给作业加封皮。

传递主流文化的学校场域以教师为实现国家意识形态的"代理人"，因此教师在被赋予身份与权威的同时，也拥有了绝对的教育话语权，发挥着为社会服务、培养人才的作用。他们作为主流文化的传递者时刻以赋予社会功能的学校要求作为评价学生的基准。

　　研究者：您批改作业的时候按什么样的标准？

　　Z 教师：第一个肯定是书写方面。首先要干净整洁，再一个就是要正确。人家书写得干净整洁，肯定就是优秀的作业，那就是优+。

　　卫生作为主流文化的意识形态印刻在对学生家庭作业的评价标准中。在家庭场域中，卫生是一种生活习惯的反映。韦伯最早将生活方式运用到社会阶层研究中，强调身份群体的真正故土在"社会的制度"里，表现为一种特殊的生活方式，或建立在习惯的生活方式上（刘精明、李路路，2005）。不同习惯的生活方式被纳入阶层的框架中，使不同阶层的群体逐渐发展出一套带有自身阶层特点的生活方式，体现着不同特点的生活习惯。身处不同家庭场域中的学生带有其场域特点的生活习惯，即场域所形塑的惯习。学生的卫生习惯通常反映在学生的穿着打扮、日常行为、作业卷面等方面。中上阶层人士往往有较强的自我行为约束力。与主流文化表现为"同质"的他们更接近于社会的要求，将这种社会规范予以内化，展现出卫生的行为习惯，相应地，在学生身上映现着良好的卫生习惯。忙于参加各种活动的中上层人士往往能够依据场合让自己的着装与行为得体，同时对孩子的着装也有着较高的要求。

　　N 家长穿着杏色的毛呢大衣，脚踩黑色的高跟鞋在校门口等着孩子放学。她经常把孩子打扮得整整齐齐，喜欢给孩子穿各种各样的裙子。

　　较高的卫生要求在 N 家长参与的家庭作业中也得到相应的体现。

　　在刚用钢笔时，孩子出现了不适应的问题，经常在作业中出现"黑疙瘩"。我了解后就及时纠正了。有时候孩子写作业时想吃东西，但我从不允许她写作业时吃，因为那样会把作业本弄脏。

　　布迪厄认为，场域与惯习相辅相成，即行动者所在的场域塑造行动者的惯习，同时行动者的惯习也能够折射出行动者所在的场域。在 N 学生的作业表现中反映着 N 家庭场域的惯习。研究者观察到，N 学生的作业本都是用透明封皮包装着，作业中每一题附有相应的编号，题与题之间有着对等的间隔，词与词在横线格中整齐地对列，很少有因写错划过的痕迹。对学校教育中来自中上阶层家庭的学生来说，他们作业中表现出来的整洁、干净其实只是实践意识层面中一套例行性知识或规则的外化。中上阶层家庭的学生因为其早年极为优势的家庭社会化经历而具有符合规范的惯习，使他们在入学前已做好充分准备，因为学校场域中制度化的行为习惯早就为他们所熟知。结构化的惯习在他们的行动中被"完美"地印刻出来，使他们在学校场域中表现出很强的适应性，显现出对规范与秩序的高度认同，以一种"顺其自然"的方式做出更符合学校规范的行动。

2. 相悖：家庭作业中的惯习冲突

（1）错误：异质的文化表现

教育是文化资本的一种表现，接受教育使人们能够积累丰富的文化资本。许多劳工阶层家庭希望子女通过学校教育改变命运，然而学校教育在促进社会阶层代际流动方面并未充分施展其作用，反而为社会阶层的再生产提供了一条"无形"的通道。中上阶层家庭和劳工阶层家庭的子女通过接受学校教育在很大程度上仍然在各自的社会阶层中"游存"。学校教育产生了"马太效应"的迷思：社会中上阶层印证了来自传统社会的"龙生龙、凤生凤"的谚语，劳工阶层却面临着"先天不足、后天失调"的悲剧（王欧，2011）。在这些劳工阶层群体中包括部分"新市民"，即流动人口和拆迁人口。他们的子女成了"流二代"与"拆二代"，M 小学的大部分生源结构便是如此。一方面，由于城市文化与乡村文化表现为异质性，生活方式显现出断裂性，使他们在生活中抑或在学习中都会产生对城市社会的文化不适，引起文化冲突。在以传递城市文化为主导的学校教育中，他们的子女往往成为学校中的"边缘人"。城市地理位置的转换只是为孩子披上了一层接受城市教育的外衣，而教育资源的享用、生活方式的享受并未真正地同城市孩子那样实践在他们身上，横亘在城乡之间的门槛既吸引着农民子女的不断靠近，同时又阻隔着他们的顺利踏入（常亚慧、王苏平，2018）。

这种因异质性表现出的文化冲突也体现在语言符码中。学校课程是意识形态的产物，遵循的是城市趋向的价值和模式，承载的是社会主流价值观念，传授的是精致型语言编码与主流文化。而劳工阶层家长由于文化资本较为薄弱，持有的往往是局限型语言编码，表现为语句简短，多命令式，使子女受场家庭场域特有惯习的影响，潜移默化中携带着局限型语言编码的特征，接受的家庭教育阻碍了其精致型语言编码的习得。另一方面，劳工阶层不只是缺乏一定的文化资本，在经济资本、社会资本方面的匮乏也使其无法为子女提供更多的教育资源与机会。多重资本的"打压"导致他们在教育中处于弱势地位，复制着社会阶层的再生产。Q 学生作业的不良表现印证着其家庭场域中的惯习。Q 学生家长为了维持生计进城务工，工作不稳定且文化程度较低。在经济资本与文化资本相对缺乏的情况下，Q 家长对孩子突出的作业问题表示并没有时间与能力提供有效的帮助。对孩子缺乏陪伴的 Q 家长只关注孩子的学习成绩与结果，常以最"简单""省时""见效"的方式——"打"进行教养，使家庭场域中往往充斥着粗暴的行为与命令式的语言，以至于当看到孩子作业表现不佳时常采用"打骂"等强制性方式对孩子进行责罚。这种管教模式进一步形塑了学生的言说模式，使其表现出局限型语言编码。这在 Q 学生的作文中得以体现。

我和孙悟空过一天

星期天，我在写作业的时候，有人从背后揪我，我转过头一看呀！这不是齐天大圣孙悟空吗？我想了想急忙把水蜜桃、香蕉等其他水果，我还打开了电视，放了一个片……

对此，Z 教师这样评价：

文章语句不通顺。故事开头挺吸引人，但后面却不知道你想表达什么，希望多加修改。

（摘自 Q 学生作文本）

　　Q 学生的作文中字词之间缺乏连贯性，句型结构不完整，语句之间缺少连接词，语言结构机械、呆板，缺少生动的形容词、副词修饰，并出现了类似"片"这种口头语言，与规范的书面语言"格格不入"。缺乏逻辑性与规范性的作文表现展现出 Q 学生语词的拮据状态，与学校教育的要求相区隔。布迪厄的社会实践理论提出，惯习是在场域中基于资本的不同产生的思想、感知、语言、行为等，具有完全的自由性（宫留记，2007）。学生语言表达方式中所体现的一些简单的语词、欠通的语句，"得益于"家庭场域中形成的惯习，与家庭场域中的教养方式具有一致性。因此，作业不再是纯粹物质性的纸张，而是具有深层的社会文化内涵，显示出学生从原生家庭文化中带来的一套惯习。一方面，家长的局限型语言编码与学校的精致型语言编码表现出"异质"的关系，在学生家庭作业尤其是作文的书写中往往表现为匮乏的词汇、简短的语句。不同家庭场域中的学生在同一阶段看似在学习同样的文化知识，但对学校文化的"亲和度"与"接受度"差异显著，对学校文化的不适应使劳工阶层家庭的学生表现出较低的学业成就。另一方面，忙于为家庭经济资本努力的家长缺乏时间为孩子检查作业，文化资本不足的他们也缺乏辅导孩子作业的能力，更不用说为孩子挑选书籍，提供阅读的指导与系统的语言训练。客观环境与主观环境的双重困顿使他们在学校场域中面临着权力与文化的双重专断。想挣脱却难以挣脱社会结构性限制而产生的无力感致使他们最终走向教育失败。

　　（2）拖延：弱化的时间观念

　　时间是人们组织和支配生活的重要工具，人们能够运用时间去创造和改变自己的世界（惠普、亚当、萨伯里斯，2009）。时间代表着过程与效率，并与个人的时间意识、观念相关联，因此对时间的支配往往能体现出个人的行动力与对生活的建构力。人们对时间划分得越精细，表明个人的时间观念越强，管理效率越高，在时间的规则下个人对行动的支配力也就越强。因此，"时间"不再是一个抽象、空洞、无意义的单位，而是承载着文化及心理的社会概念；"时间"也不是社会变迁中的节点和维度，而是社会的产物，社会的行动逻辑体现在对时间的理解和意识观念中。学校场域中的时间被物化为条块状的时间表，被细分的时间展现出学校场域是时间管理下的场域，在强烈的时间观念主导下开展学校教育。对比劳工阶层家庭场域中的时间管理，虽然劳工阶层为生计整日奔波，但文化资本较低的他们从事着机械性、重复性的工作，时间的付出不能换取相应的回报。因此，他们的生活节奏往往是缓慢的，其家庭场域中的孩子也呈现出闲散的状态，展现着场域中的无序。此外，经济资本的不足使忙于生计的劳工阶层游离在无序的工作时间与不断变换的场所中，表现为在家时间碎片化，导致他们缺乏有序的时间安排以及系统的时间观念，并难以安排出整块或者充足的时间管教孩子。在劳工阶层家庭碎片化时间的运行下，家长无律的行动对孩子形成了一种持续存在的弥散性力量，无形中形塑了孩子的惯习，最终使家长的坏习惯"遗传"到孩子身上。孩子在学校场域中常表现为行为散漫、做事拖拉，尤其在作业中常表现为不按时完成作业。其背后的原因在于他们的父母所形塑的缺乏有序的时间安排与较强时间观念的惯习，使他们在学校场域中显得"格格不入"，成为教师眼中的"特殊学生"。这种影响在 K 学生身上得到了印证。K 家长工作不稳定，常常变换工作时间、工作地点，因此每天回家的时间不固定，且缺乏家长监管的 K 学生每天都不能按时完成作业。家长对孩子作业的拖延现象早已司空见惯。

> 作业天天写不完，天天在办公室补作业，比方说别人一节课能写完的作业，有时候他四节课都写不完，一点也不夸张。

对于行动者而言，其心智结构中的实践意识层面存在一套知识或规则，它们以一种潜在的方式存在并在很大程度上影响着行动者的具体实践，能够促使行动者以一种无意识状态来行动（沃特斯，2000）。学生作业拖延已成为其自身的习惯性行为，家庭里的那套行动逻辑早已成为无意识的存在，因此作业拖延的背后是行动者行动的结构性力量无形中发挥作用的结果。这一惯习映现出家庭场域中家长无律的行动与无序的时间安排，与学校场域中传递的"按时"大相径庭。

（3）脏乱：不良的卫生习惯

家长在学生的受教育过程中起着导向作用。这种作用体现在对学生的观念与行动的教化中，更体现在对其生活习惯潜移默化的引导中。朱熹曾在《童蒙须知》中写道："大抵为人，先要身体端正。自冠巾、衣服、鞋袜，皆须收拾爱护，常令洁净整齐。"（胡悦晗，2012）良好的卫生习惯在古代就已成为社会主流意识形态认同的文化，反映了社会的行为规范与要求。而劳工阶层家庭的学生在学校教育中具有相对的文化自主性。他们不但拥有一套与学校教育要求的精致型语言编码相区隔的言说系统，而且拥有一身与学校礼法相冲突的卫生习惯。由于劳工阶层家长拥有的文化资本类型与学校主流文化相背离，因此他们对孩子的关注主要在于学习成绩与结果上，而忽视了其良好卫生习惯的过程性培养，并对此表现出力不从心。除了家长对孩子习惯的培养意识较弱外，在内在方面家长的自身行为对孩子的熏陶在一定程度上也具有决定性作用。如果家长自身行动中就带有一些不良的卫生习惯，如在孩子面前乱扔垃圾等，成长在此家庭场域中的孩子早已对这些不良的卫生习惯习以为常，学生身上所映现的不良卫生习惯产生的原因也就不言而喻了。K 家长是原本生活于乡村中的"新市民"，社会关系网络狭小简单，没有社会规范等硬性规矩的种种拘束。他虽生活在城市中，但行为往往还是乡村中认可的那套逻辑，随意且缺乏规范。因此，在家庭场域中，家长的行动在没有规范的约束下展现着种种不良行为。任何场域都有其独特的文化性，文化性以场域内社会文化的内隐形式——惯习得以表现。当拥有这种结构性特质时，个体很难随个人意志对其加以改变，在场域中生活的人也都无意识地被铭刻上这种结构性特质。成长在此场域中的 K 学生在潜移默化中习得的家庭场域中的惯习，在其家庭作业中得以映现。

如图 3 所示，从作业的外观上来看，K 学生的配套练习册几乎每页都有卷角，作业中夹杂着破旧的纸张。作业的前半部分由于已经做过，呈现"污""黑"的样貌；后半部分虽然还没有完成，但已被水彩沾上了颜色。翻开作业，一幅乱糟糟的"景象"展现在作业本上。字体大小不一，写错的字被随意地划掉。由于句与句之间"逾越"了规定的答题位置，有些字已辨认不出。作业中要求的横线位置成为摆设，随处可见教师在批改过程中圈画出的错误。K学生的作业在教师眼中"脏乱差"，与学校的作业要求相区隔。脏乱的作业表现的是学生自身惯习系统中已经存在并得到认可后自动化的动作与行为。这套行为是在家庭场域中被无形地形塑的。因此，无论是作业外观的卷角还是作业里面的污迹，都是学生自然而然或者不经意间表现出来的不良习惯。而这种脏乱的作业表现与整洁的作业要求大相径庭，其实质是家庭场域携带的惯习与学校场域惯习之间的冲突。红笔作为主流文化的权威的代表，对错误的圈画仿佛圈画出学生与主流文化之间的诸多不符，言说着劳工阶层学生家庭场域惯习与学校场域惯习之间的区隔。

图 3　K 学生的配套练习册

五　结论与启示

（一）结论

1. 动态的边界

家庭作业作为联结家庭场域与学校场域的桥梁，是实现家校沟通的有效方式。处于不同社会阶层的家长参与家庭作业的态度与行动映照着两种样态，促使学生家庭作业有着不同的表现。这背后隐匿的是家庭场域中惯习作用的发挥。中上阶层家庭场域惯习与学校场域惯习相契合，以协作培养的方式作为教养策略，与学校推崇的方式不谋而合；劳工阶层家庭场域惯习往往与学校场域惯习相悖，更多的是受制于学校场域，与学校相分离，由此展现出家校边界的两种样态，即交融与分离。在学生作业的问题上，家庭社会经济地位起着重要作用，主要以家庭教养方式为中介间接影响着作业表现。安妮特·拉鲁（Annette Lareau）指出，家庭教养方式具有阶层性，影响着子女的社会化过程。这种阶层性体现于不同社会阶层的家庭所选择的家庭教养方式的差异上，展现在子女家庭教养中耳濡目染的思维方式与行动策略等诸多表现中。

随着社会的发展，教育文凭逐渐成为合法身份地位的主要来源。中上阶层为巩固地位，保证其地位的再生产，将社会出身中的优势逐渐延伸至教育中，通过自身的文化资本渗透到以文凭为主的学校场域中，以此为子女的教育做好充分的准备，以便他们能够充分适应学校场域并获得教育成功。中上阶层家长的优势在于具有丰富的资本，并借由经济、文化和社会多重资本的优势，通过转换实现学校教育的参与，同时也充分参与到家庭教育中。在工作岗位上，他们是依靠脑力劳动的专业人员。专业知识与专业能力在他们身上得到充分彰显，使他们在其专业领域具有一定的权威性。因此，他们在面对教师时并不"迷信"教师的专业人员身份，甚至当与教师教育理念不一致而发生冲突时会产生质疑，并自信地提出意见。一些家长的参与有时也能弥补教师工作中的不足。在教育观念上，他们将劳工阶层视域中的"考试教育"扩大为一种提升综合素质的教育，并否认"教育"等同于"学历"，更认同教育对素质提升的作用。在家庭中他们也通过自身的角色对子女进行言传身教，以达到良好习性的养成与素养的内化。因此，拥有更多文化资本的家庭更容易与代表中上阶层的学校文化在教育理念、学习习惯等方面具有一致性。中上阶层的家长善于将培养孩子的工作隐藏起来，使孩子的成长更像是孩子天分的自然结果。家庭场域中所形塑的惯习使其子女从小养成与学校机构相适应的一套行为系统，表现出与学校要求相符的各种行为与习惯。教育不仅仅发生在学校场域中，在家庭场域中也无时无刻不在进行着，协作培养的教养方式由此应运而生。在这个过程中，家校边界被中上阶层的家长跨越，更多地将家庭教育的领域延伸至学校教育，家校边界呈现交融。而劳工阶层家长由于自身资本条件的缺乏，在学校制度表系中常体现为一种被动参与的状态。日常生活与社会公共机构的区隔性使这种被动参与更"细致地"表现为面对公共机构时的局促感。资本不足的他们面对学校教育时只能依赖学校中的教师。他们崇拜拥有制度合法性身份、具有专业知识与能力的教师，把教育责任托付给学校。同时，缺乏一定的参与条件而不能响应学校要求的他们，在参与学校活动中表现出一种逃避的状态。因此，劳工阶层更认同家校的责任分工，导致家庭场域中很少发生系统教育行为。他们倾向于采用自然成长的家庭教养方式。M 小学大部分家长是"新市民"，生活在乡村社会中的时间较长。从幼时起就习得的行动方式和思维模式使他们不自觉地采用与城市社会主流教养方式相冲突的自然成长方式对孩子进行教养。"新市民"子女接受城市教育意味着其从乡村走向城市也是完成次级社会化的过程。在这一过程中，"新市民"对城市社会规则的习得及价值观念的改变随之发生，但弱化的家庭教育难以帮助其子女实现社会化。因此，他们在社会化及社会适应中始终处于被动地位。尤其是在家庭作业辅导方面，家长的参与更多地显示出能力不足的状况。对学校场域内的教育，家长很难涉足。即使他们偶尔有机会参与，这种参与也更为形式化和浅层化（姚岩，2019）。诸多因素的累积促使成长在此类家庭场域中的学生在校表现出多种与学校要求不符的行为与习惯，他们只有克服和过滤掉原有的不良文化习惯，才能实现与学校主流文化的契合。在此种情况下，家庭场域受制于或脱离于学校场域，家校边界明晰，呈现出家校分离的样态。

2. 动态边界下的真相

家校边界在不同阶层家长的参与中呈现不同的样态，因此，家校边界处于动态中。它因家长的行动逻辑在家庭场域与学校场域之间游走。边界动态性的力量在于不同场域中的惯习，其中资本的运作使惯习作用得以发挥。布迪厄将惯习看作阶层差异产生并保持稳定的内在因素，认为阶级是拥有相同惯习的个体组成的群体。在惯习的作用下，来自中上阶层家庭的家长持有的精致型语言编码、较强的时间观念以及良好的生活习惯同他们如影随形（Bourdieu，1977）。学生由于惯习上天然的继承性，能很快习得学校的主流文化，并表现出"精致"的作业，成为教师眼中"聪明""灵活"的学生。而来自劳工阶层家庭的家长持有的局限型语言编码、较弱的时间观念以及不良的生活习惯随时在他们身上有所体现，使劳工阶层家庭的学生与学校主流文化之间在语言类型、思维方式以及教养方面存在巨大区隔。当在家庭作业中相遇时，"错误""脏乱"等一些"粗糙"的作业表现宛如一颗定时炸弹突然爆炸而全部涌现。然而这只是学校教育中异质文化冲突的表层图景。这种表层图景很容易被教师解读为"基础差""脑子笨"，甚至"态度有问题"，但支配这一切的其实是刻印在劳工阶层家庭的学生身上的结构性支配力量所形成的惯习。

惯习的作用似乎在印证学校促成了社会阶层的再生产。经过学校教育，劳工阶层家庭的学生依旧归复到其出身——劳工阶层，但惯习并不只是简单地、无意识地对历史进行复制。一方面，惯习是场域中个人和集体在历史经验积淀中内化形成的秉性系统；另一方面，惯习具有创造性，保证了其对历史经验能够加以改造和重建。也就是说，一方面，惯习使个体把客观的社会结构予以内在化；另一方面，惯习既能发挥个体的主观能动性，也能产生社会的结构（陆鹏飞，2009）。因此，惯习的作用虽然会使不同社会阶层的子女基本复制父辈的阶层结构，但也会使学生通过对惯习的改造实现社会阶层流动。面对以规训姿态出现的学校主流文化，少部分劳工阶层家庭的孩子也能够通过自身努力达到学校要求。不可否认的是，他们当中的部分学生能够通过努力的付出，接受并主动顺应主流文化中的要求与规范，改造已经内化的原生家庭场域中的惯习，进而改变自身的行动模式与文化结构，成功地实现社会阶层的流动（怀特，1994）。在家校边界分离的样态下，学生也能在教师的教育下按部就班地实现"鲤鱼跃龙门"的理想。同样地，在家校边界的交融中，家长的参与和关注也不一定能给学生带来十分有用的帮助。有时资本的激活与利用不当会影响家校合作的效果。

家长的过度参与不仅会导致学生产生不良表现，也会为教师带来困扰。

（二）启示

动态的边界体现着不同阶层家庭场域形塑的惯习对家长与学生在家庭作业中行动的影响。在边界的交融与分离下都会存在学生良好或不良的表现。但可以肯定的是，家长行动中的"极端"行为，即过度参与和不参与，都会或多或少地对学生产生不良影响。边界问题不禁使人思考：家校边界是应该交融还是应该分离？其实每个场域都是一个潜在开放的游戏空间，其边界是一些动态的界限。家校边界的动态性似乎也说明了它的不确定性。但家校边界的动态性并不意味着家校之间没有边界，也并不意味着家校完全分离。在倡导家校合作的重要背景下，良性的家校关系需要合理的家校边界。边界意味着一种规范和约束，使家庭与学校双方都能够在自己的"圈地"范围内自由地发挥作用、创造价值。在场域边界内，我们能自由地行使权利；在场域边界外，我们必须履行遵守场域规则的义务。每个领域都有其"游戏规则"，要求不得越过各自领域的边界去干涉其他领域的活动，也不得规范其他领域的存在、运动和生成，充当其他领域的"权威"（贺来，2007）。无论是在家庭场域还是在学校场域中，双方都需要恪守规则，把握好"度"，需要有一种边界意识。同时，家庭场域与学校场域也都具有自身局限性，需要相互补充与合作。合理的边界意味着：一方面，这并不是简单地将家庭与学校划清"界限"，而是期望家庭与学校具有边界意识，认清各自的"界限"；另一方面，需要家庭与学校具有互补意识，充分合作以保证学生的教育完整。因此，合理的家校边界在于家长在不影响学校正常教育的情况下进行教育参与；教师保证在自己的职责范围内寻求家长的合作。这样家校才能最大限度为学生的成长与发展发挥各自的价值。

家校教育价值的最大化需要通过家校互动得以实现。在认识到家长行动与学生表现背后的深层社会原因以及合理的家校边界的重要性后，寻求良性的家校互动被进一步证实了其必要性。这需要家庭与学校的相互配合才能实现。在家庭方面，家长需要充分认识到家庭教育在子女教育中的必要性以及家校合作的重要性，增强主动参与的意识，对教师给予充分配合、理解与信任，而非站在个人立场上考虑问题。在学校方面，学校作为传播主流文化的场域，在教育中拥有绝对的话语权，需要做出更大程度的努力以保证家校互动具有充分实施的条件。由于不同阶层的家长所持有的资本不同导致其参与程度呈现差异，因此在家校互动中沟通不对等的情况时常发生。这表明良性的家校互动需要双方的平等交流。因此，关注不同阶层家庭中家长参与程度的差异成为家校互动中必须予以重视的关键因素。一方面学校需要与教育能力较强的家长进行更多交流与沟通，互相理解与尊重；另一方面学校有必要通过一定程度的赋权、赋能，为教育薄弱的家长保证教育的可能性，以此保障教育的公共性。当然，最重要的是，学校要引导家长对教育的正确认知。学校可增加一些家长讲座的机会，提高家长对家庭教育重要性的认识，教导家长掌握正确的教育方向与方法，以使家庭教育步入正确的轨道。学校应视家长为教育中的"合伙人"，家长应视学校为教育中的"引导者"。双方在共同的目标指引下各司其职，相互影响、促进，为学生共筑成长与发展之路。

参考文献

安妮特·拉鲁，2014，《家庭优势：社会阶层与家长参与》，吴重涵、熊苏春、张俊译，江西教育出版社，第 68 页。

保罗·威利斯，2013，《学做工 工人阶级子弟为何继承父业》，秘舒、凌旻华译，译林出版社，第 74 页。

常亚慧、王苏平，2018，《协作培养：新市民子女城市文化适应的学校支持》，《中国农业大学学报》(社会科学版) 第 4 期，第 79~88 页。

程正强，2015，《家庭教育与学校教育功能错位及其复归》，《湖北科技学院学报》第 5 期，第 192~193 页。

董梁、王燕红，2015，《家校合作中家长边缘性参与研究》，《教学与管理》第 9 期，第 61~63 页。

宫留记，2007，《布迪厄的社会实践理论》，河南大学出版社，第 126 页。

贺来，2007，《边界意识和人的解放》，上海人民出版社，第 118 页。

胡金平，2012，《家长干预学校教育行为的现象分析———一种嵌入的视角》，《湖南师范大学教育科学学报》第 2 期，第 32~36 页。

胡悦晗，2012，《日常生活与阶层的形成》，硕士学位论文，华东师范大学。

怀特，1994，《街角社会———一个意大利贫民区的社会结构》，黄育馥译，商务印书馆，第 153 页。

黄汉军，2018，《论伯恩斯坦的精致语言编码与家庭教育》，《教育教学论坛》第 26 期，第 85~86 页。

黄莹，2019，《小学生家庭作业辅导中的几点思考》，《读与写》（教育教学刊）第 1 期，第 80~81 页。

霍国强，2017，《"家庭教育学校化"的反思及对策思考》，《中小学德育》第 9 期，第 46~49 页。

理查·德惠普、芭芭拉·亚当、艾达·萨伯里斯，2009，《建构时间，现代组织中的时间与管理》，冯周卓译，北京师范大学出版社，第 3 页。

刘精明、李路路，2005，《阶层化，居住空间、生活方式、社会交往与阶层认同——我国城镇社会阶层化问题的实证研究》，《社会学研究》第 3 期，第 52~81、243 页。

陆鹏飞，2009，《惯习——布迪厄对现代社会反思的支柱》，《黑龙江教育学院学报》第 2 期，第 6~8 页。

马尔科姆·沃特斯，2000，《现代社会学理论》，杨善华、李康译，华夏出版社，第 54~55 页。

马歇尔·福柯，2003，《规训与惩罚》，刘北成、杨远婴译，生活·读书·新知三联书店，第 171~172 页。

齐学红，2007，《学校、家庭中的文化资本和社会资本》，《全球教育展望》第 1 期，第 78~83 页。

王欧，2011，《文化排斥，学校教育进行底层社会再生产的机制》，硕士学位论文，华中科技大学。

肖日葵，2016，《家庭背景、文化资本与教育获得》，《教育学术月刊》第 2 期，第 12~20、41 页。

徐晓军，2007，《论教育排斥和教育阶层化》，《广东社会科学》第 2 期，第 184~189 页。

姚岩，2019，《家长教育参与的阶层差异》，《中国教育学刊》第 4 期，第 39~43 页。

袁志英，1999，《"文明"从何而来 埃利亚斯和他的〈文明进程〉》，《书城》第 4 期，第 38~39 页。

张人杰，2009，《国外教育社会学文选》，上海华东师范大学出版社，第 405 页。

张雅慧，2018，《学校与家庭教育的权责边界》，《教师教育学报》第 2 期，第 9~13 页。

钟焦平，2018，《家校共育不要模糊了责任边界》，《小学教学》（数学版）第 10 期，第

37 页。

周晓燕、陆露，2011，《谈家长对小学生作业的指导》，《教学与管理》第 4 期，第 25 页。

Driebe N M.1996. *Barriers to Parent Involvement in Head Start Programs*. Head Start National Research Conference(3rd). Washington, DC, June 20-23.

Pierre Bourdieu. 1977. *The Logic of Practice*. Translated by Richard Nice, Cambridge University Press.

深度贫困县学校空间布局研究 *

司洪昌 **

摘　要： 2020 年是中国全面消除绝对贫困的关键年份，最后一批深度贫困县全部脱贫。但是深度贫困县的教育发展依然面临着一些现实困境，其中教育空间布局问题尤为突出。在前期县域研究的基础上，本研究对 7 个省区 52 个深度贫困县的教育空间布局问题进行分析，从空间角度审视其不同空间类型及在不同空间类型下县域的学校布局问题，从而为贫困县的教育发展提供一些具体建议。

关键词： 深度贫困县；教育空间布局；学校分布；贫困县教育

中国在 2020 年底全面消除了绝对贫困，最后一批深度贫困县——分布于新疆、甘肃、宁夏、四川、云南、贵州、广西 7 个省区的 52 个贫困县——全部脱贫。这标志着中国进入"后脱贫时代"。但扶贫政策并不会因脱贫而走向终结，而是要与乡村振兴携手而行。2021 年中央一号文件提出，五年过渡期内保持现有主要帮扶政策总体稳定，逐步实现由集中资源支持脱贫攻坚向全面推进乡村振兴平稳过渡。

---

　*　基金项目：国家社科基金（教育）一般项目"'十四五'时期深度贫困县学校空间布局研究"阶段性成果（项目批准号：BGA210061）。

**　司洪昌，国家教育行政学院教育行政教研部主任、教授，主要研究方向为农村教育、教育人类学、近代中国教育史等，E-mail:hcsi@naea.edu.cn。

本研究试图从空间视角来理解中国深度贫困县的学校分布状态，深入描述其空间的独特性特征，以期为其学校空间布局的改善提供政策性建议。研究最后一批深度贫困县的学校空间布局问题，对深度贫困县的教育发展具有特殊的意义。

一　深度贫困县的教育空间布局总体分析

就儿童上学而言，学校空间布点需要接近村落，接近儿童的家庭住址，以方便儿童入学受教。因此，"就近入学"成为义务教育的一项基本原则，也有利于普及教育与降低辍学率。

（一）深度贫困县学校空间布局研究现状

深度贫困县的学校空间布局，需要从空间视角进行研究，这契合了学术研究的趋势。近年来，国内教育研究领域出现了一种新范式，即教育研究发生了"空间转向"（spatial turn）。一些学者如丁钢等开始聚焦教育研究中的空间向度，认为空间背后具有丰富的文化意蕴与教育价值。这一转向渐显扩张趋向，如张彦聪（2018）考察了宋代太学中作为宿舍的"斋"与讲堂的空间矛盾，司洪昌（2018）考察了学校的空间分布与人类聚落的关系。

深度贫困县是中国的基层县域，而县域是研究学校空间布局的一个理想行政单元。县域是一个"天然"的空间单元，是一个"具体而微"的中国，是一个理想的研究区域。县域不仅是一个空间单元，而且是一个历史文化空间，是理解中国社会与历史的关键点。它成为学界研究基层社会的交汇点，是政治学、历史学等学科关注的焦点空间区域，被认为是理解中国连绵不断的"郡县国家"的本质所在（曹锦清，2017：1~2；曹正汉，2017：5）。对于教育研究而言，县域空间是研究教育空间布局问题最基本的"宏观"行政单元。县域虽小，但其宏观性毋庸置疑：其辖区内乡镇与村庄众多，地域广阔，即传统上所谓"百里之县"（周振鹤，1998：58~59）。

对"后脱贫时代"深度贫困县学校空间布局的研究付诸阙如，但地理学领域的学校空间布局研究具有启示意义。地理学在研究学校空间布局上具有先天优势，可为学校空间布局研究提供新的视野与维度。人类社会具有空间性，所有的社会经济行为都是通过空间发生的，空间决定了它们的运作方式（丹尼尔斯等，2014：11）。探索学校的空间布局问题，需要审视人类的聚落分布，特别是县域之内的村落分布。而县域学校的空间布局受历史条件的限制，可达性对儿童而言至关重要。王振波（2019）研究了县域空间的可达性，认为在1949年之后县域可达性空间日益扩张，平均最大可达距离从46公里增长到2008年的118公里。县域可达性呈现反自然梯度现象，呈现三大阶梯状态，并且可达性高值区向东部地区集中。此外，地理学者利用GIS（地理信息系统）技术对学校空间布局进行了研究。

教育学者在学校空间布局研究上从来不会缺席。学校空间布局研究曾是教育学领域的热点，其热度伴随着中国基层学校大规模调整而上升或冷却。范先佐和郭清扬从教育经济学的视角来审视学校的布局调整问题，研究了中西部省区的教育布局问题，分析了布局调整的现实进展，并提出政策建议来应对现实问题（范先佐，2006：26~29；范先佐，2008：121~127；范先佐、郭清扬，2009：31~38）。邬志辉和史宁中认为，近年来的学校布局调整之中出现了偏差，造成了教育"过度城镇化"，其关键在于学校布局标准缺失，需要一种"底线+弹性"的农村学校布局调整设计模型（邬志辉，2010：140~149；邬志辉、史宁中，2011：22~30）。雷万鹏、徐璐（2011：16~19）从经济学的视角分析了布局调整中上学距离扩大造成的校车安全问题，提出在校生数量变化是影响学校布局的最主要因素，因此"自然型调整"是2000年之前布局调整的导因；但2001年之后"政策型调整"角色日益凸显（雷万鹏，2010：155~160）。胡俊生、司晓宏（2009：180~187）分析了县域布局调整的平原模式与柯城模式，胡俊生（2010：89~94）进而提出了初中进县城的观点。这对小型平原县域具有合理性，但对西部巨型县域而言，初中进县城使上学距离过于遥远。

上述无论是地理学还是教育学学校空间布局的研究，都没有将学校布局限制在明确的县域空间中。地理学者关注上学的可达性与学校的空间分布，但缺乏空间与学校关系、教育影响的深度理解；而教育研究者则缺乏空间意识，对影响学校分布的聚落（如村庄、乡镇等）缺乏观照。同时，地理学与教育的空间布局研究"老死不相往来"，缺乏学术共识的领地。深度贫困县学校空间布局虽然具有某种特殊性，但更多的是普遍性。本研究将关注深度贫困县学校布局与空间类型、聚落、人口等的关系，为深度贫困县的空间布局找出独特的空间线索。

（二）全国的趋势：县域学校空间布点变迁轨迹

学校的空间布局与儿童就学的便利性直接相关。中华人民共和国成立之后，我国长期推进"一村一校"空间布点政策，使中小学数量从20世纪60~80年代初一直稳定为100余万所[①]。自晚清以降，新式学校逐步在村落中大规模普及（司洪昌，2009：39~40），代替了私塾等传统教育组织，成为教育主流样态。1949年之后的第一个30年，学校空间布点急剧增长，之后的第二个30年，中小学数量呈现大幅下降态势，其中小学更为突出（见图1）。

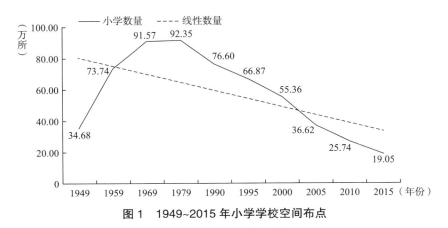

图1　1949~2015年小学学校空间布点

资料来源：《中国教育年鉴1949~1981》及历年教育统计年鉴。

注：笔者对上述数据进行了整理，没有包括个别年份（如1964年、1965年）的极端数据。

---

① 小学数量在1964年达106万所，1965年一度飙升至168.19万所，此后一直到1980年，小学数量一直在91.73万所~109.73万所的区间浮动（见《中国教育年鉴（1949~1981）》，第1021页）。普通中学数量从1949年的4266所增加到1957年的1.1万所，1958~1965年大致稳定为2万所，1966~1970年在59万所左右，1971~1981年在10万所左右，只有个别年份（如1977年）一度达到了20万所（见《中国教育年鉴（1949~1981）》，第1000页）。

中小学普及在 20 世纪 80 年代告一段落，教育使命发生了转向：对教育质量的声音诉求盖过了教育普及而成为时代主流。从此，以质量为旗号的重点学校建设成为一时之需。小学数量从 2006 年开始少于 1949 年，学校萎缩的临界点出现。这成为一个象征性的分界点。

近二十年来，"撤点并校"一度是县域主流教育政策话语。相较于全国其他县域，深度贫困县的学校空间布局调整存在十余年的"时间差"，还处在布局调整的进程中，但可能无法避免学校空间布局变迁的总体趋势。一部分深度贫困县学校布点已大幅减少。深度贫困县要在学校空间布点与学校规模效益之间保持动态平衡，适时地进行政策调整。

（三）深度贫困县学校空间布局

与全国普通县域的学校空间布局一样，深度贫困县的学校空间布局要遵循时间距离的基本法则，解决家庭与学校之间的距离难题。学校空间布局问题事关学校的规模效益，关系家校之间的距离，需要在教育质量（上好学）与儿童上学的便利性（有学上）之间维持一种适度的动态平衡。儿童上学是日常行为，一日需四次（或两次）往返于学校与家之间。这决定了上学距离不能太远，不能超出儿童体力承受能力。

1. 深度贫困县的空间总体特征

根据近三年相关资料，本研究收集整理了 7 个省区 52 个深度贫困县的数据，将之与学校布点相关联。7 个省区 52 个深度贫困县平均数据如表 1 所示。

表 1　7 个省区 52 个深度贫困县的平均数据

县域	面积（平方公里）	户籍人口（万人）	乡镇（个）	行政村（个）	学校（所）
平均数	6965	45.75	20.15	241.7	208.5
总和	362190	2379.20	1048	12569	10540

注：数据取之于近三年，数据统计年份不完全一致，但对整体影响不大。以上学校数量包含了中小学及教学点与高中阶段学校，不含幼儿园数量。

资料来源：县域面积、户籍人口、乡镇数据主要来源于《中国县域统计年鉴 2017》，行政村与学校数据主要来源于地方年鉴、县域国民经济与社会发展统计公报、县域"十三五"教育规划、地方文件及新闻报道等。

从表1可以看出，7个省区52个深度贫困县面积总和约为36.2万平方公里。如将这些深度贫困县视为中国一个独立的行政区划单元，那么其面积相当于一个大型省区，可在全国排到第9位，仅次于云南省（省区面积排序为新疆、西藏、内蒙古、青海、四川、黑龙江、甘肃、云南）。若从人口规模而言，这些深度贫困县总人口达2379.2万人，在全国仅排在第26位，相当于一个地广人稀的西部省区，仅大于部分小型省区市（如北京、天津、台湾、海南、宁夏、青海、西藏等）。深度贫困县的地域空间与人口分布特点将影响其学校布点与空间布局。

2. 深度贫困县的学校空间布局特点

深度贫困县基本上是学校布点分散的县域。就学校布点而言，这些县域虽然大部分学校布局非常分散，但学校布点数量众多，远高于全国平均数。就生源集中趋势而言，深度贫困县的生源集中趋势较弱，大班额、大校额的现象较全国其他县域弱，特别是在面积较大的县域更是如此。由于深度贫困县区域面积较大，县城距离村庄较远，加上山区或者高原等地交通不便，因此，总体上生源向城镇集中的趋势相对较弱，大大低于全国约80%的义务教育阶段生源集中在城镇的趋势。

就学校数量而言，52个深度贫困县共有1万余所中小学（不含幼儿园），在全国省区中可排在前1/3的位次，低于河南、广西、云南、河北、山东、广东、安徽、江西、湖南、甘肃十省区；深度贫困县布点数量排在全国第11位。从学校空间布点比例来看，其占2019年全国中小学数量的3.25%[①]。但从县域数量来看，52个深度贫困县只占全国区县总量的1.82%。由此可见，深度贫困县学校空间布点数量远远超过一般区县，反映出其学校布点的高度分散性特征。

（四）深度贫困县与"一个中国标准县"比较

中国县域千差万别，但不妨碍从理论上探寻一个集两千余县特征于一

---

① 2019年全国中小学数量达33.35万所（含教学点、高中阶段教育学校，不含幼儿园），参见《2019年全国教育事业发展统计公报》。

身的理想型县域（ideal county），找到一个所谓"中国标准县"（司洪昌，2020：16~17），以分析其教育空间布局特征。我们若将一个标准县作为分析单元，那么便可从中管窥区县教育最本质的特点。我们取全国县域总体样本并对其进行分析，以从总体上理解中国县域教育。

研究者大而化之宏观分析，借助"望远镜"来概括县域的总体特征，通过"显微镜"来分析其内部的微观肌理结构。通过全国统计数据，我们找到了一个中国标准县，其特征如表2所示。

表2　一个标准县的人口、面积与村镇数量

人口（万人）	面积（平方公里）	乡镇（个）	行政村（个）
50	3000	14	200

资料来源：根据国家统计局和教育部教育事业发展公报2019年的数据整理而成。

由表2可知，一个标准县的人口为50万人，面积为3000平方公里[①]，下辖14个乡镇、200个行政村。一个标准县的空间特点，反映了一个县域中人类聚落分布的空间特点，也会直接影响学校的空间分布。一个标准县大致呈现出如表3所示的结构。

表3　一个标准县的教育情况

项目	小学	初中	义务教育阶段
学校	57所，教学点35个	18所	110所（含教学点35个）
学生	3.6万名	1.6万名	5.2万名
教师	2100名	1276名	近3400名

资料来源：《中国统计年鉴》，2016。

---

① 就面积而言，这一平均数偏离众数，其数值大于全国中东部的县域，原因在于西部牧区县动辄在1万~3万平方公里，全国最大的县——若姜县面积超过了20万平方公里，这就造成全国县域面积平均数偏离了中位数。若在胡焕庸线西北半壁的标准县，一般面积为1万平方公里，20万人口，12个乡镇（参见笔者论文《中国县域学校分布研究：空间维度的审视》，载丁钢主编《中国教育：研究与评论》，第23辑，第4345页）。一般而言，在胡焕庸线西南半壁的中东部地区，县面积大多在1000~1500平方公里，小于1000平方公里则一般为平原地带县，而大于1500平方公里的平原县并不多见，大多为地处山区丘陵的县。中东部的县域若取河北、河南、安徽和山东四省统计，其平均县面积为1140平方公里，人口57万，乡镇近14个（参见笔者论文《中国县域学校分布研究：空间维度的审视》，载丁钢主编《中国教育：研究与评论》，第23辑，第51页）。

从表 3 可以看出，一个标准县义务教育阶段有学校 75 所，若加上教学点可达 110 所。由于县域地域广阔，县城距离边缘村庄超过了 30 公里。全国 2851 个县区，一个县的面积、人口、乡镇与村庄及学校有稳定的结构。我们分析一个标准县，从中可以管窥县域社会的基本特点，也可以发现深度贫困县与其存在的差异。

作为对照，我们对 52 个深度贫困县数据进行了统计与分析，其空间分布特征如表 4 所示。

表 4　深度贫困县的区划与教育特征

类别	面积（平方公里）	人口（人）	乡镇（个）	行政村（个）	学校（所）
深度贫困县	6965	45.75 万	20.15	241.7	208.5
一个标准县	3000	50 万	14	200	110（不含高中）

从表 4 对二者进行比较分析可知，深度贫困县空间及学校分布的特征主要包括以下几个方面。

第一，深度贫困县属于大型空间县域。全国一般县域面积为 3000 平方公里，而深度贫困县平均面积达到了近 7000 平方公里，是全国平均数的两倍以上。

第二，深度贫困县人口较少，属于地广人稀型县域。深度贫困县的人口比全国标准县少了近 5 万人。因面积是全国一般县域的两倍以上，深度贫困县的人口密度只有不到全国标准县的 50%。

第三，深度贫困县行政区划较小，下辖乡镇数量较多，超过了 20 个，比全国标准县平均多出 6 个以上。这说明深度贫困县乡镇人口更少，属于小型人口乡镇，其乡镇人口（除去县城人口后）一般在两万人左右。

第四，深度贫困县的行政村较小，居民点比较分散。就行政村数量而言，深度贫困县的行政村数量较多，平均比全国标准县多出 40 多个，高出全国标准县 20% 以上。因此，深度贫困县的村庄人口更少，村庄更加小型化并散布在县域之中。

第五，就学校数量而言，深度贫困县的学校数量是全国标准县的近两倍，学校空间布点更加繁密。全国标准县只有110所学校（即使加上高中阶段一个县域35所学校，其平均数大约为145所），而深度贫困县的中小学数量为208.5所，超过全国平均数近100%。这一明显异常的数据显示了深度贫困县学校布局最显著的特征。

从以上几点比较分析我们可以看出，深度贫困县的学校空间布局非常特殊，其县域人口规模较小而区域面积大，学校数量超过了全国平均数的近100%。这一显著空间特征是深度贫困县在学校布点方面最特殊的地方。

（五）深度贫困县学校分布的数据分析

1. 深度贫困县的学校布点与县域面积没有直接相关性，甚至二者形成了一种反向关系——随着县域面积的增加，学校布点数反而出现了下降

深度贫困县的学校空间布局与县域面积之间并不存在直接联系，甚至出现了反向关系，即往往面积越大的县域，其学校数量越少，特别是在新疆的一些县域表现得更加明显（见图2）。

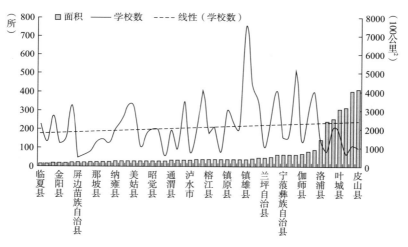

图2　深度贫困县的面积与学校布点数之间的关系

据图2可知，随着县域面积的不断增加，深度贫困县的学校数量并没有明显增加的趋势，而是出现了复杂的变化曲线，学校数量增长的趋势线（虚线）相对和缓。在大型县域（如皮山县、叶城县、洛浦县、伽师县）

中，学校数量反而出现了逆势下降，二者之间的关系发生了逆转。这种反向逆转曲线的出现，可能受新疆地广人稀的巨型县域影响——这些县域面积动辄为 1 万平方公里，学校布点相对集中于县城与乡镇所在地的绿洲农业区，布点数量并无显著增加。由此我们推测，学校空间数量的分布并不会因为县域面积的扩张而显著增加。换言之，深度贫困县的学校空间布局与县域面积之间并没有显著的联系。

2. 深度贫困县户籍人口与学校布点存在显著联系——往往人口大县也是学校数量大县，深度贫困县户籍人口与学校空间布局之间存在直接相关关系

在 52 个深度贫困县中，随着户籍人口的增加，学校布点数量在逐步提升，表现出二者之间的直接相关性，如图 3 所示。

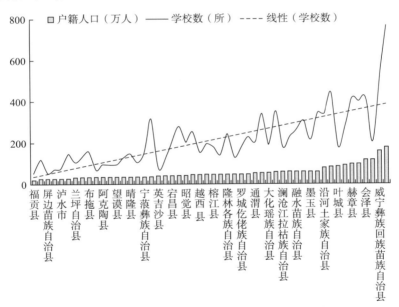

图 3　深度贫困县户籍人口与学校布点数之间的关系

从图 3 我们可以得出结论，学校空间数量与县域户籍人口直接相关：随着县域人口的增加，学校数量也在快速增长，二者之间存在紧密的联系。人口大型县域往往学校的布点数量也会较多，二者呈现一种紧密的关联性。

3. 学校布点数量与乡镇、行政村数量紧密相关

通过分析发现，深度贫困县的学校数量与乡镇、行政村数量之间也存在一定的关联性（见图4、图5）。

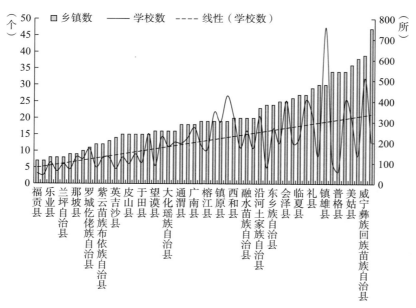

图 4 深度贫困县的乡镇数量与学校布点数之间的关系

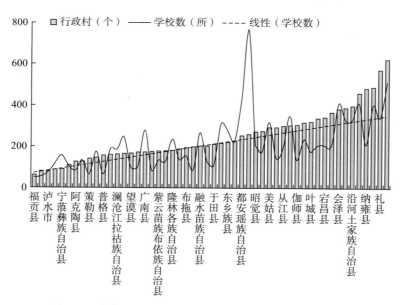

图 5 深度贫困县的行政村数量与学校布点数之间的关系

从图 4 我们可以发现，乡镇数量与学校数量之间存在一定的关联性：

一方面，乡镇数量大大少于学校数量，即深度贫困县一个乡镇往往有数所甚至十数所学校；另一方面，学校数量会随着乡镇辖区数量的增长而增加。

从图 5 我们可以发现，学校数量会随着行政村数量的增加而增加。但在总体上，学校布点数与行政村数量之间并非呈现出一种完全相关的线性关系，即学校数量并不是随着行政村数量同比例增加，而是出现了许多变异与不一致。这反映出全国的一个大趋势：几个行政村联合起来才有一所学校，学校数量低于行政村数量。但还是有 1/3 的深度贫困县学校数量多于行政村数量。这反映出云贵川山区村落分布的离散性特点，因为学校布点比行政村布局更加分散，村小甚至需要基于自然村进行布局。

总而言之，如果以学校空间布点来衡量的话，学校数量与县域面积关联性较小，与村庄、人口、乡镇之间存在明显相关性。从 7 省区的数据我们可以发现，由于 52 个深度贫困县空间类型多元，因此学校空间布点影响因素多元，其并非由单一因素所致。因此，我们需要分门别类地细致研究，才能分析得出深度贫困县学校空间分布的特点与问题所在。

二　深度贫困县的三种教育空间类型

从类型角度来看，深度贫困县空间类型差异巨大。深度贫困县处于不同的地形区和气候区，聚落的类型也不同。聚落（如村镇）类型分布的不同特点会影响学校的空间分布，所以各县域形成了不同的学校布局空间类型。

我们从类型学角度将 7 个省区 52 个深度贫困县分为三种类型，分别是新疆深度贫困县、甘肃和宁夏深度贫困县、西南四省深度贫困县，分别简述如下。

（一）新疆深度贫困县的学校分布

其一，新疆深度贫困县的学校布点最为稀疏。

我们可以找到一个学校分布密度的指标来衡量各地学校布点的差异。通过计算每百平方公里的学校数量来计算学校的布点情况，并将其命名为

"学校布点密度"，可用来作为学校布点衡量与比较的通用数据。通过计算可知，新疆的深度贫困县学校布点密度只有甘肃、宁夏深度贫困县的 1/10，不及西南四省深度贫困县的 1/5。新疆 10 个深度贫困县，学校布点数量最多的为莎车县的 400 所，最少的为策勒县的 61 所。如果以各个县域每百平方公里的学校数量来计量学校的布点情况，那么不同的地形区差异巨大（见表 5）。

表 5　新疆深度贫困县的学校布点密度

单位：所 /100 公里 ^{2}

县域	策勒县	皮山县	于田县	阿克陶县	叶城县	墨玉县	洛浦县	伽师县	英吉沙县	莎车县	均数
学校布点密度	0.19	0.24	0.26	0.33	0.56	0.79	0.85	1.94	2.13	4.43	1.17

从表 5 可以看出，对新疆 10 个地广人稀的深度贫困县来说，学校数量从最少的策勒县的每百平方公里 0.19 所到莎车县的每平方公里 4.43 所，省区之内相差 23 倍之多，其中有 7 个县域每百平方公里还不足 1 所学校。一百平方公里在平原地域大致相当于 1~2 个乡镇的空间范围，而策勒县五百平方公里才不到一所学校。新疆 10 个深度贫困县每百平方公里学校均数 1.17 所，远低于一般县域。

学校布点密度既显示了西部县域的空间特性，也显示了其地广人稀的人类聚落分布的基本特征。在地广人稀的空间中，学校的布点面临艰难选择：学校规模效益与接近居民点之间的两难。

如果将新疆的深度贫困县与西南四省或者甘肃、宁夏的深度贫困县做对比，地广人稀的特点将更加凸显（见表 6、表 7）。

表 6　甘肃、宁夏深度贫困县的学校布点密度

单位：所 /100 公里 ^{2}

县域	临夏县	东乡县	西和县	通渭县	西吉县	宕昌县	镇原县	岷县	礼县	均数
学校布点密度	18.23	17.74	17.57	6.77	11.12	6.00	8.60	6.32	7.77	11.12

表 7　西南四省深度贫困县的学校布点密度

单位：所 /100 公里 ^{2}

县域	学校布点密度	县域	学校布点密度	县域	学校布点密度
会泽县	6.88	望谟县	2.92	都安县	10.47
镇雄县	20.54	纳雍县	8.25	大化县	6.70
宁蒗县	2.41	威宁县	8.13	普格县	3.18
澜沧县	2.92	赫章县	12.49	布拖县	8.84
屏边县	2.31	榕江县	5.10	金阳县	7.37
广南县	3.51	从江县	5.80	昭觉县	7.44
泸水县	2.22	融水县	5.55	喜德县	3.59
福贡县	1.85	三江县	9.94	越西县	6.21
兰坪县	2.19	那坡县	5.87	美姑县	12.09
紫云县	5.52	乐业县	3.97	均数	6.67
沿河县	13.28	隆林县	6.42		
晴隆县	9.85	罗城县	6.43		

从表 7 可以看出，在三个地形区的深度贫困县，学校布点密度差异非常大。甘肃、宁夏的学校布点最为密集，每百平方公里学校布点达 11 所以上。这反映出甘肃、宁夏的教学点与中小学数量较多，而学校规模相对较小的特征。西南四省的学校密度的平均数为 6.67 所 /100 公里 ^{2}，相当于甘肃、宁夏的一半。最为稀疏的是新疆，每百平方公里只有 1.17 所，相当于甘肃、宁夏的 1/10。因此，在学校的布点密度上，三个类型区呈现出梯级差异：甘肃、宁夏学校布点最为密集，西南四省次之，而新疆最为稀疏。

其二，新疆深度贫困县的学校布点与户籍人口关系紧密。

户籍人口与学校布点关系密切，人口规模和密度将影响学校的分布，这是理论上的一种常态假设。从新疆的情况来看，我们找到一个十万人学校数的指标来衡量与横向比较其学校的空间数量分布情况。新疆深度贫困县的学校布点数与户籍人口的关系如图 6 所示。

新疆 10 个县域中，每十万人学校分布数如表 8 所示。从十万人学校数来说，新疆的学校数量又低于西南四省的 45.3 所。这说明新疆深度贫困县的学校规模更大，学校规模效益更高。这可能与绿洲农业区的人类聚落相关。虽然县域地广人稀，但人口相对集中在绿洲农业区域，形成了一种戈壁滩上相对集中的人类聚落。这有利于学校集中分布并形成一定的规模效益。

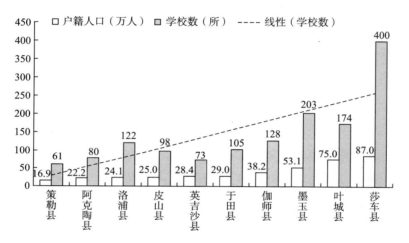

图 6 新疆深度贫困县学校布点数与户籍人口之间的关系

表 8 新疆 10 个县域每十万人的学校分布情况

单位：所

县域	策勒县	阿克陶县	洛浦县	皮山县	英吉沙县	于田县	伽师县	墨玉县	叶城县	莎车县	均数
学校数	36.1	36.0	50.6	39.2	25.7	36.2	32.5	38.2	23.2	46.0	36.4

如果我们结合县域的行政村与学校布点数的关系对户籍人口十万人学校数量进行分析，可以看出学校分布情况与人类的聚落（如行政村、乡镇等）数量直接相关联。如图 7、图 8 所示，新疆的学校布点数量同行政村、乡镇数量的关系非常紧密。

新疆学校布点的这一特点，与中东部平原县域的学校分布非常相似，即学校的分布同行政村和乡镇数量直接相关。唯一不同的是，新疆的贫困县域存在大量的戈壁滩等无人地带，造成学校的布点数量与区域面积成反比关系。

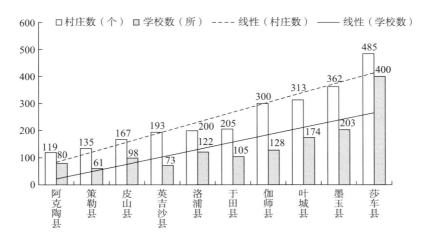

图 7　新疆深度贫困县学校布点数与行政村数量之间的关系

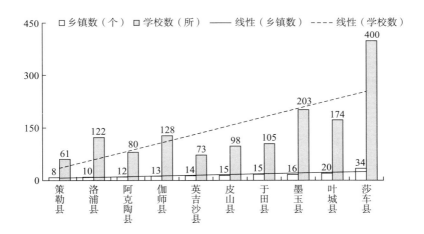

图 8　新疆深度贫困县学校布点数与乡镇数量之间的关系

（二）甘肃、宁夏深度贫困县：学校空间布点分散，因县而异

甘肃、宁夏的深度贫困县大多属于干旱农业县，农业生计方式高度依赖地表水系或灌溉，其村落一般位于河谷、塬上等复杂多变的地形区，居民点多变且分散，无统一规则可寻，因此成为一种非常特殊的空间类型。

其一，甘肃、宁夏深度贫困县学校布点数与县域面积之间无直接关联（见图9）。随着区域面积的增加，学校数量几乎没有发生任何变化。学校的线性趋势为水平状，显示出二者之间并无相关性。

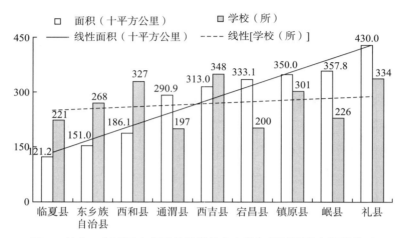

图9 甘肃、宁夏深度贫困县的学校布点数与县域面积之间的关系

这一特征与新疆不同，二者之间不存在反比关系。但若从每百平方公里学校布点来看，甘肃、宁夏的深度贫困县在7个省区之中是最高的（前文所述达到了11所以上）。

其二，甘肃、宁夏深度贫困县学校布点与户籍人口有关联性，但其趋势线较和缓，学校布点与户籍人口的关联性并不十分强（见图10）。

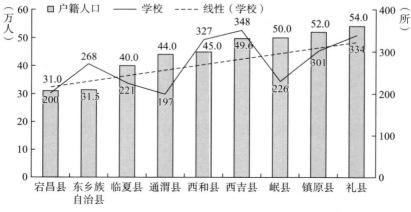

图10 甘肃、宁夏深度贫困县的学校布点数与户籍人口之间的关系

其三，甘肃、宁夏的深度贫困县学校数量与乡镇、行政村数量之间几乎无关联性。

从图 11 可以看出，学校数量并不随着行政村数量的增加而增加，而是呈现相对水平的曲线。这表明学校布点数量并不受行政村数量增长的直接影响。这与新疆、西南四省出现了较大的反差。

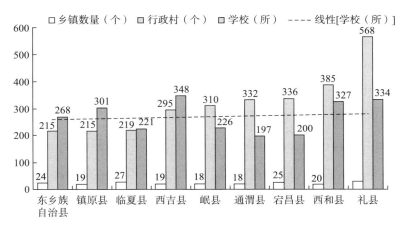

图 11 甘肃、宁夏深度贫困县的学校布点数与行政村、乡镇数量之间的关系

作为一种特殊的空间类型，甘肃、宁夏的深度贫困县表现出十分特殊的一面。学校的空间布点具有因县而异的独立性特征，几乎找不到同一种发展趋势。究其原因，一是样本数量少导致出现偏差；二是各个县域之间个性化空间特点明显，学校分布似乎更明显地受县域自身空间布局政策的影响。学校分布与县域自身政策的关联性更大，可能是因县而异的政策差异导致的。

（三）西南四省深度贫困县的学校布点

其一，西南四省深度贫困县的学校布点与面积之间的关联性加大。这一点明显不同于新疆和甘肃、宁夏的情况，也显示出这一地形区的特殊性。

从图 12 可以看出，随着县域面积的增加，学校的布点数量出现了上升趋势。虽然学校数量的增长曲线具有波折与不一致的一面，但大致呈上升的态势。

其二，学校布点与户籍人口关联极大，二者之间几乎呈现一种非常紧密的完全关联性。

其三，西南四省深度贫困县的学校布点数量与行政村数量具有直接相关性，即随着行政村数量的增加，学校数量也稳步提升（见图13）。

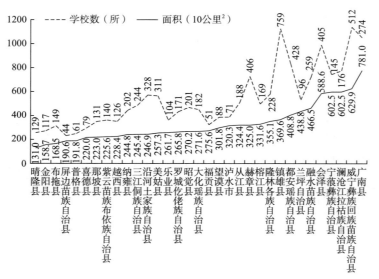

图12 西南四省深度贫困县面积与学校布点数之间的关系

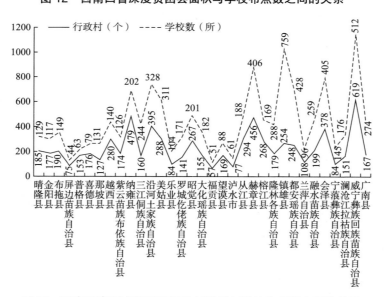

图13 西南四省深度贫困县行政村数量与学校布点数之间的关系

　　学校布点数量受乡镇数量的影响较大，二者之间也出现了关联性，但相对于行政村数量、户籍人口而言，学校布点数受其影响较小。这可能受行政区划差异的影响，乡镇的大小因地形不同而出现了许多变异（见图 14）。

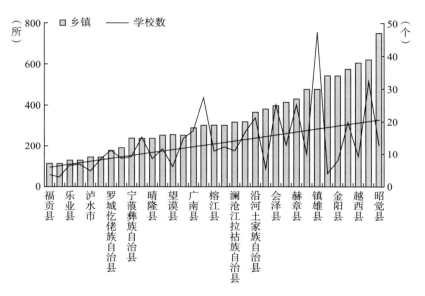

图 14　西南四省深度贫困县学校布点数与乡镇数量之间的关系

　　其四，以十万人学校数来衡量大县与小县的学校布局。小型人口县的学校布点数量并不会太少，但会受到规模效益问题的干扰。随着学校数量的增加，大型人口县域的学校具有规模效益，学校会出现马太效应，即好的学校自然倾向于变得更大，导致一些小型学校的消失或撤并，因此其每万人的学校数量会现出大幅下降。在县域人口中，大型县域与小型县域之间会出现学校的规模效益问题。如果以十万人学校数来衡量学校的布点与户籍人口的规模之间的关系，我们可以发现以下一些规律（见表 9）。

表 9 西南四省深度贫困县的十万人学校数

单位：所

排名	县域	十万人学校数
1	纳雍县	18.70
2	屏边苗族自治县	27.80
3	普格县	27.90
4	紫云苗族布依族自治县	31.60
5	广南县	33.90
6	威宁彝族回族苗族自治县	33.90
7	喜德县	34.80
8	澜沧江拉祜族自治县	35.20
9	望谟县	36.70
10	越西县	37.50
11	大化瑶族自治县	37.90
12	会泽县	38.20
13	泸水市	39.70
14	罗城仫佬族自治县	42.75
15	榕江县	44.50
16	镇雄县	45.10
17	兰坪自治县	45.70
18	赫章县	46.70
19	沿河土家族自治县	47.50
20	融水苗族自治县	49.80
21	从江县	50.30
22	福贡县	51.00
23	晴隆县	51.80
24	宁蒗彝族自治县	54.90
25	金阳县	55.70

续表

排名	县域	十万人学校数
26	隆林各族自治县	58.46
27	都安瑶族自治县	59.44
28	昭觉县	62.80
29	那坡县	65.50
30	三江侗族自治县	65.95
31	乐业县	66.24
32	布拖县	69.00
33	美姑县	111.50
	平均数	47.80

从表 9 可以看出，每十万人学校数较大的县域，如学校数量最大的后 1/3（第 21~33 位）的县域主要位于彝族县域（6 个）、广西少数民族县域（5 个）和其他少数民族县域。广西和四川凉山彝族自治州最为突出。在民族分布上，彝族县域最多，其他民族县域也存在，其中有些（如福贡县）可能主要受地形的影响（见表 10）。

表 10　西南四省十万人学校数高的 13 个民族县域

单位：所

排名	县域	十万人学校数	民族
21	从江县	50.30	贵州苗族侗族
22	福贡县	51.00	云南多民族
23	晴隆县	51.80	贵州彝族苗族
24	宁蒗彝族自治县	54.90	云南彝族
25	金阳县	55.70	四川彝族
26	隆林各族自治县	58.46	广西多民族
27	都安瑶族自治县	59.44	广西瑶族
28	昭觉县	62.80	四川彝族

续表

排名	县域	十万人学校数	民族
29	那坡县	65.50	广西壮族
30	三江侗族自治县	65.95	广西侗族
31	乐业县	66.24	广西壮族、汉族
32	布拖县	69.00	四川彝族
33	美姑县	111.50	四川彝族

十万人学校数与户籍人口出现了反比关系。户籍人口规模越大的县域，学校布点越容易出现规模效益现象，学校分布相对比较集中；反之，在小型人口县域，学校分布更易受到人口规模的限制，导致学校的布点更加分散，规模效益更差。

小规模县域的学校布点，在理论上会受到人口规模不足的制约，在区域内难以形成学校的规模效益。因此，在学校规模与人口规模之间存在明显的相关性，特别是在大型人口县域，学校布点的规模效益较高。将表10转换为可视图，如图15所示。

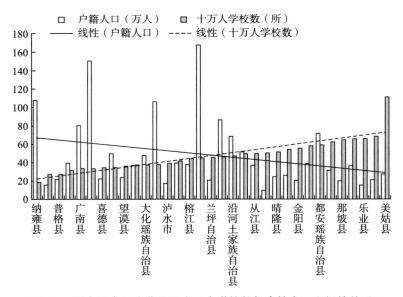

图15　西南四省深度贫困县十万人学校数与户籍人口之间的关系

西南四省深度贫困县的十万人学校数居高不下，可能是受地形因素、村寨分布、民族因素与社会文化因素的综合影响。

如果对比内地平原地域的汉族农业县，深度贫困县学校布点的密布性更加鲜明。我们可找出任一平原地区的县域做比较，如河北邢台主要县域的十万人学校数（不包括市辖区，只统计中小学，不含幼儿园和职高，职高平均每县1~2所，基本不影响数据结果），如表11所示。

表 11　中东部平原县十万人学校数（以邢台县域为例）

单位：所，万人

序号	县域	学校数	户籍人口	十万人学校数
1	宁晋县	85	85.5	9.9
2	新河县	24	17.7	13.6
3	柏乡县	32	20.5	15.6
4	威县	102	64 .3	15.9
5	内丘县	47	29.5	15.9
6	临城县	35	21.9	16.0
7	隆尧县	91	56.3	16.2
8	平乡县	58	36.2	16.2
9	清河县	73	44.2	16.5
10	南宫市	84	50.4	16.7
11	南和县	69	39.2	17.6
12	巨鹿县	80	42.8	18.7
13	任县	75	38.5	19.5
14	临西县	79	39.2	20.2
15	沙河市	105	45.3	23.2
16	广宗县	108	33.6	32.4
	平均	72	41.6	17.8

资料来源：《邢台统计年鉴2018》，学校数据见第712~713页，户籍人口数据见第45页。

邢台各个县域每十万人学校数为17.8所，远远少于西南四省深度贫困县的 47.8 所。将邢台各个县域数据进行对比可以发现，西南四省深度贫困县的学校布点分布之广、学校布点之多，总量约是邢台各个县域（包括刚脱贫的威县）平均数的 2.7 倍。

三　深度贫困县的学校空间布局建议

（一）教育政策制定与出台中的空间维度

在政策制定中，教育决策者需具有空间维度，因为中国基础教育政策的内在要求。中国是一个超大规模的国家，中央教育政策不可避免地要遭遇空间适应性（地方适应性）问题。通过对深度贫困县空间类型的考察可以发现，其空间类型存在巨大差异。因此，任何一项政策的制定与出台，都需要具有空间维度，要考虑到县域空间的适应问题和基层学校空间布点问题。例如，全国教师编制标准只有一个固定的数值，而缺乏地域空间考量。这将会遭遇许多西部地域辽阔的县域学校布点分散与小规模学校现象，大型县域的师生比与小型县域不同。例如，在刚刚脱贫的四川阿坝县，全县户籍人口 8.21 万人，但区域面积达 10435 平方公里，辖 21 个乡镇、88 个行政村。全县共 29 所中小学，其中 19 所为乡中心学校。对于一个 8 万人口的县域来说，29 所学校已经非常多了，一所学校辐射的人口数只有 2831 人。十万人学校数为 35.3 所，比邢台各县均数 17.8 所高出近 1 倍，大致相当于新疆深度贫困县的情况。但是从空间角度来看，阿坝县域每百平方公里只有 0.28 所学校，学校布点过于稀疏，甚至还不及新疆 10 个深度贫困县的 1/4，且只有平原地区如邢台（12 所 /100 公里^2）的 1/43。即便是如此稀疏的学校布点密度，阿坝县的每个乡镇依然都面临着学校规模不足、生源不足与教师结构性缺编的困境。阿坝县每个乡镇面积与人口情况如表 12 所示。

表 12　阿坝县各乡镇面积与人口情况

单位：平方公里，人

乡镇	面积	人口
阿坝镇	556	11064
贾洛镇	1086	6928
哇尔玛乡	59	4163
麦昆乡	225	3794
河支乡	186	3148
龙藏乡	499	3148
求吉玛乡	535	3673
甲尔多乡	187	3349
各莫乡	96	3357
德格乡	156	1986
四洼乡	197	2820
安斗乡	3073	2017
柯河乡	751	1775
垮沙乡	710	1525
安羌乡	344	2483
查理乡	666	3922
茸安乡	1004	3084
洛尔达乡	612	5248
麦尔玛乡	800	5332
平均	549	3832

　　地广人稀与生源严重不足，使阿坝县即便施行"一乡一校"的学校布局政策，学校依然面临着生源短缺和小规模学校的困境与难题。学校的布点与区域面积之间存在一种紧张现象。理论上，阿坝县大部分乡镇学校难以形成规模效益，乡镇学校一直饱受教师编制政策的困扰。在阿坝县的大部分学校，包班上课、开齐学科一直是努力的方向。

（二）教育政策中的类型思维

教育政策制定中需要具有类型思维。上述三种类型的深度贫困县空间类型完全不同，学校布点、乡镇区划、行政村分布也不相同，学校的空间布局还受到地形或者农业生计方式的影响。针对不同的空间类型，我们要制定不同的学校空间布局政策。

甘肃、宁夏的深度贫困县存在学校布点过多的问题，西南四省深度贫困县的乡镇人口过少与学校布点过多的问题也需要进行适当调整。从某种意义上来说，我们只有调整过小的乡镇行政区划，才有利于乡镇学校的空间布局，如缓解乡镇初中生源严重不足的问题。

（三）用时间换取空间：适度缩减学校布点，改变上学的时段划分，在深度贫困县试行一天往返家校一次

寄宿制过去一直是解决学校距离过远的常规策略，但对于小学低年级学生而言，寄宿制在理论界充满了争议，因为寄宿制对儿童未来发展的影响充满了不确定性。因此，它不是一种合理解决小学低年级学生上学距离过远的问题的方法。

目前，调整儿童走读是解决家校距离变远的问题方式之一。适度调整深度贫困县的学校布局，适当扩大学校的规模，才能提高资源的利用效率。学校布点减少之后，家校距离将会随之增加，学生走读距离也会增加。为减少交通时间，我们就需要改革学生的走读方式，由一天两次往返家校变为一天一次往返，从而用时间来换取空间。

一天一次往返家校的上学方式，也是城市学校的主流上学方式。由此带来的学生午餐问题，可考虑通过学校或改营养早餐为营养午餐的方式来降低学生在校用餐费用。

（四）建立省级小学科教育中心，通过网络视频课解决小学科教学问题

对于深度贫困县而言，乡村小学教师结构性缺编是一个不可避免的现实问题，且难以在近期内完全解决，这带来了现实困扰：农村小学开不齐学科，"包班上课"现象严重。

开不齐学科与"包班上课"问题源于教师编制政策的限制，也与学校规模不足紧密相关。从深度贫困县的学校布点来看，小学教师结构性缺编是一种难以逃避的现实困境。面对教师结构性缺编，学校不得已实行教师"包班上课"，但即便"包班上课"，一些小科目（如音乐、美术、英语等）也无法开齐。

为解决小学科教师缺乏的问题，一个现实思路是利用网络视频课或点播课。研究者在甘肃临洮县调研时，发现一些教学点利用网络视频课或直播课来上音乐、美术或英语课，有效缓解了教师无法开小学科课程的问题。但对于全国深度贫困县及其他县域的小规模学校而言，由各学校自行解决并非一种经济而有效的方式。因此，本研究者认为：可以试点在省级层面成立一个区域小学科教育中心，由其协调或提供小学科课程给广大农村小学。这是一个现实思路。

（五）打破常规组织模式，试点建立新型学校联合体

为解决学校规模小的问题，我们还需要试点一些新型学校组织模式。目前，幼儿园、小学、初中、高中各阶段泾渭分明。跨学段的学校——完全中学或九年一贯制学校，已经是人们仅有的两种可以想象的学校联合体模式。这是一种现实常态，也是一种固定的学校组织模式。

对于深度贫困县的农村教育而言，由于存在学校的规模效益与教师短缺等现实问题，我们要进行制度创新，创设一种新型的学校联合体模式来解决现实问题，如幼儿园与小学联合的学校，幼儿园＋小学一、二年级的学校，三年级至九年级的学校联合体，小学五、六年级寄宿制学校等。研究者在山东、江西、甘肃、河北等一些县域调研时发现，农村的学校存在各种样式与模式，并非统一的"六三三"学制划分的学校类型。现实中，各地为解决规模不足的问题，创造出许多学校联合体模式，如甘肃民乐县实行农村小学低年级与幼儿园联合体，而将四、五、六年级集中到乡镇中心小学就读，形成了农村的小幼联合体学校，同时乡镇中心小学实行一、二、三年级走读而四、五、六年级寄宿的模式。在江西弋阳县，幼儿园附设于村小之中。这种模式一度是许多县域的主流模式，也是解决幼儿园场地不足的一种现实途径。地方通过幼小联合体的组织模式，可以将教师编制打通使用，有效解决了幼儿教师编制严重短缺的问题。

这些基层县域的学校形式是基于县域的现实情况做出的现实探索，是一种因地制宜的策略。面对深度贫困县的学校布点过多问题，四川的深度贫困县甚至推行了"一村一园"的幼儿园布局模式，小学与幼儿园的数量大规模增加，其未来的布点过密化问题将会日益凸显。面对现实的出生率与学校的规模效益问题，我们可以因地制宜试点新型学校分段模式，或者试点学校的联合体，解决目前布点分散且学校规模过小的问题。

参考文献

曹锦清，2017，《郡县中国与当代国家治理》，《华东理工大学学报》(社会科学版)第1~2期。

曹正汉，2017，《论郡县制国家的强大与脆弱——中国古代学者的观点》，《华东理工大学学报》(社会科学版)第5期。

丹尼尔斯等，2014，《人文地理学导论：21世纪的议题》，南京大学出版社，第11页。

丁钢，2016，《讲学方式与空间组构演变的教育意蕴》，《探索与争鸣》第2期。

丁钢，2017，《转向屏风：空间、图像及其叙事中的教化》，《湖南师范大学教育科学学报》第4期。

范先佐，2006，《农村中小学布局调整的原因、动力及方式选择》，《教育与经济》第1期，第26~29页。

范先佐，2008，《我国农村中小学布局调整的背景、目的和成效——基于中西部地区6省区38个县市177个乡镇的调查与分析》，《华中师范大学学报》(人文社会科学版）第 4 期，第 121~127 页。

范先佐、郭清扬，2009，《我国农村中小学布局调整的成效、问题及对策——基于中西部地区 6 省区的调查与分析》，《教育研究》第 1 期，第 31~38 页。

胡俊生，2010，《农村教育城镇化：动因、目标及策略探讨》，《教育研究》第 2 期，第 89~94 页。

胡俊生、司晓宏，2009，《农村教育城镇化的路径选择——"平原模式"与"柯城模式"浅析》，《北京大学教育评论》第 3 期，第 180~187 页。

雷万鹏，2010，《义务教育学校布局：影响因素与政策选择》，《华中师范大学学报》（人文社会科学版）第 5 期，第 155~160 页。

雷万鹏、徐璐，2011，《农村校车发展中的政府责任——以义务教育学校布局调整为背景》，《中国教育学刊》第 1 期，第 16~19 页。

司洪昌，2009，《嵌入村庄的学校》，教育科学出版社，第 39~40 页。

司洪昌，2018，《学校分布与人类聚落的关系：空间的视角》，华东师范大学教育高等研究院"教育文化论坛发言摘要之十"。

司洪昌，2020，《中国县域学校分布研究：空间纬度的审视》，载丁钢主编《教育研究与评论》第 23 辑，教育科学出版社。

王振波，2009，《建国以来中国县域可达性历史演变及特征总结》，中国地理学会 2009 百年庆典学术大会论文集。

邬志辉，2010，《中国农村学校布局调整标准问题探讨》，《东北师大学报》（哲学社会科学版）第 5 期，第 140~149 页。

邬志辉、史宁中，2011，《农村学校布局调整的十年走势与政策议题》，《教育研究》第 7 期，第 22~30 页。

张彦聪，2018，《讲堂与宿舍的空间矛盾：宋代太学"斋"的空间重构及其历史意义》，华东师范大学教育高等研究院"教育文化论坛发言摘要之九"。

周振鹤，1998，《中国历代行政区划的变迁》，商务印书馆，第 58~59 页。

工作要求－资源模型视角下我国县域内
学前教师职业倦怠研究

赵　娜　霍　明[*]

摘　要：农村学前教师职业倦怠问题产生的危害已渐趋明显，它不仅会对教师的工作态度产生消极影响，还会影响幼儿及教师的身心健康发展。本研究将全国 18 省 34 县的 10581 位县域内学前教师作为调查对象，运用多层结构方程模型对当前县域内学前教师的职业倦怠现状及影响因素展开翔实的探析，研究结果表明：（1）整体上县域内学前教师职业倦怠状况不容乐观；（2）男性、年龄越大、学历层次越高，教龄在 4 ～ 5 年及 11 ～ 20 年、职称较低、在编，西部、县镇及独立公办幼儿园的农村学前教师倦怠问题较为突出；（3）工作资源及工作要求潜变量分别对学前教师职业倦怠具有负向及正向作用力。工作要求在工作资源与学前教师职业倦怠之间发挥部分中介作用。幼儿园层变量的纳入提高了各潜变量对学前教师职业倦怠的影响强度，因此，学前教师职业倦怠存在幼儿园间的差异。本研究认为，应以多元、整合的视角，重点关注园所间存在的群体差异性及空间异质性问题，在降低工

---

*　赵娜，东北师范大学中国农村教育发展研究院硕士，主要研究方向为农村教育，E-mail：zhaon556@nenu.edu.cn；霍明，东北师范大学中国农村教育发展研究院副教授，主要研究方向为农村教育，E-mail：huom101@nenu.edu.cn。

作要求程度的同时，极力构建充足、具体化的工作资源网络以破解农村学前教师职业倦怠困境。

关键词：学前教师；工作要求；工作资源；职业倦怠

一　问题提出

党的十九大报告提出"要优先发展教育事业，办好学前教育，实现幼有所育"。此后，《中共中央　国务院关于学前教育深化改革规范发展的若干意见》（以下简称《意见》）正式印发，强调"到 2020 年，全国学前三年毛入园率达到 85%"。《意见》还指出，应依法保障学前教师的地位及待遇，完善学前教师培养体系。作为学前教育发展的中坚力量，农村学前教师的工作、心理及生存状态不仅关乎农村学前教育的质量，而且关乎农村学前教师队伍的稳定性。

农村学前教师因其身份、职业特征等不同导致其工作状态及生存状态有别于其他教师群体。有学者研究指出，农村学前教育师资匮乏问题依旧存在（张玲、裴昌根、陈婷，2020），在人员较少的不利形势下，这一群体所需承担的工作量较大，且职责定位不明晰，角色过度延伸化（陈则飞，2018；李永占，2016；王钢、张大均、刘先强，2014；左志宏、席居哲，2008），而由此导致农村学前教师的职业倦怠问题趋于严重。因此，亟须对此问题进行研究并提出有效策略，以消除职业倦怠带来的消极影响。

最早提出职业倦怠的研究者为美国临床心理学家弗登伯格（Freudenberger），其在 20 世纪 70 年代提出该概念。之后，Maslach 和 Leiter（2001）将职业倦怠划分为三个维度：情感衰竭、去个性化及低成就感。职业倦怠带来的消极影响颇多，不仅影响教师的心理健康发展（刘晓明、王文增，2004），而且使其容易产生离职行为，对学校教育的发展极为不利。

教师是职业人，工作环境、教学资源、学生问题等工作特征因素都会影响其心理及工作状态。诸多研究显示，工作特征因素，如领导支持、学生问题、工作压力等均会对教师职业倦怠产生影响（Chan，2003；

Timms，Graham，and Caltabiano，2008；Zhang and Sapp，2008）。在职业倦怠研究领域，较具影响力的 JD-R 模型理论将工作特征因素划分为两类，即工作要求和工作资源（Lee and Ashforth，1996）。目前，学者们就工作要求 – 资源模型（JD-R 模型）展开的职业倦怠问题研究已取得一定的成果。有学者认为，工作资源与职业倦怠的情感衰竭维度及去个性化维度呈负相关关系，与个人成就感降低呈正相关关系（Lee and Ashforth，1996）。而 Hakanen 等指出，工作要求可以显著预测个体职业倦怠水平，工作资源对个体职业倦怠有较弱的负向影响（Hakanen，Schaufeli，and Ahola，2008）。因此，基于此模型对我国农村学前教师职业倦怠问题展开深入研究十分必要。

农村学前教师职业倦怠问题不容忽视。在当前倡导教育公平及大力推进城乡教育均衡发展的大背景下，众多学者将研究聚焦于农村学前教师职业倦怠问题。本研究极力避免流于泛化的研究模式，引入 JD-R 模型作为理论模型，就农村学前教师职业倦怠问题进行探讨，试图回答以下问题：农村学前教师职业倦怠现状如何？工作要求及工作资源变量与职业倦怠变量间的影响机制如何？多层次结构下，组内层级（学前教师层）与组间层级（幼儿园层）各工作特征变量与职业倦怠变量之间的影响机制是否存在差异？

二 研究设计

（一）理论基础与研究假设

德梅洛蒂（Demerouti）、萧费利（Schaufeli）、贝克（Bakker）等最早提出 JD-R 模型（Demerouti et al.，2001）。JD-R 模型并不是一成不变的，经过学者们的不断改进，可纳入该模型的变量已非常丰富。其中，有学者将职业倦怠及工作投入所产生的结果变量纳入该模型中。与职业倦怠有关的结果变量包括心理疾病、离职倾向、工作 – 家庭冲突，与工作投入相关的结果变量有工作表现、职业忠诚度、流动意愿等（Schaufeli and Taris，2014）。总之，JD-R 模型最大的可取之处是可纳入及可观测的变量更加丰富，极大地拓宽了教师职业倦怠问题的研究路径。

该模型假设，每种职业都会体现出其独有的工作特征，各种工作特征变量所蕴含的意义也有所差别。但整体而论，其都能划分为两类：工作要求与工作资源（Demerouti et al.，2001）。工作资源的概念界定是"工作中物质、心理、社会或组织等方面的资源，其作用包括：（1）顺利达成工作期望及工作目的；（2）消除工作要求赋予个人的不利影响；（3）形塑个人积极的学习动力及工作态度；（4）对个人长远发展有利"（Demerouti et al.，2001）。工作要求的概念界定是"工作中物质、心理、社会或组织等方面的要求，这些方面的要求需要持续的体力或心理（认知和情感）的付出或技能，因此与一定的生理或心理的消耗有关"（Demerouti and Bakker，2011）。

JD-R 模型的研究者将该模型的发生机制系统地阐释为两个过程：能量损耗过程及动机激发过程。能量损耗过程的核心机制是，当工作要求对个体的技术及专业程度要求较高，且工作要求本身的复杂程度及难度较大时，个体会很难应对，导致其容易陷入资源损失的状态，并严重损害其身心健康（Bakker and Demerouti，2007）。在实证研究序列中，研究者可根据实际情况灵活选取工作要求变量。总之，能量损耗过程意在强调工作要求容易导致职业倦怠的产生，而职业倦怠所具有的中介效应会对个体健康产生危害。动机激发过程所表达的发生路径可以从两个角度来解释：首先，充足的工作资源能够激励员工的工作积极性，提升其心理健康品质，从而防止职业倦怠的发生；其次，个体工作资源储备不足会阻碍其后续资源的获得，甚至导致其工作效率不佳，最终使个体产生倦怠情绪（Bakker，Demerouti，and Boer，2003）。

该模型的产生使个体的职业倦怠感受可以置于特定的工作特征情境中进行全面解释。该模型将对职业倦怠构成诸多影响因素，如属于工作资源类别的各种组织因素、环境因素，属于工作要求类别的各种组织要求因素与个体的职业倦怠主观感知融合在共同的研究视域下，不仅为职业倦怠问题研究提供了新视角，而且为不同行业对工作资源及工作要求所涉及的具体指标的合理化设定提供了有益的建议。因此，本研究在 JD-R 模型的基础上，依据农村学前教师所具有的文化背景、身份特征及职业特征选择相应的工作要求及工作资源变量（工作要求变量包括角色职责、班级管理、行政事务，工作资源变量包括教学资源、师生关系、决策参与、薪酬待遇、教学创新、同事合作），以深入剖析各变量与农村学前教师职业倦怠之间的影响路径。

根据工作要求的概念性定义（Demerouti and Bakker，2011），过高的工作要求会导致学前教师所具备的资源不断流失，如班级难以管理和要承担的角色及负责的事务过于庞杂会耗费学前教师过多的心力，并对其身心健康造成不良影响，进而使其倦怠感加剧。另外，根据资源保存理论，学前教师已有的各种生理资源和心理资源的消耗，会使其产生心理压力，进而导致其职业倦怠的产生（Hobfoll，2001）。

因此，本研究认为，学前教师在工作中需要面对的工作要求对其职业倦怠会产生正向影响力。综上，本研究提出以下研究假设。

假设 H_1：工作要求对学前教师职业倦怠有正向影响力。

依据 JD-R 模型所阐述的动机激发过程，工作资源的丰富程度越高，对提升个体的工作热情越有利，并有利于促进工作目标的达成以及满足个体的心理需求，使其职业倦怠程度降低（Demerouti et al.，2001）。依据工作资源的概念性定义，如果学前教师拥有丰富的资源，则会使其职业悦纳感增强，对倦怠感的产生可以起到缓冲作用（Demerouti and Bakker，2011）。

因此，本研究认为，学前教师拥有充足的工作资源可以使学前教师职业的吸引力增强，对其职业倦怠会产生负向影响。故本研究提出以下研究假设。

假设 H_2：工作资源对学前教师职业倦怠有负向影响力。

JD-R 模型的两个主要过程机制为动机激发过程和能量损耗过程。动机激发过程主要与工作资源潜变量有关，个体拥有较充足的工作资源可以促使其做出优秀的工作业绩，提高工作动力；能量损耗过程主要与工作要求潜变量密切相关，过高的工作要求会使个体的能量及资源得到消耗，如不能及时获得供给，则会使个体健康受到损害，继而引发倦怠感（Demerouti et al.，2001；Bakker and Demerouti，2007）。而二者的共同作用也成为研究者关注的重点。首先，工作资源潜变量可以通过有效缓解工作要求的复杂性，影响职业倦怠程度（Bakker and Demerouti，2007；Bakker，Demerouti，and Euwema，2005）。其次，在工作要求过高的前提下，工作资源潜变量会发挥更有力的作用（Bakker et al.，2007；Bakker，Veldhoven，and Xanthopoulou，2010）。当两个潜变量具有同一属性时，其产生的相互影响作用会更容易被观测到。

根据现有研究结论，提出以下假设。

假设 H_3：工作资源可以对工作要求产生负向影响，且工作要求在工作资源与学前教师职业倦怠之间具有中介效应。

基于以上假设，本研究建构的职业倦怠归因模型见图 1。

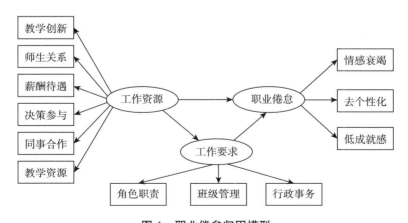

图 1　职业倦怠归因模型

（二）研究工具

本研究所选取的数据源自 2018 年东北师范大学中国农村教育发展研究院的大规模调研项目。选取学前教师问卷，以全国 18 省 34 县的县域内学前教师为调查对象，旨在深入探究县域内学前教师职业倦怠现状及影响因素。其中，工作要求测量主要参照 Boyle 等提出的相关量表，选取了三个维度（角色职责、班级管理及行政事务）作为工作要求潜变量的观测指标。各维度均分为 9 个等级，用数值 1~9 表示相对应的工作要求程度。

工作资源测量参考了 Johnson 等提出的有关量表，题项运用李克特 5 点计分法计分，从"非常不赞同"（1 分）到"非常赞同"（5 分）。倦怠量表参考了 BBI（The Bergen Burnout Inventory）量表，以情感衰竭、去个性化和低成就感三个维度为基准，选择其中 9 道题项构成学前教师职业倦怠量表。题项运用 6 点计分法计分，从"完全不同意"（1 分）到"完全同意"（6 分），最终取所有题项的平均分作为作答教师的倦怠感知得分。各量表的信度及效度结果见表 1。

表 1　各量表的信度及效度结果

潜变量	观测变量	KMO 值	克伦巴赫 α 系数
工作要求		0.895	0.901
	角色职责		0.753
	行政事务		0.652
	班级管理		0.904
工作资源		0.893	0.885
	教学创新		0.767
	师生关系		0.907
	薪酬待遇		0.892
	决策参与		0.522
	同事合作		0.783
	教学资源		0.832
职业倦怠		0.914	0.896
	情感衰竭		0.745
	去个性化		0.822
	低成就感		0.787

（三）研究样本选择和变量说明

1. 样本分布情况

在综合考量不同地区的经济、人口、地理特征基础上，主要运用分层抽样的方法抽取了全国 18 省 34 县作为调研地区。本次大规模调研涉及省份较多，县域内学前教师的参与度较高。问卷在回收之后，经过长达两个月的数据清洗，最终有效问卷数达 10581 份，共有 1211 所幼儿园参与了此项调研。其中，从幼儿园属性来看，独立公办幼儿园共计 395 所，民办幼儿园共计 413 所，小学附属幼儿园共计 403 所。而就幼儿园所处的城乡位置而言，县城幼儿园共计 170 所，镇级幼儿园共计 404 所，乡级幼儿园共计 122 所，村级幼儿园共计 515 所。各区域的有效问卷数分布情况为：东部为 3156 份，占 29.8%；中部为 3731 份，占 35.3%；西部为 3694 份，占 34.9%。各省份详细问卷情况见表 2，县域内学前教师样本情况见表 3。

表 2　各省份详细问卷情况

地区	省份	区县	人口（人）	人均 GDP（万元）	幼儿园数量（所）	各省份问卷数（份）
东部	福建	古田	331000	4.89	22	372
		长泰	223100	9.46	9	
	广东	五华	1090800	1.40	21	1128
		海丰	839300	3.26	59	
	辽宁	建平	582000	2.14	4	288
		辽阳	570600	3.50	46	
	山东	曹县	1675000	2.40	41	1368
		广饶	517000	15.6	68	
中部	河南	郸城	995300	2.43	14	701
		沁阳	437800	8.68	58	
	湖南	辰溪	463000	2.35	17	428
		衡山	389300	3.85	48	

续表

地区	省份	区县	人口（人）	人均 GDP（万元）	幼儿园数量（所）	各省份问卷数（份）
中部	江西	定南	202800	3.46	10	240
		修水	850000	1.73	13	
	安徽	金寨	529000	1.43	48	1522
		太和	1415000	1.21	160	
	湖北	大悟	623200	1.92	12	154
	山西	武乡	184600	2.80	2	686
		洪洞	756700	2.19	98	
西部	甘肃	康县	179200	1.15	22	381
		临洮	514800	1.25	69	
	广西	昭平	354400	1.16	2	60
		上思	211800	2.72	3	
	陕西	洋县	387000	2.75	35	425
		礼泉	456100	3.6	13	
	重庆	奉节	912800	2.98	98	375
	贵州	大方	788700	2.53	60	1008
		兴仁	418500	3.17	20	
	宁夏	彭阳	194500	2.07	18	539
		中宁	341500	3.74	14	
	四川	古蔺	700600	2.00	43	729
		武胜	591200	3.44	46	
	云南	泸西	440500	2.01	3	177
		禄丰	427000	3.00	5	

表 3　县域内学前教师样本情况基本描述

变量	类别	频数	百分比（%）
人口学变量			
性别	男	281	2.66

变量	类别	频数	百分比（%）
性别	女	10300	97.34
年龄（岁）	≤ 20	763	7.21
	21~30	5166	48.82
	31~40	2828	26.73
	41~50	1401	13.24
	51~60	373	3.53
	>60	50	0.47
婚姻状态	已婚	7244	68.46
	未婚	3188	30.13
	离异	109	1.03
	丧偶	40	0.38
第一学历	本科	686	6.48
	大专	3504	33.12
	中专 / 中师	4293	40.57
	高中	1270	12.00
	初中	807	7.63
	小学及以下	21	0.20
所学专业	学前教育	6327	59.80
	其他教育学专业	1648	15.58
	心理学	19	0.18
	音乐	235	2.22
	美术	184	1.74
	其他	2168	20.49
工作特征变量			
教龄（年）	≤ 3	3952	37.44
	4~5	1585	15.02
	6~10	1622	15.37

续表

变量	类别	频数	百分比（%）
教龄（年）	11~15	628	5.95
	16~20	711	6.74
	>20	2057	19.49
职称	高级职称	119	1.12
	一级职称	835	7.89
	二级职称	1073	10.14
	三级职称	1836	17.35
	未评职称	6718	63.49
教师身份	在编教师	4442	41.98
	代课教师	1110	10.49
	合同制教师	3475	32.84
	其他	1554	14.69
月工资水平（元）	<2000	3303	32.97
	2000~3000	3448	34.41
	3001~4000	2389	23.84
	4001~5000	597	5.96
	>5000	282	2.81
劳动力市场特征变量			
幼儿园地理区域	东部	3156	29.83
	中部	3731	35.26
	西部	3694	34.91
幼儿园城乡位置	县城	3340	31.72
	镇	3993	37.93
	乡	821	7.80
	村	2374	22.55
幼儿园属性	独立公办	5614	53.32
	小学附属	1594	15.14
	民办	3320	31.53

2. 变量说明

已有文献表明，人力资本水平的考量标准取决于个体的人口学背景信息，并且与个体密切相连的各种组织因素及社会因素都将对其职业倦怠产生影响。据此，本研究选择各项人口学变量、工作特征变量、劳动力市场特征变量来了解学前教师职业倦怠状况。各变量选择及赋值处理情况如下。

人口学变量。诸多学者研究表示，人口学变量如性别、年龄等会对教师职业倦怠产生不同程度的影响（伍新春等，2003；李永鑫、杨瑄、申继亮，2007）。为此，本研究纳入的人口学变量包括性别、年龄、婚姻状态、第一学历及所学专业，以充分探究其对学前教师职业倦怠的影响。

工作特征变量。本研究将教龄、职称、教师身份、月工资水平纳入工作特征变量，以清晰地呈现各工作特征变量与学前教师职业倦怠之间的关系。

劳动力市场特征变量。在中国，劳动力市场因区域、城乡位置的不同而呈现出明显的差异，进而对教师流动、城乡教师资源配置产生影响（岳昌君，2013）。本研究以劳动力市场特征变量为切入点，选取的变量包括幼儿园地理区域、幼儿园城乡位置、幼儿园属性等，旨在探讨学前教师职业倦怠程度是否存在劳动力市场特征变量上的差异。

因变量。本研究中的因变量为县域内学前教师职业倦怠，在问卷中通过9道题对教师的职业倦怠情况做出评估，如"由于工作环境的原因，我经常睡不好觉""我觉得我能给予的越来越少"等。

自变量。工作资源为本研究中的自变量，在问卷中通过20道题，从6个维度对幼儿园的工作资源状况做出评估，如"我们幼儿园内团队合作没有得到应有的重视""我园学生表现良好"等。

中介变量。工作要求为本研究中的中介变量，通过3个维度、9道题对学前教师所面临的工作要求做出考察，如"对学生的安全责任""由于缺乏老师导致过大的班额"等。

表 4 变量赋值情况

变量类别	变量名称		定义赋值
因变量	职业倦怠	情感衰竭	连续变量
		去个性化	连续变量
		低成就感	连续变量
自变量	工作资源	薪酬待遇	连续变量
		教学创新	连续变量
		同事合作	连续变量
		师生关系	连续变量
		决策参与	连续变量
		教学资源	连续变量
中介变量	工作要求	角色职责	连续变量
		班级管理	连续变量
		行政事务	连续变量
控制变量	人口学变量	性别	1= 男 2= 女
		年龄（岁）	1= ≤ 20 2=21~30 3=31~40 4=41~50 5=51~60 6= > 60
		婚姻状况	1= 已婚 2= 未婚 3= 离异 4= 丧偶
		第一学历	1= 研究生 2= 本科 3= 大专 4= 中专 / 中师 5= 高中 6= 初中 7= 小学及以下

续表

变量类别	变量名称		定义赋值
控制变量	人口学变量	所学专业	1= 学前教育 2= 其他教育学专业 3= 心理学 4= 音乐 5= 美术 6= 其他
	工作特征变量	教龄（年）	1= ≤ 3 2=4~5 3=6~10 4=11~15 5=16~20 6=>20
		职称	1= 未评职称 2= 高级职称 3= 一级职称 4= 二级职称 5= 三级职称
		教师身份	1= 在编教师 2= 代课教师 3= 合同制教师 4= 其他
		月工资水平（元）	1=<2000 2=2000~3000 3=3001~4000 4=4001~5000 5=>5000
	劳动力市场特征变量	幼儿园 地理区域	1= 东部 2= 中部 3= 西部
		幼儿园 城乡位置	1= 县城 2= 镇 3= 乡 4= 村
		幼儿园属性	1= 独立公办 2= 小学附属 3= 民办

（四）多层结构方程模型建构

本研究旨在通过建构多层结构方程模型来探寻学前教师职业倦怠与其各因素间的关系，并运用此方法重点阐述学前教师职业倦怠在不同幼儿园间存在差异的原因。其中，结构方程模型的表达式如下：

$$y=\beta_0+By+\eta x+\varepsilon$$

其中，y 表示因变量，x 表示研究中涉及的自变量及中介变量，B 和 η 均表示标准化路径系数矩阵，但二者有所区别：B 表示的标准化路径系数矩阵涉及的范围为因变量之间，而 η 表示的标准化路径系数矩阵主要包括的区间为自变量和中介变量与因变量之间。β_0 为截距，ε 为测量误差。

本研究将利用 Mplus7.4 软件进行多层结构方程模型的建构。由于学前教师嵌套在幼儿园中，同一所幼儿园的学前教师在作答调研题项时，其作答结果极易出现较大的相关性，在使用常规结构方程模型展开分析时会对标准误产生错误的估计，导致统计量值过大。同时，第一类错误（Type Ⅰ Error）发生的概率也大幅增加。故本研究将基于传统学前教师职业倦怠的归因模型，进一步进行学前教师职业倦怠多层归因模型的建构。

确定各观测变量变异有多少归因于组间（幼儿园层）的差异，首先需对组内相关系数（ICC）做出判断。其表达公式为：

$$ICC=\frac{\sigma_u^2}{\sigma_D^2+\sigma_u^2}$$

Cohen 对 ICC 的关联标准做出了详细规定。ICC 的取值范围在 0.059 ~ 0.138 视为中等程度关联，当取值大于 0.138 时视为高等程度关联，当取值小于 0.059 时则需建构多层结构方程模型对数据进行准确估计。本研究将按照上述关联标准对数据结果做出估计。

三　研究结果与假设检验

（一）县域内学前教师职业倦怠基本现状

县域内学前教师职业倦怠均值为 3.10 分，低于中值（3.50 分），且除了情感衰竭维度均值为 3.53 分外，其余两个维度均值均低于中值（见表 5）。按照学前教师职业倦怠各维度得分划分对应等级类型，依据各类型中教师的数量及比例构成以确定学前教师职业倦怠总体水平。本研究所选择的学前教师职业倦怠测量问卷主要调查学前教师在职业倦怠三维度的得分情况。按照情感衰竭、去个性化及低成就感的得分状况，采取聚类分析法将学前教师的职业倦怠状况划分为三种类别：倦怠型、倦怠倾向明显型、适应型。其所占比例分别为 26.9%、44.2%、28.9%。由此可以看出倦怠型和倦怠倾向明显型学前教师的占比较大，该问题需及时予以解决。

表 5　县域内学前教师职业倦怠情况的基本描述

维度	N	平均值	中位数	标准差
情感衰竭	10581	3.53	3.67	1.22
去个性化	10581	2.73	2.67	1.23
低成立感	10581	3.02	3.00	1.27
职业倦怠	10581	3.10	3.11	1.10

倦怠型学前教师的特征体现在情感衰竭、去个性化及低成就感程度都比较高。其总体职业倦怠均值为 4.45 分、情感衰竭均值为 4.69 分、去个性化均值为 4.16 分、低成就感均值为 4.50 分，均远远高于中值（3.50 分），主要表现为对工作的态度冷漠、工作缺少激情、在工作中表现出极其严重的不作为态度。

倦怠倾向明显型学前教师的特征为情感衰竭、去个性化及低成就感都未达到极其严重的程度，各维度及总体均值均未达到 4 分。但是情感衰竭维度均值已达到 3.60 分，高于中值；去个性化维度的均值为 2.73 分，与该群体总体去个性化程度持平；低成就感维度均值已达到 3.09 分，高于该群体总体低成就感水平（3.02 分）。倦怠倾向明显型学前教师的总体职业倦怠均值为 3.14 分，高于学前教师群体总体职业倦怠均值（3.10 分）。所以该类型教师的倦怠趋势是比较明显的，主要表现为工作积极性及工作成就感相对一般。虽未持有得过且过的态度，但就整体而言，仍需对该群体的职业倦怠趋势加以关注。

适应型学前教师的特征为情感衰竭、去个性化及低成就感程度都比较低。从统计结果来看，适应型学前教师职业倦怠均值为 1.76 分，情感衰竭均值为 2.33 分，去个性化均值为 1.41 分，低成就感均值为 1.55 分（见图 2）。主要表现为对工作持积极态度、富于工作热情及高度的责任感、工作成就感较高，能够适时调整自身的心理状态以适应工作需求。

综合上述分析可以看出，倦怠型及倦怠倾向明显型的学前教师占比较大，因此，学前教师的职业倦怠程度较高。

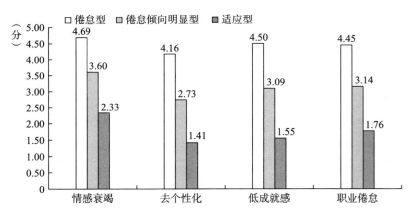

图 2　各倦怠类型群体多维度均值呈现

（二）县域内学前教师职业倦怠差异分析

1. 人口学变量差异性分析

（1）不同性别差异分析

分析结果表明，县域内学前男教师职业倦怠均值为 3.19 分，女教师职业倦怠均值为 3.09 分。从情感衰竭维度来看，男教师情感衰竭均值为 3.70

分，女教师为 3.52 分；而在去个性化维度，学前男教师去个性化均值为 2.77 分，女教师为 2.73 分；在低成就感维度，男教师低成就感均值为 3.11 分，女教师为 3.02 分。总之，从职业倦怠各维度及职业倦怠总体情况来看，县域内学前男教师的职业倦怠问题略微比女教师严重。整体而言，县域内学前男、女教师的职业倦怠程度整体偏高，突出表现在情感衰竭维度及低成就感维度（见表 6）。

表 6   不同性别县域内学前教师职业倦怠情况

维度	性别	N	平均值	标准差	标准误平均值
情感衰竭	男	281	3.70	1.22	0.07
	女	10300	3.52	1.22	0.01
去个性化	男	281	2.77	1.25	0.07
	女	10300	2.73	1.23	0.01
低成就感	男	281	3.11	1.29	0.08
	女	10300	3.02	1.27	0.01
职业倦怠	男	281	3.19	1.07	0.06
	女	10300	3.09	1.10	0.01

（2）不同年龄差异分析

统计结果表明，在情感衰竭维度，各年龄阶段学前教师的情感衰竭程度都比较高；在去个性化维度，21~30 岁学前教师的去个性化程度最高，均值为 2.76 分；在低成就感维度，41~50 岁学前教师个人成就感降低的程度最高，均值为 3.12 分。总体来看，30 岁以上学前教师的职业倦怠程度颇高（见表 7）。

表 7   不同年龄县域内学前教师职业倦怠情况

维度	年龄	N	平均值	标准差	标准误	平均值95% 置信区间		最小值	最大值
						下限	上限		
情感衰竭	≤ 20 岁	763	3.05	1.12	0.04	2.97	3.13	1.00	6.00
	21~30 岁	5166	3.47	1.20	0.02	3.43	3.50	1.00	6.00
	31~40 岁	2828	3.64	1.24	0.02	3.59	3.69	1.00	6.00

续表

维度	年龄	N	平均值	标准差	标准误	平均值95% 置信区间		最小值	最大值
						下限	上限		
情感衰竭	41~50 岁	1401	3.74	1.23	0.03	3.67	3.80	1.00	6.00
	51~60 岁	373	3.72	1.23	0.06	3.60	3.85	1.00	6.00
	>60 岁	50	3.47	1.07	0.15	3.17	3.78	1.00	5.67
	总体	10581	3.53	1.22	0.01	3.51	3.55	1.00	6.00
去个性化	≤ 20 岁	763	2.73	1.24	0.04	2.65	2.82	1.00	6.00
	21~30 岁	5166	2.76	1.23	0.02	2.73	2.80	1.00	6.00
	31~40 岁	2828	2.70	1.23	0.02	2.65	2.74	1.00	6.00
	41~50 岁	1401	2.71	1.25	0.03	2.64	2.78	1.00	6.00
	51~60 岁	373	2.72	1.26	0.07	2.59	2.84	1.00	6.00
	>60 岁	50	2.67	1.22	0.17	2.32	3.01	1.00	5.67
	总体	10581	2.73	1.23	0.01	2.71	2.76	1.00	6.00
低成就感	≤ 20 岁	763	2.84	1.23	0.04	2.75	2.93	1.00	6.00
	21~30 岁	5166	3.02	1.27	0.02	2.99	3.06	1.00	6.00
	31~40 岁	2828	3.02	1.29	0.02	2.97	3.07	1.00	6.00
	41~50 岁	1401	3.12	1.29	0.03	3.05	3.19	1.00	6.00
	51~60 岁	373	3.10	1.22	0.06	2.98	3.23	1.00	6.00
	>60 岁	50	2.91	1.18	0.17	2.58	3.25	1.00	5.67
	总体	10581	3.02	1.27	0.01	3.00	3.05	1.00	6.00
职业倦怠	≤ 20 岁	763	2.88	1.12	0.04	2.80	2.96	1.00	6.00
	21~30 岁	5166	3.08	1.10	0.02	3.05	3.11	1.00	6.00
	31~40 岁	2828	3.12	1.10	0.02	3.08	3.16	1.00	6.00
	41~50 岁	1401	3.19	1.07	0.03	3.13	3.25	1.00	6.00
	51~60 岁	373	3.18	1.03	0.05	3.08	3.29	1.00	6.00
	>60 岁	50	3.02	1.06	0.15	2.72	3.32	1.00	5.67
	总体	10581	3.10	1.10	0.01	3.07	3.12	1.00	6.00

（3）学前教师第一学历差异分析

在情感衰竭维度，第一学历为本科的学前教师的情感衰竭程度很高，均值为 3.74 分。在去个性化维度，第一学历为本科的学前教师的去个性化程度依然最高，均值为 2.94 分。在低成就感维度，第一学历为本科的学前教师的低成就感程度最高，均值为 3.25 分。总之，职业倦怠程度依学历层次的提升而提高（见表 8）。

表 8　不同第一学历县域内学前教师职业倦怠情况

维度	第一学历	N	平均值	标准差	标准误	平均值95% 置信区间		最小值	最大值
						下限	上限		
情感衰竭	本科	686	3.74	1.17	0.04	3.65	3.83	1.00	6.00
	大专	3504	3.56	1.18	0.02	3.52	3.60	1.00	6.00
	中专 / 中师	4293	3.59	1.23	0.02	3.56	3.63	1.00	6.00
	高中	1270	3.32	1.24	0.03	3.25	3.39	1.00	6.00
	初中	807	3.21	1.28	0.05	3.12	3.30	1.00	6.00
	小学及以下	21	3.08	1.10	0.24	2.58	3.58	1.00	5.33
	总计	10581	3.53	1.22	0.01	3.51	3.55	1.00	6.00
去个性化	本科	686	2.94	1.22	0.05	2.85	3.03	1.00	6.00
	大专	3504	2.79	1.22	0.02	2.75	2.83	1.00	6.00
	中专 / 中师	4293	2.74	1.23	0.02	2.70	2.78	1.00	6.00
	高中	1270	2.56	1.23	0.03	2.49	2.63	1.00	6.00
	初中	807	2.55	1.27	0.04	2.47	2.64	1.00	6.00
	小学及以下	21	2.68	0.96	0.21	2.24	3.12	1.00	4.67
	总计	10581	2.73	1.23	0.01	2.71	2.76	1.00	6.00
低成就感	本科	686	3.25	1.24	0.05	3.15	3.34	1.00	6.00
	大专	3504	3.06	1.26	0.02	3.02	3.10	1.00	6.00
	中专 / 中师	4293	3.07	1.29	0.02	3.03	3.11	1.00	6.00
	高中	1270	2.79	1.25	0.04	2.73	2.86	1.00	6.00
	初中	807	2.81	1.29	0.05	2.72	2.90	1.00	6.00

续表

维度	第一学历	N	平均值	标准差	标准误	平均值95% 置信区间		最小值	最大值
						下限	上限		
低成就感	小学及以下	21	2.81	0.95	0.21	2.38	3.24	1.00	4.67
	总计	10581	3.02	1.27	0.01	3.00	3.05	1.00	6.00
职业倦怠	本科	686	3.31	1.08	0.04	3.23	3.39	1.00	6.00
	大专	3504	3.14	1.08	0.02	3.10	3.17	1.00	6.00
	中专/中师	4293	3.13	1.09	0.02	3.10	3.17	1.00	6.00
	高中	1270	2.89	1.10	0.03	2.83	2.95	1.00	6.00
	初中	807	2.86	1.12	0.04	2.78	2.93	1.00	6.00
	小学及以下	21	2.86	0.97	0.21	2.42	3.30	1.00	4.78
	总计	10581	3.10	1.10	0.01	3.07	3.12	1.00	6.00

2. 工作特征变量差异性分析

（1）不同教龄差异分析

在情感衰竭维度，11~15 年教龄学前教师的情感衰竭程度最高，均值为 3.86 分，其次为 16~20 年教龄的学前教师，均值为 3.80 分。在去个性化维度，各教龄阶段学前教师的去个性化程度比较接近。其中，11~15 年教龄学前教师的去个性化程度最高，均值为 2.83 分。在低成就感维度，11~15 年教龄学前教师的低成就感程度最高，均值为 3.20 分，其次是 16~20 年教龄学前教师，均值为 3.14 分（见表 9）。

表 9 不同教龄县域内学前教师职业倦怠情况

维度	教龄	N	平均值	标准差	标准误	平均值95% 置信区间		最小值	最大值
						下限	上限		
情感衰竭	≤3 年	3952	3.29	1.19	0.02	3.25	3.32	1.00	6.00
	4~5 年	1585	3.55	1.20	0.03	3.49	3.61	1.00	6.00
	6~10 年	1622	3.59	1.22	0.03	3.53	3.65	1.00	6.00
	11~15 年	628	3.86	1.25	0.05	3.76	3.95	1.00	6.00

续表

维度	教龄	N	平均值	标准差	标准误	平均值95% 置信区间		最小值	最大值
						下限	上限		
情感衰竭	16~20 年	711	3.80	1.22	0.05	3.71	3.89	1.00	6.00
	>20 年	2057	3.74	1.21	0.03	3.69	3.79	1.00	6.00
	总计	10555	3.53	1.22	0.01	3.50	3.55	1.00	6.00
去个性化	≤ 3 年	3952	2.71	1.21	0.02	2.67	2.75	1.00	6.00
	4~5 年	1585	2.81	1.24	0.03	2.74	2.87	1.00	6.00
	6`~10 年	1622	2.70	1.25	0.03	2.64	2.76	1.00	6.00
	11~15 年	628	2.83	1.30	0.05	2.73	2.93	1.00	6.00
	16~20 年	711	2.75	1.24	0.05	2.66	2.84	1.00	6.00
	>20 年	2057	2.70	1.23	0.03	2.65	2.76	1.00	6.00
	总计	10555	2.73	1.23	0.01	2.71	2.76	1.00	6.00
低成就感	≤ 3 年	3952	2.92	1.25	0.02	2.88	2.96	1.00	6.00
	4~5 年	1585	3.05	1.29	0.03	2.99	3.12	1.00	6.00
	6~10 年	1622	3.01	1.28	0.03	2.95	3.07	1.00	6.00
	11~15 年	628	3.20	1.35	0.05	3.09	3.31	1.00	6.00
	16~20 年	711	3.14	1.28	0.05	3.04	3.23	1.00	6.00
	>20 年	2057	3.11	1.25	0.03	3.05	3.16	1.00	6.00
	总计	10555	3.02	1.27	0.01	3.00	3.05	1.00	6.00
职业倦怠	≤ 3 年	3952	2.97	1.11	0.02	2.94	3.01	1.00	6.00
	4~5 年	1585	3.14	1.11	0.03	3.08	3.19	1.00	6.00
	6~10 年	1622	3.10	1.10	0.03	3.05	3.15	1.00	6.00
	11~15 年	628	3.30	1.15	0.05	3.21	3.39	1.00	6.00
	16-20 年	711	3.23	1.08	0.04	3.15	3.31	1.00	6.00
	>20 年	2057	3.18	1.04	0.02	3.14	3.23	1.00	6.00
	总计	10555	3.09	1.10	0.01	3.07	3.12	1.00	6.00

总之，随着教龄的增加，学前教师的职业倦怠程度也有所增加。这与不同年龄学前教师的职业倦怠分布情况趋同。而且，4~5 年教龄是一道分水岭，学前教师在学前领域从教 4~5 年后，其职业倦怠水平明显上升。

（2）学前教师职称差异分析

在情感衰竭维度，拥有一级、二级、三级职称的学前教师，情感衰竭程度要高于其他职称级别的学前教师，均值均为 3.86 分。在去个性化维度，拥有一级、二级、三级职称的学前教师，去个性化程度也高于其他职称级别的学前教师，均值分别为 2.83 分、2.86 分、2.90 分。在低成就感维度，拥有一级、二级、三级职称的学前教师，低成就感程度高于其他职称级别的学前教师，均值分别为 3.24 分、3.23 分、3.26 分（见表 10）。

总之，高级职称级别学前教师的职业倦怠程度较低，而处于教学一线的学前教师在专注于学前教学工作的同时，还要承担其他非教学属性的任务，甚至有时身兼数职，所以其工作压力较大，职业倦怠程度较高。

表 10 不同职称级别的县域内学前教师职业倦怠情况

维度	职称	N	平均值	标准差	标准误	平均值95% 置信区间		最小值	最大值
						下限	上限		
情感衰竭	未评职称	6718	3.34	1.20	0.01	3.31	3.37	1.00	6.00
	高级职称	119	3.66	1.15	0.11	3.45	3.87	1.00	6.00
	一级职称	835	3.86	1.19	0.04	3.78	3.94	1.00	6.00
	二级职称	1073	3.86	1.18	0.04	3.79	3.93	1.00	6.00
	三级职称	1836	3.86	1.20	0.03	3.80	3.91	1.00	6.00
	总计	10581	3.53	1.22	0.01	3.51	3.55	1.00	6.00
去个性化	未评职称	6718	2.66	1.23	0.01	2.63	2.69	1.00	6.00
	高级职称	119	2.68	1.27	0.12	2.45	2.91	1.00	6.00
	一级职称	835	2.83	1.23	0.04	2.75	2.91	1.00	6.00
	二级职称	1073	2.86	1.22	0.04	2.78	2.93	1.00	6.00
	三级职称	1836	2.90	1.23	0.03	2.84	2.96	1.00	6.00
	总计	10581	2.73	1.23	0.01	2.71	2.76	1.00	6.00

续表

维度	职称	N	平均值	标准差	标准误	平均值95%置信区间		最小值	最大值
						下限	上限		
低成就感	未评职称	6718	2.90	1.26	0.02	2.87	2.93	1.00	6.00
	高级职称	119	2.93	1.30	0.12	2.70	3.17	1.00	6.00
	一级职称	835	3.24	1.23	0.04	3.16	3.33	1.00	6.00
	二级职称	1073	3.23	1.25	0.04	3.16	3.31	1.00	6.00
	三级职称	1836	3.26	1.29	0.03	3.20	3.32	1.00	6.00
	总计	10581	3.02	1.27	0.01	3.00	3.05	1.00	6.00
总体职业倦怠	未评职称	6718	2.97	1.09	0.01	2.94	2.99	1.00	6.00
	高级职称	119	3.09	1.08	0.10	2.89	3.29	1.00	6.00
	一级职称	835	3.31	1.04	0.04	3.24	3.38	1.00	6.00
	二级职称	1073	3.32	1.06	0.03	3.26	3.38	1.00	6.00
	三级职称	1836	3.34	1.09	0.03	3.29	3.39	1.00	6.00
	总计	10581	3.10	1.10	0.01	3.07	3.12	1.00	6.00

（3）不同教师身份差异分析

在情感衰竭维度，在编学前教师的情感衰竭程度明显高于其他身份的学前教师，均值为3.82分；在去个性化维度，在编学前教师的去个性化程度也高于其他学前教师，均值为2.85分；在低成就感维度，在编学前教师的低成就感程度最高，均值为3.20分（见表11）。

表11　不同教师身份县域内学前教师职业倦怠情况

维度	教师身份	N	平均值	标准差	标准误	平均值95%置信区间		最小值	最大值
						下限	上限		
情感衰竭	在编教师	4442	3.82	1.19	0.02	3.78	3.85	1.00	6.00
	代课教师	1110	3.14	1.21	0.04	3.07	3.21	1.00	6.00
	合同制教师	3475	3.35	1.20	0.02	3.31	3.39	1.00	6.00
	其他	1554	3.38	1.20	0.03	3.32	3.44	1.00	6.00
	总计	10581	3.53	1.22	0.01	3.51	3.55	1.00	6.00

维度	教师身份	N	平均值	标准差	标准误	平均值95%置信区间		最小值	最大值
						下限	上限		
去个性化	在编教师	4442	2.85	1.23	0.02	2.81	2.88	1.00	6.00
	代课教师	1110	2.61	1.22	0.04	2.54	2.69	1.00	6.00
	合同制教师	3475	2.66	1.24	0.02	2.62	2.70	1.00	6.00
	其他	1554	2.66	1.22	0.03	2.60	2.72	1.00	6.00
	总计	10581	2.73	1.23	0.01	2.71	2.76	1.00	6.00
低成就感	在编教师	4442	3.20	1.27	0.02	3.16	3.24	1.00	6.00
	代课教师	1110	2.82	1.23	0.04	2.74	2.89	1.00	6.00
	合同制教师	3475	2.92	1.28	0.02	2.88	2.96	1.00	6.00
	其他	1554	2.90	1.25	0.03	2.84	2.96	1.00	6.00
	总计	10581	3.02	1.27	0.01	3.00	3.05	1.00	6.00
职业倦怠	在编教师	4442	3.29	1.07	0.02	3.26	3.32	1.00	6.00
	代课教师	1110	2.86	1.09	0.03	2.79	2.92	1.00	6.00
	合同制教师	3475	2.98	1.11	0.02	2.94	3.01	1.00	6.00
	其他	1554	2.98	1.06	0.03	2.93	3.03	1.00	6.00
	总计	10581	3.10	1.10	0.01	3.07	3.12	1.00	6.00

结果显示，从教师身份看，在编学前教师的职业倦怠程度较为明显。通过进一步对不同年龄及教龄的在编教师的职业倦怠均值做出估计，可以发现，教龄在4~5年且年龄在21~40岁的在编教师的职业倦怠均值高于在编教师总体职业倦怠均值（3.29分）。对于年龄在31~40岁的在编学前教师，在不考虑教龄因素的前提下，其职业倦怠均值（3.37分）高于3.29分；而年龄在41~50岁、教龄在20年以上的在编学前教师，其职业倦怠均值为3.29分。综合来看，受教龄与年龄因素影响，在编学前教师的职业倦怠程度均较高（见表12）。

表 12　在编学前教师职业倦怠多因素分析

年龄	教龄	平均值	标准差	频数
21~30 岁	≤ 3 年	3.19	1.11	1009
	4~5 年	3.33	1.09	607
	6~10 年	3.25	1.13	361
	11~15 年	3.64	0.94	11
	16~20 年	3.33	0.80	3
	总计	3.25	1.10	2107
31~40 岁	≤ 3 年	3.21	0.94	46
	4~5 年	3.47	0.98	112
	6~10 年	3.30	0.98	259
	11~15 年	3.39	1.11	281
	16~20 年	3.43	1.05	368
	总计	3.37	1.04	1223
41~50 岁	≤ 3 年	4.22	.	1
	4~5 年	2.00	.	1
	6~10 年	3.49	1.28	15
	11~15 年	3.33	1.30	12
	16~20 年	3.31	1.05	56
	> 20 年	3.29	1.02	739
	总计	3.29	1.03	824

3. 劳动力市场特征差异性分析

（1）幼儿园地理区域的差异分析

在情感衰竭维度，西部地区学前教师的情感衰竭程度最高，均值为 3.70 分；中部地区学前教师的情感衰竭程度最低，均值为 3.41 分。在去个性化维度，西部地区学前教师的去个性化程度最高，均值为 2.86 分；东部地区学前教师的去个性化程度最低，均值为 2.64 分。在个人成就感降低维度，西部地区学前教师的低成就感程度最高，均值为 3.21 分；中部地区学前教师的低成就感程度最低，均值为 2.92 分（见表 13）。总之，西部地区学前教师的职业倦怠情况尤为严重。

表 13 处于不同地理区域的县域内学前教师职业倦怠情况

维度	地理区域	N	平均值	标准差	标准误	平均值95% 置信区间		最小值	最大值
						下限	上限		
情感衰竭	东部	3156	3.47	1.21	0.02	3.42	3.51	1.00	6.00
	中部	3731	3.41	1.24	0.02	3.37	3.45	1.00	6.00
	西部	3694	3.70	1.20	0.02	3.66	3.73	1.00	6.00
	总计	10581	3.53	1.22	0.01	3.51	3.55	1.00	6.00
去个性化	东部	3156	2.64	1.23	0.02	2.60	2.69	1.00	6.00
	中部	3731	2.68	1.24	0.02	2.64	2.72	1.00	6.00
	西部	3694	2.86	1.21	0.02	2.82	2.90	1.00	6.00
	总计	10581	2.73	1.23	0.01	2.71	2.76	1.00	6.00
低成就感	东部	3156	2.94	1.29	0.02	2.89	2.98	1.00	6.00
	中部	3731	2.92	1.28	0.02	2.88	2.96	1.00	6.00
	西部	3694	3.21	1.24	0.02	3.17	3.24	1.00	6.00
	总计	10581	3.02	1.27	0.01	3.00	3.05	1.00	6.00
职业倦怠	东部	3156	3.02	1.10	0.02	2.98	3.05	1.00	6.00
	中部	3731	3.00	1.12	0.02	2.97	3.04	1.00	6.00
	西部	3694	3.25	1.06	0.02	3.22	3.29	1.00	6.00
	总计	10581	3.10	1.10	0.01	3.07	3.12	1.00	6.00

（2）幼儿园所处城乡位置的差异分析

在情感衰竭维度，县级、乡级幼儿园的学前教师的情感衰竭程度（均值分别为 3.62 分、3.61 分）均高于镇级与村级幼儿园的学前教师。在去个性化维度，县级、镇级、乡级幼儿园的学前教师的去个性化程度较为接近，均值分别为 2.77 分、2.74 分、2.75 分，略高于村级幼儿园的学前教师的去个性化程度（均值为 2.67 分）。在低成就感维度，县级、镇级幼儿园的学前教师的低成就感程度（均值分别为 3.10 分、3.01 分）高于乡级、村级幼儿园的学前教师的低成就感程度（均值分别为 3.00 分、2.94 分）（见表 14）。总体来说，县级、镇级幼儿园的学前教师的职业倦怠情况较为严重。

表 14　所任教幼儿园位于不同城乡位置的县域内学前教师职业倦怠情况

维度	位置	N	平均值	标准差	标准误	平均值 95% 置信区间		最小值	最大值
						下限	上限		
情感衰竭	县城	3340	3.62	1.21	0.02	3.58	3.66	1.00	6.00
	镇	3993	3.48	1.23	0.02	3.44	3.52	1.00	6.00
	乡	821	3.61	1.20	0.04	3.52	3.69	1.00	6.00
	村	2374	3.45	1.23	0.03	3.40	3.50	1.00	6.00
	总计	10528	3.53	1.22	0.01	3.51	3.55	1.00	6.00
去个性化	县城	3340	2.77	1.22	0.02	2.73	2.81	1.00	6.00
	镇	3993	2.74	1.23	0.02	2.71	2.78	1.00	6.00
	乡	821	2.75	1.25	0.04	2.66	2.84	1.00	6.00
	村	2374	2.67	1.25	0.03	2.62	2.72	1.00	6.00
	总计	10528	2.73	1.23	0.01	2.71	2.76	1.00	6.00
低成就感	县城	3340	3.10	1.27	0.02	3.06	3.15	1.00	6.00
	镇	3993	3.01	1.28	0.02	2.97	3.05	1.00	6.00
	乡	821	3.00	1.28	0.04	2.91	3.09	1.00	6.00
	村	2374	2.94	1.26	0.03	2.89	2.99	1.00	6.00
	总计	10528	3.03	1.27	0.01	3.00	3.05	1.00	6.00
职业倦怠	县城	3340	3.16	1.10	0.02	3.13	3.20	1.00	6.00
	镇	3993	3.08	1.11	0.02	3.05	3.11	1.00	6.00
	乡	821	3.12	1.07	0.04	3.05	3.19	1.00	6.00
	村	2374	3.02	1.09	0.02	2.98	3.06	1.00	6.00
	总计	10528	3.10	1.10	0.01	3.08	3.12	1.00	6.00

（3）幼儿园属性的差异分析

在情感衰竭维度，独立公办幼儿园的学前教师的情感衰竭程度（均值为 3.71 分）高于小学附属与民办幼儿园的学前教师；在去个性化维度，独立公办幼儿园的学前教师的去个性化程度最高，均值为 2.82 分；在低成就感维度，独立公办幼儿园的学前教师的低成就感程度偏高，均值达 3.16 分（见表 15）。总体来看，独立公办幼儿园的学前教师的职业倦怠程度偏高。

表 15　任教幼儿园属性不同的县域内学前教师职业倦怠情况

维度	幼儿园属性	N	平均值	标准差	标准误	平均值 95% 置信区间		最小值	最大值
						下限	上限		
情感衰竭	独立公办	5614	3.71	1.20	0.02	3.68	3.75	1.00	6.00
	小学附属	1594	3.56	1.20	0.03	3.50	3.62	1.00	6.00
	民办	3320	3.20	1.19	0.02	3.16	3.24	1.00	6.00
	总计	10528	3.53	1.22	0.01	3.51	3.55	1.00	6.00
去个性化	独立公办	5614	2.82	1.23	0.02	2.79	2.85	1.00	6.00
	小学附属	1594	2.69	1.24	0.03	2.63	2.75	1.00	6.00
	民办	3320	2.61	1.23	0.02	2.57	2.65	1.00	6.00
	总计	10528	2.73	1.23	0.01	2.71	2.76	1.00	6.00
低成就感	独立公办	5614	3.16	1.27	0.02	3.13	3.19	1.00	6.00
	小学附属	1594	2.99	1.26	0.03	2.93	3.05	1.00	6.00
	民办	3320	2.81	1.26	0.02	2.77	2.86	1.00	6.00
	总计	10528	3.03	1.27	0.01	3.00	3.05	1.00	6.00
职业倦怠	独立公办	5614	3.23	1.08	0.01	3.20	3.26	1.00	6.00
	小学附属	1594	3.08	1.08	0.03	3.03	3.13	1.00	6.00
	民办	3320	2.88	1.11	0.02	2.84	2.91	1.00	6.00
	总计	10528	3.10	1.10	0.01	3.08	3.12	1.00	6.00

（三）多层结构方程模型结果分析与假设检验

1. 各变量的描述性估计

在对职业倦怠影响因素模型进行参数估计之前，本研究先对工作要求、工作资源及职业倦怠变量，包括其具体涉及的观测变量做出均值估计，以对各变量有大致了解。其中，县域内学前教师所感知到的工作要求强度均值为 5.08 分，高于中值（5.00 分）。从各观测变量来看，县域内学前教师所感知到的角色职责要求强度较大，均值为 5.85 分，高于行政事务及班级管理要求。从工作资源情况来看，县域内学前教师对其所在园所工作资源的总体评分均值为 3.46 分，高于中值（3.00 分）。其中，学前教师与幼儿之间师生关系的评分最高，均值为 4.13 分；对薪酬待遇的评分最低，均值为 2.70 分。教学创新、同事合作、决策参与及教学资源的评分情况依次呈递减趋势，均值分别为 3.89 分、3.75 分、3.16 分、3.12 分。各变量描述性估计结果见表 16。

表 16　各变量描述性估计结果

潜变量	观测变量	代表题项	均值	标准差	克伦巴赫 α 系数
工作要求			5.08	1.93	0.901
	角色职责	对学生的安全责任	5.85	2.08	0.753
	行政事务	处理很多行政事务	4.84	2.56	0.652
	班级管理	学生不礼貌的行为	4.57	2.07	0.904
工作资源			3.46	0.55	0.885
	教学创新	我园老师很有创新精神	3.89	0.70	0.767
	师生关系	我园学生表现良好	4.13	0.74	0.907
	薪酬待遇	我对目前工资收入感到满意	2.70	0.97	0.892
	决策参与	对于幼儿园事务，我几乎没有发言权	3.16	0.77	0.522
	同事合作	教师合作进行教学项目设计	3.75	0.70	0.783
	教学资源	设备和资源供应不足	3.12	1.04	0.832
职业倦怠			3.10	1.10	0.896
	情感衰竭	由于工作环境的原因，我经常睡不好觉	3.53	1.22	0.745
	去个性化	我觉得我能给予的越来越少	2.73	1.23	0.822
	低成就感	我对自己的工作和表现的期望降低了	3.02	1.27	0.787

2. 县域内学前教师职业倦怠影响因素结构的验证

（1）县域内学前教师职业倦怠影响因素具体维度的模型建构

依据之前的研究假设，本研究建构了县域内学前教师职业倦怠影响因素具体维度的模型，即建构了各相关因子与其对应题项的模型，具体如图3所示。

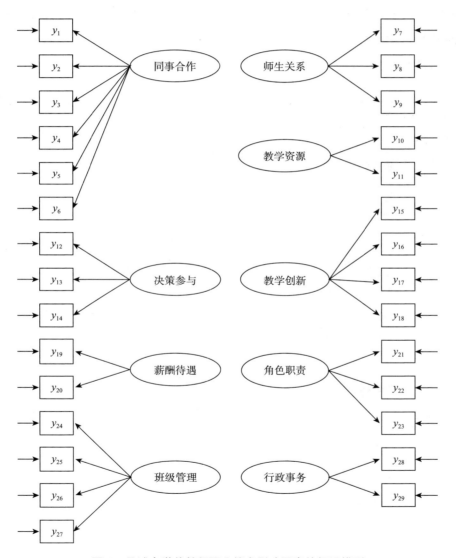

图 3　县域内学前教师职业倦怠影响因素的假设模型

（2）县域内学前教师职业倦怠影响因素具体维度的模型估计

依据构建的县域内学前教师职业倦怠影响因素具体维度的模型，本研究采用最大似然法（ML）对模型进行估计。最大似然法的优点为，具有较好的有效性、一致性、收敛性，能最大限度地趋向于无偏估计。本研究中共有 9 个影响因素因子，相应题项共有 29 个。而从拟合指数所呈现的估计结果来看，本研究的初始模型估计结果可以与统计数据实现较好的拟合。因子载荷结果可以证实本研究的研究假设基本正确，也从侧面体现出本研究对县域内学前教师职业倦怠影响因素具体维度的判断是正确的，从而为深度探讨各因子与职业倦怠变量之间的作用关系提供了依据。拟合指数及因子模型如表 17 所示。

表 17　假设模型拟合指数

模型	*RMSEA*	*CFI/TLI*	*SRMR*
假设模型	0.071	0.921	0.067

3. 县域内学前教师职业倦怠与其影响因素的结构模型的建构

结构方程模型（SEM）是运用于多元统计分析的主要方法，目前在心理学、教育学、行为科学及管理学领域已经得到普遍应用。结构方程模型融合了验证性因子分析、路径分析及多元回归分析，是一般线性模型的拓展。作为一种多元统计分析方法，它的优点主要有以下几个方面。第一，结构方程模型的构建需以相关理论为依据。变量的确定、变量间关系的提出、模型的构建，包括运用统计分析工具展开估计，都需要以具体的理论及逻辑演绎作为参照。因此，其研究结论的准确性更高。第二，更具整体性。结构方程模型更注重从整体上估计潜变量之间的关系，比传统的统计分析方法更具有合理性。第三，结构方程模型在分析多元自变量及多元因变量之间的关系时，可以对各变量间的测量误差予以解释及处理。第四，结构方程模型统计分析所呈现的结果隶属于因果关系，优于传统的统计分析方法（程开明，2006）。为此，本研究使用结构方程模型深层次挖掘县域内学前教师职业倦怠与其影响因素之间的关系机制。相关的前期研究旨在准确估计县域内学前教师职业倦怠影响因素的具体维度，并运用验证性因子分析的方法证实了其维度确定的准确性，而后续研究则是解释各变量对职业倦怠的影响方式。

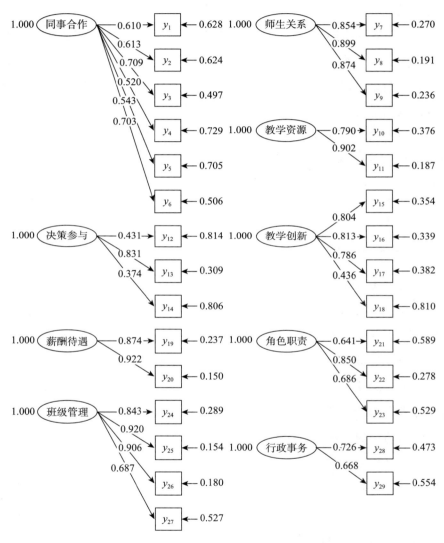

图 4 县域内学前教师职业倦怠影响因素模型

（1）测量模型的检验

运用结构方程模型来进行参数估计，以 SAS9.4 及 Mplus7.4 为统计分析的工具对结构模型进行检验。合理的结构模型应以合理的测量模型为前提，对测量模型进行检验可以清楚地了解各潜变量与其相对应的指标之间所涵盖的参数是否合理。因此，本研究首先对各测量模型进行检验。

①职业倦怠三维度测量模型的检验。职业倦怠为潜变量，不能直接被测量，因此需利用可观测变量作为其外部"标识"。而职业倦怠作为本研究的因变量，对后续模型的估计起到非常重要的作用，因此需首先对职业倦怠的三维模型进行检验（见表 18）。

通常情况下，卡方值 x^2 与自由度 df 之比接近 2，则表示模型的拟合程度较好；CFI/TLI 达到 0.9 以上且越接近 1，则表示模型的拟合程度越好；而 $RMSEA$ 与 $SRMR$ 的值应小于 0.05，且越小越好，一般而言，$RMSEA$ 与 $SRMR$ 的值只要小于 0.08，那么该模型的拟合程度就是可以接受的。但本研究由于样本量过大导致卡方值 x^2 偏大，故 x^2/df 这一拟合指数将不被纳入模型拟合程度的考量标准。从结果可知，职业倦怠三维模型的各项拟合指数均达到统计学标准。各因子载荷系数的绝对值处于 0.65 和 0.95 之间，并且全部显著（见图 5），职业倦怠与各观测变量的标准化路径系数也均显著，进一步说明了职业倦怠的三维度模型比较合理。

表 18　职业倦怠量表的验证结果

模型	RMSEA	CFI/TLI	SRMR
三维模型	0.045	0.916	0.055

②职业倦怠影响因素测量模型的检验。根据之前的结论，本研究将县域内学前教师职业倦怠影响因素的 9 个因子归结为 2 个潜变量，并将其作为这 2 个潜变量的观测变量。其中，潜变量一为工作资源，包括薪酬待遇、同事合作、师生关系、教学资源、决策参与和教学创新；潜变量二为工作要求，包括角色职责、班级管理和行政事务。

根据预先推演出的研究假设，本研究建构了职业倦怠及其影响因素的测量模型。从测量模型来看，该模型共有（12×13）/2=78 个数据点，这 78 个数据点包含观测变量的方差和协方差的总数。自由参数包括 12 个因子载荷值、3 个潜变量间的路径系数、3 个潜变量的方差、12 个测量变量的方差误差（残差）、12 个测量变量的截距项，共计 42 个自由参数。统计估计的方法选用最大似然法。职业倦怠及其影响因素的测量模型如图 5 所示。

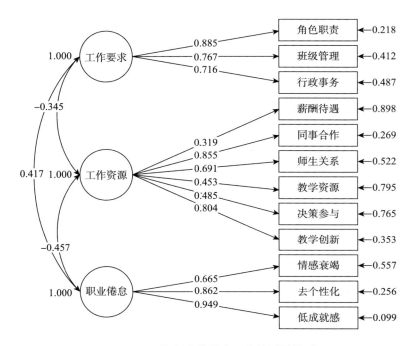

图 5　职业倦怠及其影响因素的测量模型

首先，我们对模型的各项拟合指数进行分析。从结果可以看出，*CFI/TLI* 达到 0.9，*RMSEA* 与 *SRMR* 的值均小于 0.08（见表 19）。因此，该测量模型是比较合理的。其次，我们对工作要求及工作资源潜变量与各自观测变量的标准化路径系数做出分析。从图 5 可以看出，各观测变量在其潜变量的载荷基本位于合理区间，没有出现大于 1 的情况。从标准化路径系数结果可以看出，各标准化路径系数均显著。由此说明该测量模型的设计比较合理。

表 19　职业倦怠测量模型拟合指数

模型	*RMSEA*	*CFI/TLI*	*SRMR*
职业倦怠测量模型	0.061	0.902	0.063

（2）县域内学前教师职业倦怠与其影响因素结构模型估计

根据之前的研究假设，工作要求会对学前教师职业倦怠产生正向影响，而工作资源则对学前教师职业倦怠产生负向影响。工作资源通过对工作要求产生负向影响，进而通过工作要求的中介作用对学前教师的职业倦怠产生影响。根据以上假设，本研究建构出学前教师职业倦怠与其影响因素结构模型，运用 Mplus7.4 对数据进行相关处理，运用最大似然法对该模型进行相关参数的估计，具体统计结果参见表 20。

统计分析的结果表明，*CFI/TLI* 达到 0.9，*RMSEA* 与 *SRMR* 的值均小于 0.08，因此该模型比较合理。接下来，本研究将对结构模型的各部分参数进行重点分析，以验证研究假设是否成立。

表 20　职业倦怠结构模型拟合指数

模型	*RMSEA*	*CFI/TLI*	*SRMR*
职业倦怠结构模型	0.072	0.918	0.076

①各变量标准化路径系数分析。根据县域内学前教师职业倦怠与其影响因素结构模型可知，工作资源潜变量对其薪酬待遇、同事合作、师生关系、教学资源、决策参与、教学创新 6 个观测变量的标准化路径系数分别为 0.319、0.855、0.691、0.453、0.485、0.804，且全部显著。说明工作资源潜变量可以显著地预测 6 个观测变量。

工作要求潜变量对其角色职责、班级管理、行政事务 3 个观测变量的标准化路径系数分别为 0.885、0.767、0.716，且全部显著。说明工作要求潜变量可以显著地预测 3 个观测变量。

职业倦怠潜变量对其情感衰竭、去个性化及低成就感 3 个观测变量的标准化路径系数分别为 0.665、0.862、0.949，且全部显著。说明职业倦怠潜变量可以显著地预测 3 个观测变量。

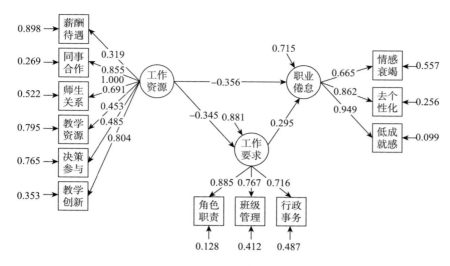

图 6　县域内学前教师职业倦怠与其影响因素结构模型

表 21　标准化路径系数结果（估计值、标准误、*p* 值）

观测变量	工作要求	工作资源	职业倦怠
角色职责	0.885/0.005/*p*<0.001		
班级管理	0.767/0.006/*p*<0.001		
行政事务	0.716/0.007/*p*<0.001		
薪酬待遇		0.319/0.010/*p*<0.001	
同事合作		0.855/0.005/*p*<0.001	
师生关系		0.691/0.006/*p*<0.001	
教学资源		0.453/0.009/*p*<0.001	
决策参与		0.485/0.008/*p*<0.001	
教学创新		0.804/0.005/*p*<0.001	
情感衰竭			0.665/0.006/*p*<0.001
去个性化			0.862/0.005/*p*<0.001
低成就感			0.949/0.004/*p*<0.001

②各变量 R^2 估计结果分析。从 R^2 的结果来看，一般而言，只有 R^2 值大于 0.19，才能认为其解释力足够，R^2 越接近 1，其解释力越强。从表 22

可以看出，工作要求潜变量对角色职责、班级管理、行政事务 3 个观测变量的解释力分别为 78.2%、58.8%、51.3%。其中，工作要求潜变量对角色职责观测变量的解释力最大，其次为班级管理观测变量，解释力最小的为行政事务观测变量。

工作资源潜变量对同事合作观测变量与教学创新氛围观测变量的解释力分别为 73.1%、64.7%，高于薪酬待遇观测变量、教学资源观测变量、决策参与观测变量及师生关系观测变量。

学前教师职业倦怠潜变量包含情感衰竭、去个性化及低成就感 3 个观测变量。其中，情感衰竭变量的 R^2 估计值为 0.443，即指学前教师职业倦怠潜变量解释了情感衰竭 44.3% 的变异量。而与以往研究结论显著不同的是，去个性化及低成就感这 2 个观测变量的 R^2 估计值分别为 0.744、0.901。说明学前教师职业倦怠潜变量解释了去个性化 74.4% 的变异量，对低成就感变异量的解释力则显著提高到 90.1%。

在本研究所建构的结构方程模型中，假设职业倦怠受工作要求影响，同时工作资源通过影响工作要求而对学前教师职业倦怠产生影响，那么得出的结果是：职业倦怠的 R^2 估计值为 0.285，即本研究中工作要求及工作资源潜变量共同解释了 28.5% 的学前教师职业倦怠变异量。也就是说，其余 71.5% 的变异量由其他因素决定，值得后续进行深度探究。而工作要求潜变量的 R^2 估计值为 0.219，即工作资源解释了 21.9% 的工作要求变异量。

表 22   县域内学前教师职业倦怠与其影响因素结构模型 R^2 结果

变量	R^2 估计值	标准误	p 值
角色职责	0.782	0.009	p<0.001
班级管理	0.588	0.009	p<0.001
行政事务	0.513	0.009	p<0.001
薪酬待遇	0.202	0.006	*p*<0.001
同事合作	0.731	0.008	*p*<0.001
师生关系	0.478	0.009	*p*<0.001
教学资源	0.205	0.008	*p*<0.001

续表

变量	R^2 估计值	标准误	p 值
决策参与	0.235	0.008	$p<0.001$
教学创新	0.647	0.009	$p<0.001$
情感衰竭	0.443	0.009	$p<0.001$
去个性化	0.744	0.008	$p<0.001$
低成就感	0.901	0.007	$p<0.001$
工作要求	0.219	0.007	$p<0.001$
职业倦怠	0.285	0.010	$p<0.001$

（3）研究假设验证

由县域内学前教师职业倦怠与其影响因素结构模型所体现的路径系数可知，工作要求潜变量对学前教师职业倦怠具有正向影响力，其标准化路径系数为 0.295，即工作要求每增加 1 个单位，职业倦怠就增加 0.295 个单位；工作资源潜变量对学前教师职业倦怠具有负向影响力，其标准化路径系数 –0.356，即工作资源每增加 1 个单位，职业倦怠就相应减少 0.356 个单位。我们对工作要求对学前教师职业倦怠有正向影响力的假设，以及工作资源对学前教师职业倦怠有负向影响力的假设成立。从具体的观测变量可以看出，角色职责、班级管理、行政事务都对学前教师职业倦怠有正向影响力，而薪酬待遇、同事合作、教学资源、决策参与都对学前教师职业倦怠有负向影响力（见表 23）。

表 23　变量间路径系数统计表

路径	路径系数	p 值
角色职责 → 职业倦怠	0.06	$p<0.001$
班级管理 → 职业倦怠	0.139	$p<0.001$
行政事务 → 职业倦怠	0.093	$p<0.001$
薪酬待遇 → 职业倦怠	−0.073	$p<0.001$
同事合作 → 职业倦怠	−0.233	$p<0.001$

续表

路径	路径系数	p 值
师生关系 → 职业倦怠	0.145	$p=0.329$
教学资源 → 职业倦怠	−0.106	$p<0.001$
决策参与 → 职业倦怠	−0.118	$p<0.001$

（4）中介效应检验

中介效应是研究当自变量 X 对因变量 Y 产生影响时，是否会先通过中介变量 M，进一步对因变量 Y 产生影响，即是否存在 $X \rightarrow M \rightarrow Y$ 的影响路径。如果这种影响路径存在，则表明中介效应存在。变量 M 在此过程中被称为中介变量，需要对变量进行相关中心化处理，之后进行中介效应检验。本研究中介效应检验所运用的方法为 Baron、Kenny 的三步检验程序，并融合 Bootstrap 检验以保证研究结论的严谨性。具体而言，主要借助以下 3 个方程来达到检验效果。

方程 1：$Y = cX+e_1$。其中 c 为自变量 X 对因变量 Y 的总效应，需检验 c 的显著性。

方程 2：$M = aX+e_2$。其中 a 为自变量 X 对变量 M 的直接效应，需检验 a 的显著性。

方程 3：$Y = c'X+bM+e_3$。其中 c' 为自变量 X 对因变量 Y 的直接效应，b 为变量 M 对因变量 Y 的直接效应，需检验 c' 及 b 的显著性。

ab 为通过中介变量 M 而产生的中介效应，当路径关系中只存在一个中介变量时，总效应可以用 $c = c'+ab$ 来表示，而中介效应可以用 $ab=c-c'$ 来估计。

本研究中 a 为工作资源对工作要求的标准化路径系数 −0.345，b 为工作要求对职业倦怠的标准化路径系数 0.295，a、b 均显著。c' 为工作资源对职业倦怠的直接效应点，估计值为 −0.356，且显著。而统计结果表明，工作资源对职业倦怠具有间接效应点估计值为 −0.102，且显著。通过计算得出 $a \times b=-0.102$。由此可以看出，工作资源变量通过负向影响工作要求变量而对职业倦怠产生影响，工作要求变量在此过程中发挥部分中介效应。

为保证中介效应检验的严谨性，本研究同时运用 Bootstrap 检验从区间估计角度做进一步检验。其中，反复多次（2000 次）抽取样本。在工作资源→工作要求→学前教师职业倦怠的路径关系中，95% 置信区间不包含 0；在工作资源→学前教师职业倦怠的路径关系中，95% 置信区间不包含 0。表明中介效应及直接效应在 0.05 的显著性水平上是显著存在的。因而，本研究工作要求在工作资源与学前教师职业倦怠之间发挥部分中介作用。中介效应占总效应的 22.3%，表明工作资源作用于县域内学前教师职业倦怠的效应有 22.3% 是通过工作要求发挥的作用。故原假设 H_3 成立。

表 24 工作要求的中介效应及置信区间

路径效应	标准化效应量	比例（%）	95% 置信区间 Bootstrap2000 次
工作资源 → 学前教师职业倦怠总效应	−0.457	—	[−0.478，−0.435]
工作资源 → 学前教师职业倦怠直接效应	−0.356	77.9	[−0.378，−0.333]
工作资源 → 工作要求 → 学前教师职业倦怠间接效应	−0.102	22.3	[−0.113，−0.092]

（5）影响因素作用强度分析

从数据结果来看，工作资源对县域内学前教师职业倦怠的总作用强度为 −0.457，直接效应为 −0.356，间接效应为 −0.102。总体来看，工作资源对学前教师职业倦怠产生显著的负向作用力。其影响路径也较为复杂，不仅对职业倦怠产生直接效应，而且通过负向影响工作要求变量对职业倦怠产生间接效应。工作资源与职业倦怠的这种复杂关系揭示了工作资源对学前教育会产生多元复杂的影响。同时，工作资源对工作要求潜变量产生了显著的负向作用力，这表明无论是赋予学前教师班级管理任务、行政事务还是扮演诸多角色，都需要以充足的工作资源为前提，这充分反映了整体工作资源水平对学前教育具有深远意义，而且对学前教师职业倦怠的影响也不容忽视。工作要求对学前教师职业倦怠产生显著的正向作用力，直接作用强度为 0.295，同时发挥部分间接效应，间接效应为 −0.102。由此可以看出，工作要求确实是影响学前教师职业倦怠的重要因素。其发挥的中介作用为职业倦怠问题的解决带来诸多启示，即单方面提高工作资源水平并不一定能使学前教师的倦怠问题得到缓解，应充分考虑工作要求所发挥的中介作用。在实际情境中，应在提高工作资源水平的同时，率先降低工作要求强度，力求做到双管齐下。

表 25　直接效应、间接效应、总效应分析（效应值、标准误）

变量	工作要求		工作资源			变量	工作资源	
	总效应	直接效应	总效应	直接效应	间接效应		总效应	直接效应
职业倦怠	0.295***	0.295***	−0.457***	−0.356***	−0.102***	工作要求	−0.345***	−0.345***
	0.01	0.01	0.01	0.01	0.005		0.01	0.01

***$p<0.001$。

4. 多层结构方程模型结果

就抽样调查及数据采集而言，多层次（multilevel）是一个十分重要的概念。当原始数据是通过多层次抽样或整群抽样获得时，这些数据便具备嵌套（nested）的特点，将会产生不同层次的分别，这是多层次最基本的原理。在各领域的实证研究中，结构方程模型将多元统计分析的各种方法融合到极致，其大体包括测量模型和结构模型两个主要部分。其中，测量模型容许变量存在测量误差，而结构模型旨在探讨潜变量之间的路径关系。其主要特点为，可以估计多重自变量与因变量的影响路径，并适时推演出因果关系的结论。本部分旨在运用多层结构方程模型深层次揭示学前教师职业倦怠及其影响因素间的路径关系，同时与传统结构方程模型进行对比，以阐释二者在模型估计中存在的差异。多层结构方程模型的概念示意如图 7所示。

建构多层结构方程模型的前提是看 *ICC* 值的大小，当 *ICC* 大于 0.059时，则有必要建构多层结构方程模型进行数据分析。而 Mplus7.4 统计的结果表明，12 个观测变量的 *ICC* 值均大于 0.059，因此十分有必要建构多层结构方程模型进行结果估计。本研究多层结构方程模型的建构主要基于前一部分县域内学前教师职业倦怠与其影响因素的结构模型，在此模型的基础上纳入层变量（cluster）——幼儿园，并通过 Mplus7.4 以 Two-level 的方法进行统计结果的估计。其中，多层结构方程模型的拟合指数如表 26 所示。从各项拟合指数可以看出，职业倦怠多层结构方程模型的各项拟合指数均优于传统职业倦怠结构模型，证实该多层结构方程模型设计得比较合理。

表 26　职业倦怠多层结构方程模型各项拟合指数

模型	*RMSEA*	*CFI/TLI*	*SRMR*
传统职业倦怠结构模型	0.072	0.918	0.076
多层职业倦怠结构模型	0.056	0.922	0.070（组内）0.062（组间）

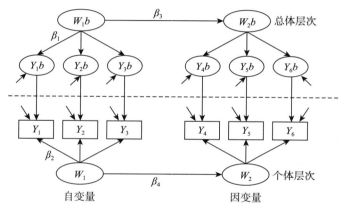

图 7　多层结构方程模型的概念示意

（1）潜变量与观测变量间路径分析

从工作要求潜变量对角色职责、班级管理、行政事务的标准化路径系数来看，各组内路径系数均低于组间路径系数。说明将幼儿园层变量纳入模型后，其对工作要求潜变量与其观测变量间的影响程度产生影响，幼儿园层变量的加入，有效提高了工作要求潜变量对各观测变量的预测力。由此说明，工作要求潜变量在幼儿园间存在差异。同样地，数据分析结果表明，工作资源潜变量对其各观测变量的标准化路径系数均呈现出组间路径系数高于组内路径系数的结果；而针对职业倦怠潜变量，就其与观测变量间的标准化路径系数来看，相比于组内路径系数，各观测变量间的组间路径系数均有不同幅度的提高（见表 27）。因此，工作要求、工作资源及职业倦怠潜变量均存在幼儿园间的差异。

表 27　ICC、组内、组间路径系数

观测变量	ICC	组内	组间	组内	组间	组内	组间
角色职责	0.306	0.877	0.943				
班级管理	0.162	0.739	0.904				
行政事务	0.174	0.688	0.858				
薪酬待遇	0.271			0.263	0.606		
同事合作	0.201			0.807	0.965		
师生关系	0.136			0.700	0.807		
教学资源	0.285			0.389	0.733		
决策参与	0.15			0.437	0.751		
教学创新	0.189			0.800	0.943		
情感衰竭	0.156					0.619	0.755
去个性化	0.113					0.841	0.921
低成就感	0.113					0.958	0.96

（2）潜变量间路径系数分析

由结果发现，三条潜变量间路径的组间标准化路径系数均高于对应的组内标准化路径系数。也就是说，在幼儿园层级的工作要求对职业倦怠的影响力远大于在学前教师层级；在幼儿园层级的工作资源对工作要求的影响力远大于在学前教师层级；在幼儿园层级的工作资源对职业倦怠的影响力略大于在学前教师层级。这种情形意味着工作要求和工作资源潜变量在组间层级的变异量明显高于组内层级，或者说，幼儿园内的样本在工作要求和工作资源两个构念上较为同质，而幼儿园间的样本在两个构念上存在明显差异。

在多层结构方程模型中，工作要求对职业倦怠的组内及组间路径系数分别为 0.200、0.410，且全部显著。这进一步证实了研究假设工作要求对学前教师职业倦怠具有正向影响的准确性。而工作资源对职业倦怠的组内及组间路径系数分别为 -0.375、-0.389，且全部显著。这进一步说明研究假设工作资源对学前教师职业倦怠具有负向影响的准确性。工作资源对工作要求的组内及组间路径系数分别为 -0.294、-0.671，且全部显著。这证明研究假设工作资源对工作要求会产生负向影响成立（见表 28）。

表 28 潜变量间组内、组间路径系数

路径	组内路径系数	p 值	组间路径系数	p 值
工作要求 → 职业倦怠	0.200	$p < 0.001$	0.410	$p < 0.001$
工作资源 → 职业倦怠	-0.375	$p < 0.001$	-0.389	$p < 0.001$
工作资源 → 工作要求	-0.294	$p < 0.001$	-0.671	$p < 0.001$

（3）残差及 R^2 分析

从组内及组间残差值的分布情况来看，角色职责、班级管理及行政事务的组间残差均低于其组内残差。角色职责的组间残差为 0.111，说明角色职责在组间层级中可以被解释的比例为 88.9%，高于组内层级。同样地，班级管理及行政事务在组间层级中可以被解释的比例均高于组内层级。就 12 个观测变量而言，其在组内层级及组间层级可以被解释的比例相差较大的有教学资源、决策参与、薪酬待遇、同事合作、班级管理、行政事务。这几个观测变量在组间层级可以被解释的比例远高于组内层级，组间层级的解释比例分别比组内层级提高了 38.6%、37.3%、29.8%、28.0%、27.0%、26.3%。由此可以说明，教学资源等观测变量存在幼儿园间的显著差异。

进一步分析工作要求与职业倦怠潜变量在组内及组间层级可以被解释比例可以看出，工作要求在组内层级被解释比例为 8.6%，而组间层级已显著达到 45.1%；职业倦怠在组内层级被解释比例为 22.5%，在组间层级被解释比例则提高到 53.3%。所以，在纳入幼儿园层变量后，工作要求与职业倦怠潜变量可以被解释比例明显提升。说明潜变量在组内层级没有被充分解释变异程度，但可以在组间层级由相应的幼儿园因素来解释。

表 29　组内残差、组间残差、R^2 估计值

观测变量	组内残差	组间残差	组内 R^2	组间 R^2
角色职责	0.231	0.111	0.769	0.889
班级管理	0.453	0.183	0.547	0.817
行政事务	0.527	0.264	0.473	0.736
薪酬待遇	0.931	0.633	0.069	0.367
同事合作	0.348	0.068	0.652	0.932
师生关系	0.510	0.348	0.490	0.652
教学资源	0.849	0.463	0.151	0.537
决策参与	0.809	0.436	0.191	0.564
教学创新	0.359	0.111	0.641	0.889
情感衰竭	0.617	0.429	0.383	0.571
去个性化	0.292	0.152	0.708	0.848
低成就感	0.082	0.051（$p=0.7$）	0.918	0.930
潜变量	组内残差	组间残差	组内 R^2	组间 R^2
工作要求	0.914	0.549	0.086	0.451
职业倦怠	0.775	0.467	0.225	0.533

四　研究结论与讨论

（一）县域内学前教师职业倦怠问题较为严重

本研究对县域内学前教师职业倦怠的基本情况进行了详尽的统计分析。总体而言，该群体职业倦怠的均值为 3.1 分，低于中值（3.5 分）。为进一步深入了解其职业倦怠状况，本研究通过聚类分析的统计方法，将县域内学前教师职业倦怠现状归结为三种类型：倦怠型、倦怠倾向明显型、适应型。各类型的占比分别为 26.9%、44.2%、28.9%。由此推断，该群体的职业倦怠问题较为严重，应引起广泛关注。

（二）县域内学前教师职业倦怠受多重因素制约，整体上存在群体差异

1. 学前教师群体职业倦怠现状在人口学变量上存在差异

从性别来看，学前男教师的倦怠程度高于女教师，男教师的倦怠均值为 3.19 分，高于县域内学前教师职业倦怠中值（3.11 分）。一方面，这与学前教师的工资及社会地位不高有关；另一方面，作为家庭经济收入的主要依靠，男教师更看重所得的职业工资及所处的社会地位。

从年龄来看，30 岁以上学前教师的职业倦怠程度偏高，且 30~50 岁年龄段学前教师的倦怠程度较高。从统计分析的结果来看，21~30 岁县域内学前教师共计 5166 人，占比较大（48.82%）。也就是说，县域内学前教师的入职年龄都较小，在 25 岁左右就开始从事学前教育工作。所以这一群体在工作 4~5 年后，职业倦怠趋势逐渐明显。因此，在本研究中，30 岁左右的学前教师群体的职业倦怠程度明显提高。

从学历状况来看，县域内学前教师的职业倦怠程度随着其学历层次的提高而提高。大专及本科学历的学前教师的职业倦怠程度最高。根据双因素理论（赫茨伯格，2016），学前教师积极的工作态度依赖于保健因素与激励因素的共同作用。而学历层次较高的学前教师更关注诸多激励因素是否满足其需求。在现今城乡学前教育发展不均衡的视域下，诸多激励因素（如职业发展机会、对未来发展的期望等）仍需完善，激励因素的缺乏导致大专以上尤其是本科学历的学前教师出现"隐性懈怠"的工作行为，最终导致其职业倦怠程度偏高。

2. 学前教师群体职业倦怠现状在工作特征变量上存在差异

从教龄来看，4~5 年教龄的学前教师的职业倦怠倾向开始显现。具体来看，拥有 11~20 年教龄的学前教师倦怠程度较高。从教时间达到 4~5 年后，学前教师群体对本职工作已渐渐熟悉，他们会认为该工作的挑战性不足、发展前景不明朗，因而职业倦怠程度会出现第一个上升期。之后，部分学前教师会再次适应学前教育工作，职业倦怠程度有所降低。而从教时间达到 11~20 年后，其倦怠程度会有所反弹，出现第二个上升期，因为随着工作年限的增加，能够激励学前教师产生工作动力的因素日趋减少。

从职称来看，拥有一级、二级、三级职称的学前教师，其倦怠程度高于未评职称及拥有高级职称的学前教师。一方面，相较于未评职称的学前教师，拥有一级、二级、三级职称的学前教师已经有了一定的从教年限，在适应工作内容的同时，其工作激情也稍显不足。另一方面，相较于拥有高级职称的学前教师，拥有一级、二级、三级职称的学前教师大多处于教学岗，在培育幼儿方面，其需要承担教授学前儿童五大领域课程知识的职责。同时，其需要承担一些保育工作，因此工作负荷及压力大。

从教师身份来看，在编学前教师的职业倦怠情况较为明显。而职业倦怠程度较高的在编教师在教龄及年龄变量上呈现出以下特点：教龄在 4~5 年、年龄在 30~40 岁，教龄在 20 年以上且年龄在 40~50 岁。之所以在编学前教师的职业倦怠程度高于其他教师身份的学前教师，是因为教龄在 4~5 年、年龄为 30 岁均为学前教师倦怠感开始明显上升的分水岭。整体而言，年龄越大、从教年限越长的学前教师，职业倦怠程度越高。

3. 学前教师群体职业倦怠现状在劳动力市场特征变量上存在差异

从幼儿园属性来看，独立公办幼儿园教师的职业倦怠程度明显高于民办及小学附属幼儿园教师的职业倦怠程度。从幼儿园所处城乡位置来看，县级、镇级幼儿园的学前教师的职业倦怠程度较高。独立公办幼儿园和县级、镇级幼儿园承担的社会期望较高，工作负担较大。然而，从整体上看，整个学前领域都面临着师资不足的困境。因此，县级、镇级幼儿园及独立公办幼儿园学前教师的工作压力较大，职业倦怠程度较高。从幼儿园所处地理区域来看，西部地区学前教师的职业倦怠情况比较严重。当前，在学前教育生均教育经费支出方面，城乡之间仍存在很大差异。就西部地区而言，2011 年西部地区学前教育生均教育经费支出的城乡差距为 4917.793 元，而到 2016 年这种城乡差距扩大到 8702.575 元（夏茂林、孙佳慧，2019）。西部地区对农村学前教育事业经费投入的不足，直接导致园所各项设施及教学资源得不到及时补充，农村学前教师的培训事宜也将受到影响，继而引发一系列"连锁效应"，如学前教师的工作满意度下降、职业倦怠感增强等。

总之，县域内学前教师职业倦怠现状整体上存在群体差异性的原因可以归结为两个方面。第一，在人力资本层面，随着学前教师年龄、教龄及学历的增加，其职业倦怠程度也有所提高。而根据个人环境匹配理论（Edwards，Caplan，and Harrison，1998），随着个体学历层次的提升及年龄、教龄的增加，需要其所在的工作环境为其提供匹配需求的各种环境要素。如果一切都没有改变，就会出现学历越高、年龄越大、教龄越长的学前教师的职业倦怠感越高的现象。第二，学前教师所处幼儿园不同，将更多地存在幼儿园所处地理区域的弱势及幼儿园性质与城乡位置不同带来的压力冲突。因此，高职业倦怠感的学前教师主要分布在地理区域处于弱势的西部及工作压力较大的县级、镇级与独立公办幼儿园。

（三）县域内学前教师职业倦怠程度受制于工作要求过多且面临诸多挑战

统计分析的结果表明，工作要求对职业倦怠的直接效应为29.5%，且通过工作资源对其产生负向影响，进而对职业倦怠产生正向影响。在此过程中，工作要求发挥部分间接作用，间接效应为 –0.102。班级管理、行政事务、角色职责对学前教师职业倦怠的作用力为0.139、0.093、0.060，且均为显著正向影响。可见，降低学前教师所应面对的工作要求，可以使学前教师的职业倦怠程度有所降低。

根据 JD-R 模型的能量损耗过程（Bakker and Demerouti，2007），学前教师需要应对的工作要求过多，会损耗其内在已有资源，进而对其身心健康产生不利影响，最终引发职业倦怠感。因此，学前教师职业倦怠受制于班级管理、行政事务要求、角色职责要求过多。

总之，作为工作特征因素的一个方面，工作要求对学前教师职业倦怠影响的不容忽视，它不仅可以直接影响学前教师的倦怠程度，还可以发挥间接效应。基于资源保存理论（Hobfoll，2001），工作要求对应资源的损失过程，持续的高工作要求，必然导致学前教师已有资源的消耗，进而对其身心造成危害，职业倦怠由此产生。

（四）县域内学前教师职业倦怠程度受制于责任边界不明

霍伊尔指出教师是"教学活动的专业人员"（李孝川，2012）。一般而言，对教师角色的定位是教师的主要职责是教书育人。然而，在社会文化背景多元复杂的偏远农村，学前教师的工作不只是引领幼儿健康成长。农村学前教师的角色职责要求过多，责任边界的划分很模糊（许馨月，2017）。

统计分析的结果表明，角色职责变量对职业倦怠的影响程度为 0.060，对情感衰竭维度的作用力为 0.185，且均为显著正向影响。在访谈中有的学前教师提到，"我们这个行业具有特殊性，每天面对那么多孩子，精神高度紧张，我们又是教寝一体，教寝一体相对于教寝分开，工作要多一些，因为要搬床、收床，给老师的工作增加了很多难度，老师在体力方面也有点吃不消。下班后，老师还要在群里分享，把幼儿在园里的活动照片筛选上传。幼儿离园之后，还有一些事情需要老师及时回复。基本上到晚上八九点了，老师都不能休息，而其他行业就不需要老师一直保持好心情去回复家长"。总之，学前教师的角色过度延伸。这从另一个层面表明，农村学前教师面临着众多的角色要求、责任边界划分不明确，由此导致其工作负荷加剧、职业倦怠感增强。

（五）工作资源对县域内学前教师职业倦怠具有负向影响

工作资源对学前教师职业倦怠的直接效应为 –0.356，间接效应为 –0.102，总效应为 –0.457，且均为显著负向影响。说明对园所工作资源状况做出积极改善，有助于降低学前教师的职业倦怠感。从具体情况来看，同事合作的负向作用强度最高，为 –0.233；其次为决策参与，为 –0.118；而教学资源的负向作用强度为 –0.106；薪资待遇的负向作用强度最低。总之，工作资源对学前教师职业倦怠的影响是深远且复杂的，既包括直接效应也包括间接效应。因此，在园所的实际工作中，应重视同事合作、决策参与等工作资源因素的改善。同时应注意，薪酬待遇因素虽然对学前教师职业倦怠具有一定影响，但并不是绝对的。对学前教师倦怠问题更具影响的是那些"人文因素"，如通过同事合作来提高自身的发展及反思能力、通过决策参与来确保自身尊重及自我实现的需要得到满足。

（六）工作要求在工作资源与县域内学前教师职业倦怠间发挥部分中介作用

根据统计检验结果，学前教师面临的工作要求在工作资源与县域内学前教师职业倦怠间发挥部分中介作用，中介效应为 -0.102，占总效应的比例为22.3%。这表明，作为一种激励式的工作特征因素，农村学前教师工作资源不仅对工作要求具有负向作用力，而且可以传递出学校氛围和谐及物质资源支持丰富的信号，通过工作要求对学前教师职业倦怠发挥间接影响作用。此结论作为本研究的创新之处，可以充分说明降低工作要求有利于缓解学前教师的职业倦怠情况，同时有助于提高农村学前教师队伍的稳定性。

实质上，工作要求潜变量可以衡量农村学前教师承担的责任及事务要求的程度，是阐释工作资源与职业倦怠之间影响机制不可缺少的中介变量。第一，从作用程度来看，其发挥的效应为部分中介效应。第二，基于个人环境匹配理论（Edwards，Caplan，and Harrison，1998），农村幼儿园拥有的工作资源水平将对农村学前教师释放出某种信号，如工作资源水平与其个人预期相匹配，就会释放出积极的信号，进而使其工作状态变得积极，职业倦怠感减轻。同时，不同的工作资源水平可以对工作要求产生不同的影响，进而对其职业倦怠程度产生影响。第三，工作资源作为一种激励式的资源形式，有助于增强学前教师的归属感及工作责任心。而在过高的工作要求前提下，充足的工作资源会缓解高工作要求所带来的能量消耗，促使其产生较为理想的工作动力（Bakker，Hakanen，and Demerouti，2007）。第四，仅仅提高工作资源水平并不一定能解决农村学前教师的职业倦怠问题，农村学前教师的职业倦怠问题还受工作要求的影响，这一点从其发挥的中介作用可以看出来。因此，应多方考量解决方案，在提高工作资源的同时，将工作要求程度控制在合理范围内，以期通过工作资源与工作要求的交互作用及工作要求在工作资源与县域内学前教师职业倦怠间发挥部分中介作用来消除学前教师职业倦怠现象。第五，农村学前教师作为一个特殊的群体，理应受到社会各界的广泛关注。这一群体较为关注自己的发展预期和一些激励因素。因此，在充分了解工作资源、工作要求与学前教师职业倦怠间的作用机制后，还应对工作资源的充分性及工作要求的合理性做出重点把握。

（七）县域内学前教师职业倦怠存在幼儿园间的差异

通过多层结构方程模型的建构，本研究充分了解到各工作特征变量在组内及组间层面对职业倦怠的影响存在差异。其中，从对残差项的分析来看，各变量的组内残差值都高于组间残差值，说明在纳入幼儿园层次变量后，各潜变量对各自观测变量的解释力都显著提高，即各潜变量对各自观测变量的影响存在幼儿园间的差异；而工作要求及职业倦怠潜变量的组内残差值都高于组间残差值，说明幼儿园因素能够对工作要求及职业倦怠潜变量产生影响。

由潜变量间路径分析可知，工作要求、工作资源对职业倦怠的影响程度在组内及组间层面均有不同，分别为 0.200、0.410、–0.375 和 –0.389；组间路径系数均高于组内路径系数，说明在幼儿园层面，工作要求、工作资源对职业倦怠的影响程度都有所提高，即农村学前教师的职业倦怠水平在幼儿园间呈现出差异。而统计分析的结果也表明，西部地区幼儿园学前教师的职业倦怠水平高于东部及中部地区。县级、镇级幼儿园学前教师的职业倦怠水平有别于其他级别幼儿园的学前教师。总之，县域内学前教师职业倦怠存在幼儿园间的差异，这一结论将为今后职业倦怠问题的解决提供有益的思路。

本研究在理论层面的贡献体现为，以往基于 JD-R 模型的职业倦怠问题研究所纳入的变量包括家长支持、情绪要求、专业发展机会（Demerouti and Bakker，2011）。本研究工作资源层面以幼儿园组织氛围为切入点，工作要求层面从班级管理、角色职责、行政事务着手来综合探讨其与农村学前教师职业倦怠的关系，拓宽了 JD-R 模型的应用范围与群体。实证分析的结果不同于以往研究中所指明的工作资源对职业倦怠存在负向影响，抑或是工作要求对职业倦怠存在正向影响，而是在中国县域内学前教师所独具的文化结构及身份背景下，在农村学前教师职业倦怠问题亟须审视的情势下，指出农村学前教师职业倦怠不仅受到工作资源及工作要求单方面的影响，而且深受二者共同作用的影响。对于农村学前教师职业倦怠问题的解决，多方位开展实践策略，重视工作要求在发挥中介效应过程中所蕴含的机制是理性施策的关键。同时，本研究证实幼儿园因素对学前教师职业倦怠状况的影响较大。幼儿园层变量的纳入使各因素对教师职业倦怠的影响发生改变。因此，从工作要求、工作资源与教师职业倦怠状态之间的归因机制而言，应从幼儿园层面的差异去体悟。这是园所之间存在的各种资源及工作分配差异导致农村学前教师群体之间产生相异的工作状态及倦怠状况的结果。这一研究结论对提升农村学前教师的心理健康品质、缓解职业倦怠情绪，具有参考意义。这意味着在制定解决策略的过程中，仅限于薪酬待遇的提高或者仅限于考量单方面的因素难以改变农村学前教师职业倦怠的状况。在持续、深入地探求解决之法时，应结合幼儿园之间的差异及诸多因素来加以实践。

参考文献

陈则飞，2018，《幼儿教师心理弹性的结构、特点及作用》，博士学位论文，福建师范大学。

程开明，2006，《结构方程模型的特点及应用》，《统计与决策》第 10 期，第 22~25 页。

弗雷德里克·赫茨伯格、伯纳德·莫斯纳、巴巴拉·斯奈德曼、1959，《赫茨伯格的双因素理论》，张湛译，中国人民大学出版社。

李孝川，2012，《社会转型期民族农村地区教师压力研究》，人民出版社。

李永鑫、杨瑄、申继亮，2007，《教师教学效能感和工作倦怠的关系》，《心理科学》第 4 期，第 952~954 页。

李永占，2016，《工作家庭冲突视角下幼儿教师情感耗竭的心理机制：情绪智力的作用》，《心理与行为研究》第 4 期，第 492~500 页。

刘晓明、王文增，2004，《中小学教师职业倦怠与心理健康的关系研究》，《中国临床心理学杂志》第 4 期，第 357~361 页。

王钢、张大均、刘先强，2014，《幼儿教师职业压力、心理资本和职业认同对职业幸福感的影响机制》，《心理发展与教育》第 4 期，第 442~448 页。

伍新春、曾玲娟、秦宪刚、郑秋，2003，《中小学教师职业倦怠的现状及相关因素研究》，《心理与行为研究》第 4 期，第 262~267 页。

夏茂林、孙佳慧，2019，《我国学前教育经费支出城乡差距的实证分析及政策建议》，《当代教育与文化》第 1 期，第 108~114 页。

许馨月，2017，《幼儿教师职业倦怠与社会支持、角色冲突的关系》，硕士学位论文，山东师范大学。

岳昌君，2013，《中国高校毕业生就业满意度的影响因素分析》，《北京大学教育评论》第 2 期，第 84~96、189 页。

张玲、裴昌根、陈婷，2020，《我国学前教育城乡均衡发展程度的测评研究：基于基尼系数的实证分析》，《西南大学学报》（社会科学版）第 2 期，第 96~106、193 页。

左志宏、席居哲，2008，《幼儿教师职业倦怠与职业承诺特点：新手与熟手的比较》，《学前教育研究》第 11 期，第 21~24 页。

Bakker,A B.,Demerouti,E., and De Boer,E.et al.2003."Job Demands and Job Resources as Predictors of Absence Duration and Frequency."*Journal of Vocational Behavior* 62 (2):341-356.

Bakker, A B., Demerouti, E., and Euwema, M C.2005."Job Resources Buffer the Impact of Job Demands on Burnout." *Journal of Occupational Health Psychology*10 (2):170.

Bakker,A B.and Demerouti,E.2007."The job demands-resources model:State of the art."*Journal of Managerial Psychology*.

Bakker,A B.,Hakanen,J J., and Demerouti,E.et al.2007."Job Resources Boost Work Engagement,Particularly when Job Demands are High."*Journal of Educational Psychology* 99 (2):274.

Bakker,A B.,Van Veldhoven, and Xanthopoulou,D.2010."Beyond the Demand-control Model:Thriving on High Job Demands and Resources."*Journal of Personnel Psychology* 9:3-16.

Baron,R M.and Kenny,D A.1986."The Moderator–mediator Mariable Distinctionin Social Psychological Research: Conceptual,Strategic, and Statistical Considerations." *Journal of Personality and Social Psychology* 51(6):1173.

Boyle,G J.,Borg,M G., and Falzon,J M.et al.1995."A Structural Model of the Dimensions of Teacher Stress." *British Journal of Educational Psychology* 65(1):49-67.

CEPHE,P T.2010."A Study of the Factors Leading English Teachers to Burnout." *Hacettepe Üniversitesi Eğitim Fakültesi Dergisi* 38(38):25-34.

Chan,D W.2003."Hardiness and its Role in the Stress–burnout Relationship among Prospective Chinese Teachers in Hong Kong." *Teaching and Teacher Education* 19(4):381-395.

Chrisopoulos,S.,Dollard,M F., and Winefield,A H.et al.2010."Increasing the Probability of Finding an Interaction in Work Stress Research: A Two-wave Longitudinal Test of the Triple-match Principle." *Journal of Occupational and Organizational Psychology* 83(1):17-37.

Collie, R J., Shapka, J D., and Perry, N E.2012. "School Climate and Social–emotional Learning: Predicting Teacher Stress, Job Satisfaction,and Teaching Efficacy." *Journal of Educational Psychology* 104(4):1189.

Demerouti,E.,Bakker,A B., and Nachreiner,F.et al.2001."The Job Demands—Resources Model of Burnout." *Journal of Applied Psychology* 86(3):499.

Demerouti,E.and Bakker,A B.2011."The Job Demands—Resources Model: Challenges for Future Research." *SA Journal of Industrial Psychology* 37(2):01-09.

Edwards,J R.,Caplan,R D., and Van Harrison,R.1998."Person-environment Fit Theory." *Theories of Organizational Stress* 28:67.

Hakanen,J J.,Schaufeli,W B., and Ahola, K.2008."The Job Demands-Resources Model: A Three-year Cross-lagged Study of Burnout,Depression,Commitment,and Work Engagement." *Work & Stress* 22(3):224-241.

Hobfoll,S E.2001."The Influence of Culture, Community, and the Nested-self in the Stress Process: Advancing Conservation of Resources Theory." *Applied psychology* 50(3):337-421.

Johnson,B.,Stevens,J J., and Zvoch,K.2007."Teachers' Perceptions of School Climate: A Validity Study of Scores from the Revised School Level Environment Questionnaire." *Educational and Psychological Measurement* 67(5):833-844.

Lee,R T.and Ashforth,B E.1996."A Meta-analytic Examination of the Correlates of the Three Dimensions of Job Burnout." *Journal of Applied Psychology* 81(2):123.

Maslach,C.and Leiter,M P.2001."Job Burnout."*Annual Review of Psychology* 411.

Salmela-aro,K.,Näätänen,P., and Nurmi,J E.2004."The Role of Work-related Personal Projects during two Burnout Interventions: A Longitudinal Study." *Work & Stress* 8(3):208-230.

Salmela-Aro,K.and Nurmi,J E.2004."Employees' Motivational Orientation and well-being at Work: A Person-oriented Approach." *Journal of Organizational Change Management* 17(5):471-489.

Salmela-Aro,K.,Rantanen,J., and Hyvönen,K.et al.2011."Bergen Burnout Inventory: Reliability and Validity among Finnish and Estonian Managers." *International Archives of Occupational and Environmental Health* 84(6):635-645.

Schaufeli,W B.and Taris,T W.2014.*A Critical Review of the Job Demands-Resources Model:Implications for Improving Work and Health.* Dordrecht:Bridging Occupational, Organizational and Public Health.Springer.

Timms,C.,Graham,D.and Caltabiano,M.2008."Perceptions of School Administration Trust Worthiness,Teacher Burnout/Job Stress and Trust:the Contribution of Morale and Participative Decision-making." *Advances in Organisational Psychology*135.

Zhang,Q.and Sapp,DA.A.2008."Burning Issue in Teaching: The Impact of Perceive Teacher Burnout and Nonverbal Immediacy on Student Motivation and Affective Learning." *Journal of Communication Studies*1(2):10.

从公办到民办：结构化因素制约下的农村择校现象研究

——基于 A 学校的考察 *

陈茗秋　魏　峰 **

摘　要： 近年来，随着农村民办教育的不断发展，越来越多的农村学生选择从公办学校转移到民办学校就读。这种现象的产生与社会结构性因素的影响密切相关。一方面，县际教育不均衡发展的现状催生外县市学生纷纷"用脚投票"，跨县区进入优质民办学校求学；城乡二元结构下乡村教育落后的局面也让乡村学校的学生纷纷"逃离"；县域城镇化发展背景下城区学校大班额的环境，让部分学生转身进入民办学校。另一方面，在城镇化发展的时代背景下，亿万农村劳动力流动到经济发达地区，使农村地区传统家庭结构发生变动。大量"留守儿童""离异家庭子女"面临着无处可去的窘境，提供寄宿服务的民办学校成为他们临时的"家"。社会结构深刻影响和制约着个体的命运与选择。

---

* 基金项目：国家社会科学基金"十三五"规划 2017 年度教育学国家一般课题"农村教育治理体系优化与能力提升的 M 县个案研究"（项目批准号：BFA170060）。

** 陈茗秋，南京师范大学教育科学学院硕士，主要研究方向为教育政策、学校管理，E-mail:chenmingqiu 2021@163.com；魏峰，上海师范大学教育学院教授，博士生导师，主要研究方向为教育政策、学校管理，E-mail:weifeng1980117@shnu.edu.cn，通讯作者。

择校主体作为能动的"理性人"，面对结构的制约不是被动地承受，而是试图通过择校这一行动挣脱结构规则的束缚。一方面，家长出于对优质教育资源的渴求，实施了县际、城乡间、城区学校间的择校行为；另一方面，留守儿童和离异家庭子女的家长出于对经济效益和安全效益的考量，做出择校这一决策。家长在结构网络之下寻求对子女和家庭综合效益最大化的方案，体现了个体的能动意识和理性思维。

关键词： 择校；农村民办学校；农村公办学校

一　导　言

（一）选题背景

改革开放四十多年来，我国民办教育实现了从无到有、从少到多、从弱变强的巨大转变，成为我国的教育事业发展中不可忽视的力量，极大地丰富了我国的教育资源和教育形式。特别是 2003 年《中华人民共和国民办教育促进法》（以下简称《民促法》）及其实施条例的颁布，从法律上确定了民办教育的合法地位，为民办教育事业的快速发展提供了契机。随着新《民促法》的修订和落实，以及相关配套政策的颁布实施，政府从法律层面保障了民办教育发展的合法性和可能性。这昭示着我国民办教育未来发展具有巨大的空间和市场。

农村民办教育作为我国民办教育的重要组成部分，始终发挥着增加教育机会、促进人才培养模式多样化的作用。《中国教育统计年鉴 2016》显示，截至 2016 年，我国小学阶段的民办学校共有 5975 所，其中镇区 2071 所、乡村 1832 所，占全国民办小学总量的 65.3%；全国初中阶段的民办学校共有 5085 所，其中镇区 1910 所、乡村 790 所，占全国民办初中总量的 53.1%（教育部发展规划司，2016）。基础教育阶段的农村民办学校数量占民办学校总数的比重均达到 50% 以上。农村民办学校的蓬勃发展是我国民办教育快速发展的一个缩影。同时，在免费义务教育政策实施的背景下，放弃免费的公办学校而转入要求缴费的民办学校就读的择校选择也彰显了农村家庭特殊的教育需求和更高的教育期望。

《中华人民共和国义务教育法》第十二条规定，"凡是义务教育阶段的适龄儿童、少年实行免试就近入学"。就近入学规定要求地方政府保障适龄儿童在户籍所在地学校就近入学，然而许多家长为了追求更高的教育产出，对就近入学的规定并不接受，而是采取各种方法将子女送往"更好"的学校就读。这种择校现象不仅在大城市盛行，随着农村经济的发展以及家长教育意识的觉醒，在农村也愈演愈烈。农村民办学校的快速发展，一方面给普通家庭提供了新的择校选择，满足了普通家庭的教育选择需求；另一方面也带来了许多问题，如教育公平的破坏、农村公办学校教育资源的浪费、农村家庭负担的加重等（宋静，2012）。这让学生的择校问题更加复杂。同时，问题产生的原因也更值得深究。

（二）研究意义

随着新《民促法》的颁布和实施，我国民办教育事业的发展迈入新阶段。县域民办教育作为民办教育"大蛋糕"中的一块，它的发展和起伏关系到整个教育体系的稳定与发展。现有的民办教育研究大多集中在城市民办教育的发展方面。专门针对义务教育阶段、农村民办教育发展研究的文献较少。对该主题的研究能够丰富民办教育研究视域，推动农村和城市民办教育的协调发展，进而推动教育事业的稳步前进。

有别于城市家庭在择校时所拥有的雄厚经济资本，农村家庭在择校时通常面临着巨大的经济压力。在此背景下，农村家庭放弃免费的公办教育系统，选择自费到民办学校就读的行为，折射出当前教育系统中教育需求与教育供给之间的矛盾。本研究从家庭选择的角度出发，试图了解这种选择背后的原因和教育诉求，从而为政府在制定和执行教育政策时提供源于家庭层面的信息。这有助于发挥教育政策促进教育事业发展的作用。

社会学理论的兴起和发展为研究农村学生进入民办学校就读现象提供

了新的思路和方向。结构化理论和理性选择理论不仅从微观视角研究个体行动的特征，而且从宏观上解释微观个体行动与社会系统之间的相互作用。本研究将借助社会学视角，剖析结构化理论和理性选择理论在研究教育现象方面的价值，并通过理论解释从公办到民办的农村择校现象，在教育实践中检验这一理论的适用性。

（三）研究问题

本研究立足于我国民办教育迅猛发展的大背景下，针对农村地区从公办到民办的择校现象，通过实地调研农村民办学校，对择校现象的利益相关者进行访谈，结合结构化理论和理性选择理论，厘清影响农村学生家庭做出择校行为的原因，揭示该行为产生的深层社会结构性因素，剖析择校主体在结构性因素制约下的理性选择行为逻辑。

二　文献述评

（一）农村民办教育研究

现有研究主要从政府、民办学校本身以及农村家庭教育需求转变三个方面来论述。彭博和蒋中一（2008）认为，由于教育经费预算额和初中公办教育服务供给量不足，县级教育部门在遵循效用最大化原则下，同意私人资本进入公办教育服务供给领域，是农村地区初中阶段民办教育产生的主要原因。阎凤桥（2012）基于北方某县的调查发现，当农村民办教育的发展能够对推动政府教育目标实现起到积极作用，并能够提升政府政绩表现时，政府会支持和鼓励农村民办教育的发展。叶庆娜（2012）基于全国层面数据的分析表明，在免费义务教育政策下，政府对民办教育的推动、农村家庭差异化的教育需求及农村民办学校具备相对竞争优势是民办教育稳中有升的主要原因。叶庆娜和陈绍华（2012）则认为，农村民办中小学能够快速发展，与其针对农村家庭特殊的教育需求而提供的教育供给模式密切相关。

上述关于农村民办教育产生原因和机制的研究表明，农村民办教育的发展与政府的需求关系密切，同时受到农村家长差异化教育需求的影响。政府和家长是农村民办教育发展中的两个重要主体，也是在我们调研过程中应该重点关注的对象。

阎凤桥（2004）从教育分层和教育公平的角度出发指出，由于公办学校和民办学校的界限划分不清晰，所以两类学校在发展时缺乏公平竞争的环境。龚凉冰（2004）对江西省南昌县农村民办中小学的调研结果显示，民办中小学内部管理中存在着决策机制两极化、专断化，普遍存在"家长式""家族化"管理现象。谢锡美（2010）则指出，义务教育阶段民办学校存在的问题包括学校发展空间受限、发展后劲不持续，不充足以及民办学校管理不善等问题。现有关于农村民办学校产生原因、机制以及存在问题的研究表明，目前我国农村民办教育的发展还处于成长阶段，即其在成长过程中仍然面临着社会各种利益主体的干涉和影响，导致它的科学规范发展道阻且长。

（二）关于农村择校的研究

在择校的原因上，学者们从国家、社会、学校、家长四方面均有详细阐述。王强（2009）从宏观角度出发，认为农村择校现象产生的原因包括义务教育阶段教育资源配置不均衡，不合理的区域学校合并，农村学校教师学历、工资水平、人员分配不尽合理，办学条件严重滞后等。刘学东和李敏（2010）的研究显示，农村中小学生择校原因有农村家庭经济收入增加，家长对子女教育期望提高，以及家长要解决外出工作后无人照料子女的问题。马多秀和杨建朝（2010）认为，农村学生择校的内在驱动力是教育能够促进个体向上流动的功能，而外在驱动力则是城乡教育资源的不均衡现状，即农村学生的择校行为是对这种教育资源分布不均衡现状的默默抗争。叶庆娜（2007）认为，农村学生择校的根本原因是教育资源不足以及配置不均衡，而现实原因则包括学校布局变动、教师流动以及中国人的从众心理等。

关于农村择校问题的研究，学者主要从流出学校、流入学校以及择校家庭三个角度出发。马多秀和杨建朝（2010）认为，择校行为提高了农村家庭的教育投资成本，导致城市学校教育负担加重，同时造就了一批"差生"的产生。宋静（2012）和易忠梅（2016）指出，农村学校择校不仅对流入学校产生影响，如班级人数规模扩张、教师工作量增多、教学质量降低等问题，而且使流出学校也面临着生源减少、资源浪费、与城市学校的差距越来越大的问题；择校家庭则面临着负担加重、择校学生身心健康发展受到影响的问题。徐家军和张建伟（2012）从教育公平的视角出发指出，农村中小学学生择校行为的发生给学校、学生和教师带来的教育不公正感，将严重破坏教育均衡发展的愿景。谢硅（2012）指出，农村学生择校行为的发生除了会造成新的农民负担过重问题外，还将导致农村学生远离农村社区，带来乡土文化丢失问题。

（三）文献述评

我们通过对上述文献的整理归纳可知，目前学术界关于农村民办学校以及农村择校现象有较多的研究。一方面，这为本研究提供了丰富的参考资料，给本研究以深刻的启示与思考；另一方面，在县域民办教育快速发展的时代背景下，选择到民办学校就读的农村家庭越来越多，而针对这种择校行为的研究却较少。因此，本研究从择校家庭的角度出发，解读农村地区家长将子女送往民办学校就读的深层社会结构性因素，以及面临的困境与挑战，从而为推动农村民办教育更好、更快发展提出可行的建议。

三　研究方法

（一）研究方法

本研究主要运用质性研究方法，即"以研究者本人在自然情景下采用多种资料收集方法对社会现象进行整体性探究，使用归纳法分析资料和形成理论，通过与研究对象互动对其行为和意义建构获得解释性理解的一种活动"。本研究通过查阅现有的关于农村民办学校发展、择校的政策文献，厘清相关理论对研究农村择校现象的解释意义，进而建立理论分析架构。同时，本研究还收集 L 县社会发展和基础教育领域学校发展的文件和数据、A 民办学校的管理制度文件和学校发展的各项数据，为分析农村民办学校择校现象提供翔实的证据支撑。

本研究着眼于农村家长将子女送往民办学校就读的现象，通过实地考察一所农村民办学校，分析该民办学校学生来源，近距离分析和研究农村家庭择校行为背后的动机和理性衡量；通过半结构化访谈的方法，对具有代表性的研究对象即农村公办（民办）学校管理者、教师，农村家长、学生及其他择校参与者进行访谈，收集第一手资料，进而直观而全面地分析和探讨农村家长选择民办学校的动机、原因，以及不同利益主体不同的利益诉求和价值期望，有的放矢地提出有利于农村民办教育发展的对策和建议。

（二）样本选择

1. 样本县

L 县位于河南省信阳市东部，全县总面积 2077 平方公里，下辖 3 个街道、17 个乡镇、265 个村委会、41 个居委会。总人口约为 76.99 万人，乡村人口约 67.60 万人，占 87.8%。L 县 2018 年政府工作报告显示，2017 年 L 县居民家庭人均可支配收入为 16501 元，其中，城镇居民家庭人均可支配收入为 25353 元，农村居民人均可支配收入为 11524 元。三项收入均低于信阳市和全国不同类型的平均水平。

近年来，L 县县委、县政府在加快推进县域经济社会发展的进程中，大力推进"科教兴县"战略，始终坚持优先发展教育，把办好民办教育摆在重要位置。2018 年，L 县教育体育局（以下简称"教体局"）被河南省教育厅表彰为民办教育管理先进单位。截至 2018 年底，全县共有民办幼儿园 170 所，在园幼儿 15096 名，教职工 1468 名；义务教育阶段民办学校 4 所

（包括小学 1 所、九年一贯制学校 3 所），在校生 3860 名，教职工 286 名。L 县义务教育阶段 4 所民办学校的基本情况见表 1。

表 1　L 县义务教育阶段 4 所民办学校基本情况

学校名称	创办时间	学生人数	学校性质	学校地点
A 学校	2001 年	1800 人左右	九年一贯制	L 县城内
B 学校	2002 年	700 人左右	完全小学	L 县下辖 ZD 镇
C 学校	2002 年	500 人左右	九年一贯制	L 县城内
D 学校	2015 年	800 人左右	九年一贯制	L 县城内

2. 样本学校

由表 1 可知，A 学校在 4 所民办学校中成立最早，并且学生人数最多，占 L 县义务教育阶段民办学校学生总人数的 45% 左右。因此，选择 A 学校作为此次研究对象，对探究农村地区从公办到民办的择校现象更具参考价值。A 学校创办于 2001 年，是一所集学前、小学、初中于一体的寄宿制民办学校。学校现有教学班 24 个，教职工 121 名，学生 1737 名。该校教育教学质量在 L 县和信阳市民办教育行业中长期处于领先地位。2014 年，A 学校被河南省教育厅授予"优秀民办学校"称号。

（三）研究步骤

为了深入了解县域内从公办到民办的择校现象，笔者于 2019 年 5 月月初进入 L 县 A 学校，以实习老师的身份在该校招生办公室工作，并参与到学校管理者和普通教师的日常工作中，进一步了解了 A 学校在招生、学校管理以及班级管理等方面的具体情况。一方面，笔者在 A 学校招生办公室帮助招生办 Z 主任处理学校在招生、行政方面的工作，收集到 A 学校宏观层面的信息，包括学校办学历史、教师信息、学生基本情况等。另一方面，A 学校教师流动性大，在为期一个月的调研期间，学校先后有三位主科教师离职。主科老师的突然"消失"使学校正常的教学工作受到影响，而实习老师的身份让笔者有机会参与到不同年级、不同班级的教学管理工作中并进一步接触到更多的教师、家长和学生。

为了能够更好地了解从公办到民办的学生择校现象，笔者首先根据在A 学校招生办公室获得的 2018 年春季学生学籍信息，按照户籍对全校学生的来源进行了划分归类（具体情况见图 1）。

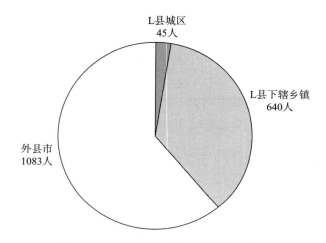

图 1 2018 年春季学期 A 学校学生来源

2018 年春季学期，A 学校共有 1768 名学生。由图 1 可知，其学生来源主要分为三大类。第一类是外县市的学生，共有 1083 名，占总人数的 61.3%。另外，学籍信息显示，在 1083 名外县市学生当中，有 777 名学生来自与 L 县接壤的 X 县，占外县市总人数的 71.7%，占 A 学校 2018 年春季学期总人数的 43.9%。第二类是 L 县下辖 17 个乡镇的学生，共有 640 名，占总人数的 36.2%。第三类是来自 L 县城区的学生，共有 45 名，占总人数的 2.5%。

在研究过程中，除了收集 A 学校三类学生和教师关于择校现象的意见和看法之外，笔者还走访了另外 3 所学校（包括 2 所民办学校和 1 所乡村公办学校），通过面对面、电话、微信等方式共访谈了包括 5 位学校管理者、11 位在校教师以及 11 位学生家长在内的与农村择校现象有关的参与者，进而对农村地区从公办到民办择校现象背后的深层结构化因素有了进一步的认识。

四　研究结果

（一）从公办到民办：教育不均衡发展背景下的农村择校

个体行动者存在于一定的社会情境中，个体的行动建构了外部社会，而社会结构也会影响和形塑个体行动。择校作为家庭内部做出的一种选择，并不能单一地从个体角度来评析。对个人行为的解释不能抛开社会结构性因素，只有将其放在社会情境中才能得到合理的解释。本节基于调研资料，从 A 学校三类学生来源的角度分析从公办到民办的农村择校现象，从县际教育不均衡发展、城乡二元结构下的乡村教育落后以及城区公办学校"大班额"背景下生源的逃离这三个角度，分析农村家庭择校现象背后的深层社会结构性因素，展现家庭为实现自我效益最大化，充分调动各方面的资源为成功实现择校而做出的各种努力。

1. 作为结构的县际教育不均衡：跨县的"用脚投票"

（1）为何 X 县学生跨县到 L 县求学

由图 1 可知，A 学校第一大生源是外县市的学生。2018 年春季学期，A 学校共有 1768 名学生，其中外县市籍学生 1083 名，约占总人数的 61.3%。在外县市籍学生中，X 县籍学生占比最高。根据笔者调研期间获得的数据，2019 年春季学期，A 学校 1737 名学生中，有 X 县籍学生 791 名，占学校总人数的 45.5%。其中，小学部共有学生 1022 名，其中 X 县籍学生人数为 402 人，占小学部总人数的 39.33%；初中部有学生 715 名，其中 X 县籍学生为 395 名，占初中部总人数的 55.24%。作为 A 学校生源的主力军，X 县籍学生是一个特殊的群体。他们为何会放弃原有户籍所在地的教育机会，转而跨县域择校进入 L 县民办学校呢？

X 县毗邻 L 县东部，全县总面积 1892 平方公里，总人口约为 104.94 万人，乡村人口约 47.87 万人，占 45.6%。2017 年，X 县人均居民家庭可支配收入为 15502 元（低于 L 县的 16501 元，位居全市第九），其中，城镇居民家庭人均可支配收入为 25079 元，农村居民家庭人均可支配收入为 10733 元。X 县是位于笔者调研所在县 L 县东部的一个县城。虽然两县地理空间上接壤，但教育质量相差颇大。多年来，L 县公办教育质量在信阳市一直处于前列。该县中招、高考成绩在全市 8 县 2 区之间常年名列前茅，其公办教育的高质量、高升学率在信阳市有口皆碑，因此优秀的教育成绩不断吸引着周边县市家庭的目光。与 L 县令人瞩目的教育成绩相反，X 县的中考和高考成绩排名常年居全市末位。无人撼动的"第一"是 X 县教育发展落后的缩影，身处其中的家长和学生面对本县糟糕的教育表现，"用脚投票"选择逃离。于是与 X 县接壤且教育成绩优异的 L 县成为其落脚的首选。

　　为何 X 县多年来教育成绩一直居末位？为何 X 县籍学生倾向于到 L 县就读？带着这些疑问，笔者与访谈对象进行了一对一的沟通。受访者关于这些问题的答案各有不同。我们从中也能看出造成 X 县学生跨县域择校现象背后的复杂性。

　　关于 X 县多年来教育成绩表现一直不佳的原因，X 县乡镇公办学校 CH 老师认为，主要是公办学校和民办学校之间的竞争。

　　　　X 县的教育质量不好，是多方面原因造成的。我认为最重要的原因是民办学校过度竞争。我们县（X 县）有一所民办学校（XZ 学校）很厉害，专门从公办学校挖老师。我们学校的精英老师就被挖走了十五六个，还挖我们的学生。只要你有优秀的，第二年开学来就找不到人了。人家（民办学校）到学生屋里（家里），给你免学费……这学校每年撵 10 个学生回家，就是后 10 名都不要了。它也是择优录取，而且每个班还要淘汰后面的学生。那这些淘汰的学生去哪儿呢？就回到所在的公立学校。这些学生也是属于义务教育阶段的，你就得接收……

　　在县域内，这种民办学校抢夺公办学校资源的现象并不少见。林小英等（2019）在研究县域中学生源流失的原因时指出，身处资源优势地位的民办学校向下不断深挖公办学校优质生源，掏空本就数量不多的优质教师和学生，使身处教育资源弱势地区的家长焦虑感不断增强，最终丧失对本地区公办教育的信任。同在 X 县乡镇公办学校担任教师的 QHF 老师也认为，X 县民办学校在抢夺优秀教师和优秀生源过程中的种种行动使公办学校的教育发展陷入困境。

> 一职两挂，双份工资，这是 X 县的特色，其他县都没有这个。民办学校（特指 XZ 学校）的优势在哪儿呢？它可以从各个学校调老师，你在原单位的工资还是照领，去了民办学校之后，工资该怎么发还怎么发……哪有一个（学校）搞双职的？你要么在公立里，你要么在私立里，只能保一个。这直接是挖公办学校的墙脚……有名的老师调走了，那家长跟着老师，学生也走了。我们学校的副校长都不当了，跑私立学校去任教。

一方面，X 县民办学校在得到县政府的支持后，通过优渥的薪资以及强有力的"一职两挂，双份工资"的制度保障，吸引众多优秀教师的加入。X 县民办学校以教师带学生的方式，又吸引了一批优秀生源。"好教师"+"好学生"的搭配使民办学校教学成绩提升的同时，也使公办学校的发展逐渐陷入困境。另一方面，在公办学校任教的老师，除却日常的教学工作以外，还要花费大量时间处理学校、政府交付下来的行政类工作。陈方雪（2019）在对乡村小学教师工作时间的研究中也提到，当下乡村教师的工作除了教书以外，还包括配合乡村基层干部下乡扶贫、入户走访等各项无关教学的工作。笔者之所以能够访谈到 X 县教育系统人员，正是因为当时正值 X 县脱贫攻坚迎检的关键期。为保证在"控辍保学"这一工作上不出现意外，不少教师不得不放下手中的课本，核实自己所在乡镇义务教育阶段所有学生的去处，致使他们教学时间减少，把大量时间花费在行政类事务上。X 县乡镇公办学校的 CH 老师对此也表示很无奈。

有的时候我就想安安心心上个课，教个学，把小孩教好。结果是，想上课，不让上……搞均衡创建的时候，我们是一个月在办公室里坐着。我的教室就在我办公室隔壁，坐一个月没进去上一节课，搞创建……搞脱贫攻坚，我们学校的老师，都有自己的贫困户，都被分到各村里，被分到几户，都是你的……一到检查的时候，检查的一来，电话一打，这边课也不上了。我是带毕业班（九年级）的数学课的。我们学校一共就两个数学老师。这几天两个人课也不上了，都跑出来弄这个"控辍保学"的事情。昨天下午我们两个跑回家，夜晚我们还上三节晚自习，十点多才结束。

与私立学校相比，公立学校需要完成的行政类事务确实较多。公办学校教师的日常教学工作让步于行政事务。为了完成各方面的检查工作，教师没有独立完整的教学时间。这在一定程度上影响了教师的教学进度与学生的学习效率，而这种影响最终会以考试成绩的形式暴露出来。对于 X 县籍学生为何倾向于到 L 县学校就读，X 县籍学生 HSM 的家长表达了自己的看法。

我们那儿（X 县）的教育不中。一个是教育条件不好，再一个是学生多。一个班 80 多人，老师顾不过来，也不好好教。所以学生到私立学校上学的也多，也不是光到 L 县这边上学，是分区的。北边（乡镇）的学生通常往北去；西边的离 L 县近，就都到这边来了。光我那儿一个大队的，在这所学校就有五六个。我儿子也是听人说这边教育质量好，想让小孩上好点的学校，宁愿多掏点钱也要送过来。要是孩子能考上 L 县的高中，就让他在 L 县上，最好是不回 X 县上学。

不满足于本县的教育质量以及公办学校大班额的现象是 X 县籍家长择校的重要因素。家长们通过中招、高考等成绩对自己所在地区的教育水平能够有相对完整的了解。X 县公办教育质量差的现状推动家长向 L 县靠拢，也就是说，对优质教育的强烈需求促使他们把孩子送到教育质量更好的 L 县，而能够承担的择校成本也使其择校行为最终得以实现。这种从公办到民办的择校行为是县际教育发展不均衡的结构性因素导致的。

（2）县际教育不均衡发展下的教育选择：进入 L 县民办学校

2001 年，我国确立了义务教育"以县为主"的管理体制，此后逐步明确了县级人民政府和教育行政部门在促进辖区内义务教育均衡发展的职责。有关部门有责任和义务对本辖区教育的均衡发展进行全面统筹。然而，由于县际存在着不同的政治、经济和文化环境，"以县为主"的新体制也导致县域间教育发展呈现不均衡样态。黄斌等（2013）对 1999~2007 年中国县域间生均教育事业费的统计表明，中国县级地方政府的教育支出水平存在"东西两高、中部塌陷"的地理分布特征，中部地区县域间生均教育事业费差异高于东部和西部，且这种差距还在不断扩大。不断扩大的教育支出差距也使中部地区县际教育均衡发展受到影响。耿琰（2017）通过对河北省 3 个县市义务教育均衡发展现状的研究指出，教育理念、政策体制、经济发展水平、经费投入以及教师队伍建设情况是造成县际义务教育不均衡发展的主要因素。多种因素造成的县际教育不均衡发展现状，是县际择校现象产生的原因之一。传统的崇文重教思想使农村家长普遍重视子女的教育。县际教育不均衡发展的结构性因素推动家长采取各种资源和手段，将孩子送往教育质量更好的县域。这种有目的地、有策略性的择校行为是个体在社会宏观结构制约下，为追求文化效益最大化而做出的理性抉择。

聚焦到 X 县，公办学校优秀教师与生源的流失以及与民办学校相比较少的教学时间等种种因素导致其公办学校与民办学校之间的差距不断扩大。部分家长对本地区公办学校的教育质量逐渐失去信心。为了让孩子接受更好的教育，家长通过付出一定经济资本的方式而发生的择校行为显得合情合理。随着社会经济的快速发展，县际闭塞的环境逐渐得到改变，便利的交通拉近了周边县市的距离。县际教育质量的不均衡发展现状催生了家长"用脚投票"，让孩子放弃在户籍所在地学校求学，转而流动到其他县区的优质学校就读。

"用脚投票"模型是美国学者查尔斯·蒂伯特（Charles Tiebout）于 20 世纪 50 年代提出的。该理论假设社区成员是完全流动的，而且人们充分了解各社区间的信息，同时不掩饰对公共产品的差异化消费偏好和需求（赵佳佳、王建林，2018）。因此，在人们能够自由流动的条件下，本地社区若不能提供符合消费者偏好的公共服务，人们就会流动到更能满足自己需求的社区。教育作为一种准公共产品，其具有有限的非竞争性以及有限的非排他性。为了寻求更好的教育产品，家长在规则的约束下通常会灵活地利用各种资源，采取各种手段，"用脚投票"，流动到教育资源更加丰富、教育质量更受认可的地区。受户籍限制，外县市家庭进入 L 县公办教育体系困难重重。于是众多家长退而求其次，选择把孩子送往 L 县老牌优质民办学校——A 学校。社会结构与个体理性选择的共同作用导致家长"用脚投票"，诱发了跨县域从公办到民办的择校现象。

2. 作为结构的城乡二元对立：乡村公办学校生源的"逃离"

（1）为何乡村学生"逃离"乡村公办学校

由图 1 可知，A 学校第二大生源是来自 L 县下辖 17 个乡镇的学生。2018 年春季学期，A 学校共有 1768 名学生。其中，来自乡镇的学生共有 640 名，占总人数的 36.2%。为了探究乡村学校学生择校的结构性因素，进一步了解乡村公办学校及其教师的工作现状，笔者先后与 4 位乡镇公办学校的教师进行了一对一访谈，并且走访了一所只有 22 名学生的乡村公办小学——SL 小学，进而对 L 县乡村公办学校的现状有了更深入的了解。4 位 L 县乡镇公办学校教师基本信息见表 2。

表2　4位 L 县乡镇公办学校教师基本信息

访谈对象	年龄（岁）	教龄（年）	所在学校	所教年级	班级人数（人）	所教科目
LWT 教师	25	3	ZG 镇中心校	四年级	55	语文
WX 教师	35	13	ZG 镇 LQ 小学	三年级	20	数学
ZJ 教师	34	12	MZ 镇 HD 小学	二年级	31	语文
WQ 教师	26	4	PX 镇 SL 小学	二年级	5	全科

由表 2 可知，4 位教师除了 LWT 老师所在的 ZG 镇中心校班级人数超过义务教育标准班额（45 人）以外，其余 3 位教师所在班级人数均在标准额以下。针对乡村学生流失的问题，除了 ZG 镇中心校的 LWT 教师表示"我们学校在街中心，人数比较多，大多是留守儿童，流失的学生不多"外，其余 3 位教师均表示学生流失现象严重。ZG 镇 LQ 小学的 WX 老师表示，"我们学校的学生都是就近入学，全校学生 80 人左右。近两年生源流失多。上个学期（2018 年秋季学期）我教的班上就有 6 个孩子转走了，主要是转到乡镇中心校或者县城的学校"。

笔者在调研期间走访了只有 22 名学生的一所 PX 镇公办小学——SL 小学。SL 小学在 2006 年因为生源减少而停办，2016 年在各方力量的支持下重新开办。2019 年春季学期，SL 小学共有包括校长、教师和学生在内的 26 名人员，其中，校长 1 名、教师 3 名，学生 22 名（学前班 6 名、一年级 4 名、二年级 5 名、三年级 7 名）。SL 小学作为一所小规模乡村学校，其教学条件、师资力量等情况是众多乡村学校的一个缩影。对乡镇公办学校的基本情况，SL 小学的 WQ 老师进行了介绍。

> 乡镇公办学校多多少少都有教师资源不足、教学条件落后的情况。就我们学校来说，学校院子没有进行硬化，将近 4/5 的面积是泥巴和建筑施工留下的废砖头……学校只有大门到教室中间铺了一条供人行走的水泥路。而且学校没有修排水道。一到雨雪天，整个院子里全是泥巴，雨水、废水都排不出去，一直淤积在院里，大大缩小了学生的活动范围。放眼整个 PX 镇，我们这种情况虽然不是多数，但是仍然有许多学校存在教学楼年久失修、漏雨透风的情况。教学必备的图书室、多媒体室以及设备都比较少。由于一些原因，即便配备了这些，它们也成了摆设，并不会经常被用来作为教学的辅助工具。

在师资力量方面，WQ 教师和 ZJ 教师都提到，乡镇小学普遍存在学科教师配备不均衡的问题，导致很多主科教师无奈之下只能包揽一切科目的教学。乡镇公办学校基础设施落后、师资力量薄弱的窘境是乡镇生源流失的重要因素。对学生流失的情况和原因，SL 小学的 WQ 教师这样介绍：

> 我们学校这三年转走了好几个，具体我不太清楚，但最少有 5 个都转到 L 县城里面了。当时学校重新开的时候，家长们还是挺开心的，想着能就近上学。后来他们发现学校盖得不好，教室一到下雨天就漏雨，连片地滴水。家长看条件不好，就不送学生过来了。校长一直跟家长许诺，要新盖一个八间两层的教学楼，但他许诺了三年，到现在还没批下来。主要是递上去的申请太多，而我们学校的学生又少，所以人家（政府）肯定先解决学生多的学校的问题。村里我认识的几家人孩子都五六岁，正好到适学年龄了，可人家宁愿把小孩送到 3 公里以外的学校，也不愿送到只离 100 米这么近的学校……

教学楼破旧导致学生"逃离"，学生流失导致新教学楼建设申请无法顺利通过审核，没有新教学楼就吸引不了学生就读。SL 小学的发展陷入恶性循环，所以学校教师和学生当前也只能在破旧的教学环境中坚持下去。截至 2019 年秋季入学时，SL 小学全校只剩下 5 名学生，流失 17 名学生，流失率达 77%。另外，对于在农村学校工作的教师来说，这里也是他们想"逃离"的地方。对于在 SL 小学工作三年的 WQ 教师来说，离开是早晚的事情。

> 我今年暑假就有意愿调走，我也想调到大学校尝试一下。像我班里的几个小孩，怎么说呢，孩子少了对以后发展肯定不好。适应了老带那几个小孩后，我怕以后几十个人，没有办法适应。大学校有互相听课、互相检查的要求，还有各个月常规检查。我们这个学校，就这几个人，还都是新老师，我听谁的课？我工作三年没听过什么课，全是靠自己在网上找。我想多接触一些优秀的人，因为这对我自己来说也是一种提高。

乡村教师期望能够有进一步的专业发展机遇，而小规模农村学校的工作环境尚不能为教师提供专业的发展平台。从自身职业发展的角度考虑，乡村教师抓住适当的机会调往环境更好的大学校也未尝不可。Z 主任在退休之前一直在一所乡镇小学担任语文教师，而目前他在 A 学校负责行政事务。对于乡镇教育的现状，他认为：

> 乡镇下面的学校分布很广，上面（指教育行政部门）通常会把重点放在乡镇中心校，或者学生人数比较多的几所学校，对那些人数少的学校管得就比较松。而且有的学校不仅村小人少，还特别偏远，管理起来更不方便。有的学校村小，老师也不负责任，平时教学抓得也松。现在老师的工资是财政拨款，每月工资卡就打那些（指固定工资）。所以，教好教坏，教多教少，没有压力。对于有些小孩，他就放任自流。

乡镇内部教育资源分配同样存在不均衡的情况。与县城相比，本就有限的教育资源在进入乡镇后还要经过二次分配。本就不多的教育经费和教师通常会优先分配到镇中心校和人口规模比较大、学生数量比较多的几所村小，其他小规模的村小在学校发展上则显得捉襟见肘。

另外，城镇化发展导致乡镇外出务工人员增多，导致乡镇学校大部分学生都是留守儿童。以 SL 小学 22 名学生为例，其全部为父母外出务工的留守儿童。从教师的角度来看，缺乏父母陪伴的留守儿童也更难管理。ZJ 教师认为，留守儿童父母长期不在身边，家长与教师的沟通不畅，家校合作欠缺，给教学带来了诸多的不便。

> 班里三十多个学生，大部分都是留守儿童，由爷爷、奶奶照顾。可能父母不在身边，加上隔代亲，这些学生都调皮得很。老师又不能打、不能骂。每天作业完成的学生基本上都是学习前十的。作业完不成的，我们给家长打电话，他们也没办法回来，爷爷、奶奶年纪大的也管不了。索性我就只搞好自己的本职工作，该教的上课教好，其他的管不了了。

通过对 4 位乡村学校教师的访谈，笔者对乡村教育现状有了更深的认识。与城区学校相比，乡村学校在基础设施建设、师资配备等方面都存在不足。另外，从教师的角度来看，职业发展路径的堵塞以及在面对留守儿童时教学互动的受阻都容易让教师产生职业倦怠。这在一定程度上影响了教师的教学成果和从教积极性。农村教育资源的缺乏和落后也间接导致农村学生在教育机会和教育获得等方面的不平等。于是城区优质教育资源的吸引促使农村家长纷纷选择"逃离"乡镇学校。这种从农村到县城的择校行为是城乡二元结构下城乡教育发展不均衡的结构性因素导致的。

（2）城乡二元结构下的教育选择："逃离"乡村学校，进入城区学校

城乡二元结构是我国社会的基本特征。它主要是指由市民组成的城市社会和由农民组成的农村社会的二元结构。该结构以二元户籍制度为核心，包括就业、福利保障、教育、公共事业投入在内的一系列制度体系均存在城市和农村的二元对立和差异（褚宏启，2009）。具体到教育领域，城乡二元结构对立下的农村教育面临着不公正的待遇。张乐天（2004）认为，二元结构下的城乡教育面临着教育机会的差别。不论是义务教育阶段、普通高中阶段还是大学阶段，城市学生都比农村学生掌握更多向上流动的教育机会。与此同时，城乡二元结构也导致城市和乡村在教育资源配置上存在很大的差别。优质教育资源不断集聚到城市地区，使城市教育在学校环境、师资力量、教学条件等方面占据优势地位。

2008 年，在党的十七届三中全会上，党中央明确提出我国要建立城乡一体化发展体制机制。2018 年 9 月，中共中央、国务院发布《国家乡村振兴战略规划（2018—2022 年）》，不断加大对农村地区义务教育的资金投入和政策支持，构建了城乡义务教育均衡发展的基本框架。然而，城乡教育一体化发展的制度统一，在短时间内并不能缩小城市和农村在教育发展上的差距。现有乡村教育仍然面临着诸多的问题和挑战。农村家长要想让子女摆脱这种教育上的落后局面，化被动为主动，通过择校进入县城教育体系，继而享受城区优质教育资源不失为一种好的方式。

受户籍因素的限制，乡村学校学生在进入县城公办学校时面临着不可抗

拒的制度性障碍。农村家长除了可以通过购买县城学区房的方式进入公办教育体系外，将子女送往一所优质的城区民办学校也是一个好的选择。A 学校作为一所设立在县城的优质民办学校，办学历史较长，聘请的也大都是从公立学校退休且具有丰富教学经验的教师。这种师资队伍设置满足了乡镇家长的需求，也吸引了众多 L 县下辖乡镇公办学校的学生。

根据笔者的调查，乡镇学校学生择校进入县城民办学校的原因是多方面的。其中一个重要因素是，在城乡二元对立的结构化因素影响下，落后的乡镇公办教育现状迫使农村家长主动进行择校。目前正在 A 学校就读的一位学生的家长对其从乡镇公办学校择校进入县城民办学校的择校动机进行了解释。

> 乡下教育还是没有城里面好，教学条件没城里面好。再就是老师教得不负责任。现在都是年轻老师，心思都不在教学上，都想着考回城里面上班。我小孩之前在乡下上学，班里也就二十多个孩儿。人家有条件的都转走了，要么往（乡镇）中心校转，要么是转城里面来了。谁不想让自己的小孩好呢？我们都在外面打工，把小孩送到这儿来也放心些，最起码有人管着他。现在虽然这学校一年学费得一万元左右，但我觉得环境各方面都比在乡下好，老师也比以前抓得紧一些。我还是比较满意的。

通过学生家长的话语，我们可以看出，农村家长在城乡二元结构的制约下，试图通过付出一定经济资本的方式来突破结构对其的制约。社会结构的变迁无时无刻不影响着身处其中的个体。农村学生及其家长在面对城乡二元结构这一体制性障碍时，并非被动承受的状态，而是通过自我尝试和努力挣脱结构对他们的束缚。李芬、慈勤英（2003）对流动农民子女教育选择的研究也认为，流动农民的教育选择是主体与结构的二重性过程。它既是个体为追求自我效益最大化的理性选择，也是教育限入政策的阻碍效果。在择校这一行为过程中，具有明确价值追求的"理性人"——家长以下一代获得更好的教育成就为目标导向，经过家庭共同决策做出择校决定。家庭经济资本的积累为择校的实现提供了资源保证。社会结构与个体理性选择的共同作用推动农村学生"逃离"乡村教育环境，使从乡村到县城、从公办到民办的择校现象不断在县域内上演。

3. 作为结构的县域城镇化：对城区公办学校大班额的"逃离"

（1）为何城区学生"逃离"公办学校

河南省作为我国中部大省和农业大省，城镇化发展起步较晚，发展水平也低于经济发达地区的城市。2010 年前后，在国家相关政策的推动下，河南省城镇化进入高速发展阶段。作为一个人口大省，随着县域城镇化的不断发展，河南省的房地产特别是居民住宅的投资比例一直在提高。有关数据显示，河南省房地产投资额每年都保持 300 亿~500 亿元的增长，其中住宅投资的比例占 75% 左右。郭菘蔺通过统计数据发现，2015 年河南省县域地区房地产完成投资额为 1470.50 亿元，其中，住宅投资额为 1153.70 亿元，占房地产总投资的 78.5%。《信阳市统计年鉴 2018》显示，2017 年，L 县城镇化率为 41.52%，全县房地产开发投资金额为 61.35 亿元，其中，住宅开发投资金额为 52.48 亿元，占房地产总投资的 85.5%；商品房屋销售额为 38.68 亿元，商品房屋销售面积为 97.15 万平方米。随着 L 县房地产业的快速发展，居民住宅销售额的不断刷新。其背后的购买主力除了原城区户籍人口外，更多的则是由农村转移到县城居住生活的人群。

城乡二元结构下的乡村在经济、文化、教育等多方面的落后，使外出务工人员回乡的意愿逐渐降低。外出务工获得的经济收入尚可，一、二线城市高不可攀的房价阻断了这些务工人员在大城市买房的脚步。有限的经济实力与安土重迁的传统思想使他们更愿意选择房产价格相对便宜并且距离故土更近的县城住宅。与农村相比，在县城购买一套住宅不仅能使他们够享受到比农村更优质的教育、医疗等方面的服务，而且能使他们实现"农村人"向"城里人"身份的转变。因此，进（县）城购房是符合这一群体利益的理性选择。

看似合理的进城购房行为也导致了意外后果。正如安东尼·吉登斯（Anthony Giddens）（1997）在《社会的构成》一书所提到的，结构是由人类行动建构的，个体的行动会导致意外后果，而意外后果反过来又成为以后行动的未被意识到的条件。大批乡镇人口进入县城买房落户的行为，使原本在乡镇公办学校就读的学生在户籍制度的作用下得以进入城区公办学校就读。而由于县城教育资源配置速度跟不上人口的流入速度，因此城区公办学校大班额现象严重。

L 城区现共有 5 所公办小学，其中大班额现象最为严重的当数 S 小学。S 小学创办于 1923 年，位于 L 县城北部。学校占地面积 37 亩，建筑面积 17632 平方米。根据笔者调研所得资料，S 小学现有教职工 215 名。其中，专任教师 193 名，包括特级教师 4 名，中、高级教师 102 名。学校地处 L 县教育黄金地段。与 S 小学相隔不到 500 米就是 L 县实验中学和 L 县高级中学。在 L 县很多家长的心目中，从 S 小学进入实验中学，然后再进入高级中学的求学之路，是最优的学校组合。如果自己的子女能够顺利进入这 3 所不同教育阶段的"最好"学校，那么他们就有很大的概率考上好大学。很多家长为了不让子女输在起跑线上，会动用自己的一切资源将孩子送进 S 小学。

S 小学优秀的教育质量和师资水平使其一直是 L 县家长的择校首选。而像 S 小学这样的大班额现象在 L 县城区其他公办小学同样存在。随着 L 县城镇化水平的不断提高，越来越多的农村人口通过购买房产的方式在县城定居、生活、求学。由于 L 县城公办学校教育质量一直在全市处于领先水平，所以大多数县城户籍的家长在择校时还是考虑将子女送进公办学校。民办学校接收的县城户籍学生始终是少数。然而，也是因为城镇化的快速发展，大笔资金被投入到居民住宅建设，以吸引农村人口进驻县城，但对容纳这一群体子女的学校没有及时规划和建设。杨涵深、游振磊（2019）在对我国中部地区某市的 179 所学校大班额现象进行研究时也认为，当义务教育学校接纳的学生数量超过了设计建造时规划的容量时，大班额现象就必然产生。L 县城区现有 5 所公办小学。除其中 1 所小学建设于 2007 年外，其余 4 所小学的建设时间均早于 20 世纪 80 年代。学校在设计建设之初是按照当时的人口规模进行的，当时的学生数量远少于现在。近年来，为了能够容纳更多的学生，S 小学在原址上多次加盖或重建，其他学校受土地资源等方面的限制，无法增加和扩大教学楼的数量和面积。渴望进入公办学校的学生被不断填塞进狭窄的教室里，部分家长仍然坚守在公办学校；而部分家长在看到公办学校人满为患的场面时，无奈之下或主动或被动放弃公办学校，进而选择将子女送往民办学校。

（2）坚守与离开：两种不同的教育选择

出于对公办学校教育质量的信任，L 县城区家长在决定子女就读学校时，首要考虑的是将子女送往公办学校。特别是 S 小学—L 县实验中学—L 县高级中学这一升学之路，是大部分家长最先考虑的策略。然而，由于城区公办学校大班额现象的不断演化，部分家长不再信奉传统的升学策略，而将目光转向了民办学校。为了进一步了解部分城区家长放弃公办学校，转而将子女送往民办学校就读的行为动机，笔者与县城内的几位家长进行了一对一的访谈。根据其子女就读学校的性质（公办或民办）分为两类：一类是子女在公办学校就读的家长，另一类是子女在民办学校就读的家长。

访谈后笔者发现，一方面，子女在公办学校就读的家长普遍认可公办学校，没有将子女送到民办学校接受教育的打算；另一方面，由于城区 5 所公办小学间存在着不均衡发展的现象，S 小学的教育条件最好，所以 5 所学校之间也存在着择校现象，主要是非 S 小学学生择校进入 S 小学。而在民办学校就读的城区学生离开公办学校进入民办学校的原因则是多方面的。

① 坚守：城区公办学校间的择校。

笔者在调研时发现，子女在城区公办学校就读的家长对民办学校大都不太了解——"私立学校，没有了解""私立学校，听说过，A 学校不是比较早嘛，好像都是留守儿童在里面""民办学校我也不了解，咱 L 县不就一个吗"。家长也不赞成将子女送进民办学校，同时面对公办学校大班额现象，大都习以为常，并依旧坚守在公办学校。家长认为，"L 县公立学校教育质量一直很好，我们这城里面的孩子没想过上私立学校。这些年，L 县房地产开发得热火朝天，下面的人都进城了，城里的学校自然而然也是人满为患。我小孩班里（S 小学三年级）93 人。据我所知，S 小学每个班级人数都在 80 人左右，大班额现象严重。但就算这样，还是有好多家长想把小孩送进来"。即使城区公办学校大班额现象严重，城区家长多数情况下也不会择校进入民办学校。这一方面是家长普遍信任公办学校的教育质量；另一方面是因为即使择校，城区家长的目光也都聚焦在 S 小学。他们陷入了一场以进入 S 小学就读为目标的择校竞争中。

据在 S 小学从教的 PX 老师介绍，S 小学现有学生构成中，除了施教区内的学生，还有许多从城区其他学校转来的学生，"我们班大部分学生是家在这附近的，但也有从别的地方转来的，比如说从 H 小学、N 小学（两所学校为城区其他公办小学）转来的，有十几个。毕竟 S 小学是 L 县小学里面第一个（位），家长们肯定都想把孩子送进来"。在笔者询问非施教区学生是通过何种途径进入 S 小学时，PX 教师表示，"具体的我不清楚，但能进来肯定也是找了人的。中国社会是人情社会、"关系本位社会"。俗话说"熟人好办事"，所以在县域生态环境下，个体所掌握的人脉资源和社会关系网络，通常在诸如教育、医疗等方面能发挥重要作用。在子女上学问题上，即使进入 S 小学并非易事，但依托强大的人脉关系网络，仍然有家长能够成功实现择校。以笔者访谈的城区家长为例，PD 家长和 LSC 家长都成功将子女从 H 小学转学到 S 小学。两位家长的择校决定之所以能够成功，与其所拥有的社会关系网络有关。

LSC 家长与 JX 家长两人相识。按照户籍规定，两位家长的子女均应在 H 小学就读。两人都曾试图将孩子转往 S 小学。但是，与 LSC 最终成功进入 S 小学不同的是，JX 未能如愿。她目前仍然在户口所在学校——H 小学就读。JX 家长对两所学校进行了对比，并且表示仍然不放弃为孩子择校的想法。

H 小学的教育质量没有 S 小学高。S 小学每年考的（好成绩）还是多些。S 小学抓得紧些，每次放假，LSC 作业多得写不完，我女儿就天天玩。她现在这学校（H 小学）人数也多，班上有 82 个学生。我听说 S 小学都是九十多人。本来一个座位是两个孩子，现在有三个孩子，这得多挤啊，就这样还挤破头。

在优质教育资源短缺的情况下，家长们为了将子女送往辖区内最优质的学校，通常依靠的是经济资本和社会资本的双重角逐。从两位家长的择校结果我们可以看出，经济资本的作用正逐渐让步于社会资本。所谓社会资本，是指"社会关系网以及与此网络相伴而生的互惠和信任的交往规范"。[①] LSC 家长身处的社会关系网囊括了 L 县教育部门的工作人员，而其所能提供的帮助将直接决定择校这一行动能否成功。发生在城区公办小学之间的择校行为是单一家庭背后经济资本和社会资本的较量。传统的经济资本在优质教育资源短缺的背景下作用逐渐减弱。社会资本依托其庞大的社会关系网络，逐渐成为择校过程中的重要筹码。拥有筹码的家庭进入优质学校，而缺少筹码的家庭，要么在原地等待更好的机遇，要么转身离开进入民办学校。

②离开：进入民办学校。

郭建如等（2006）在研究我国民办基础教育发展特性时指出，在经济发达地区，由于人口的流入以及公办教育资源的短缺，民办学校根据服务人群的不同，可以分为"贵族学校"和"打工子弟学校"。笔者认为，在经济欠发达地区，由于人口的流出以及公办教育资源的短缺，农村民办学校根据服务人群的不同，同样可以分为两类，即农村"贵族学校"和"留守儿童学校"。L 县目前的 4 所民办学校，根据其服务人群、收费标准、课程体系等的差别，也可以分为"留守儿童学校"（A 学校、B 学校和 C 学校）和"贵族学校"（D 学校）。笔者调研发现，在城区公办学校大班额的背景下，离开城区公办学校的学生大部分会进入类似 D 学校这样的"贵族学

---

①　罗伯特·帕特南：《从经济不平等到阶级隔离：我正目睹美国社会资本的衰落》，观察者，https://www.guancha.cn/LuoBoTe-PaTeNan/2019_05_13_501311.shtml。

校"，少部分学生会择校进入 A 学校这样的"留守儿童学校"。

进入民办的"留守儿童学校"。一方面，城镇化进程中县城留守儿童的出现使本可以在城区公办学校就读的学生，因为家长外出务工而缺少合适的教育成长环境，继而主动转入提供寄宿的民办学校。对城区的家长来说，就近入学也许是一个很好的选择，但来自经济方面的压力让部分家长将眼光投向了民办学校。根据科尔曼的理性选择理论，任何行动者的行动都是有目的的行动，而且其目的具有唯一性，即实现个人利益的最大化。家庭内部通过对公办学校和民办学校就读的差异比较，以家庭内部利益最大化为原则，出于对经济效益的考量，最终做出离开公办学校而进入民办学校的决策。另一方面，根据已经从 S 小学退休，目前在 A 学校任教的 ZPF 老师提供的信息，由于 L 县城区公办学校大班额现象严重，因此包括 S 小学在内的许多公办学校在接收学生时会参照标准选择性地录取，对不符合标准的学生则拒绝其入学。这些标准既包括户籍、房产等硬性规定，也包括对学生学习成绩、身体和智力发育、行为表现等方面的苛刻要求。很多没有达到这些标准的城区学生，其家庭在缺乏强有力的经济资本和社会资本的支撑下，通常难以对抗结构的制约。无奈之下，他们只能离开公办学校。这些被动离开公办学校的学生如果不进入民办学校，就会面临无学可上的窘境。而这类被动离开公办学校的学生会择校进入 A 学校。A 学校通常也乐意接收这些被公办学校"淘汰"的学生。A 学校作为一所"留守儿童学校"，招收的学生主要是留守儿童，或者公办学校以各种理由拒绝其入学的学生。这类学校提供的教育通常与公办学校相差不大，并且也存在大班额的现象。不可否认的是，A 学校出于营利目的接收这部分学生，也为这一弱势群体提供了受教育的机会。A 学校在此扮演着"兜底"教育的角色。

进入民办的"贵族学校"。笔者经过调研发现，大部分城区家长在主动离开公办学校后，更愿意将子女送往班额较小、学校建设等方面发展更好的"贵族学校"，例如 D 学校。成立于 2015 年的 D 学校，目前学生数量在 800 名左右。自开办以来，D 学校一直坚持小班化教学，每班人数不超过 50 人。另外，笔者在走访后也发现，D 学校作为 L 县第一家民办高端学校，其课程体系、校园文化活动、教育设施、师资力量等与"留守儿童学校"和公办学校相比，更具特色和优势。

区别于公立学校的课程体系以及小班额模式是 D 学校的办学优势。在城区学生涌入 D 学校的过程中，择校家庭所付出的经济成本也高于公办学校和类似于 A 学校这类"留守儿童"民办学校。而随着 D 学校的认可度和知名度在 L 县教育界的上升，其招生策略也在发生变化。在优质教育资源有限的情况下，D 学校的招生策略由先前的"来者不拒"转变为当下的"择优录取"。而"择优录取"下的优胜劣汰，会使那些"成绩差"的学生最终去向哪里？他们是转身再次挤进公办学校，在大班额的环境下接受教育，还是最终进入如 A 学校这样的"留守儿童学校"？

（3）城区学校大班额背景下的教育选择：坚守或逃避，胜者是谁

县域城镇化不断发展下的大班额现象导致的后果是，城区家长凭借自己拥有资源和资本的多与少，决定在一场场择校决策中的胜利或失败。坚守在公办学校的家长，为了让子女能够得到最好的教育资源，陷入一场以 S 小学为核心的择校博弈当中。其中，经济资本的作用已经弱于社会资本的作用。离开公办学校的家长，无论最终是进入"留守儿童学校"，还是"贵族学校"，都是在消耗家庭资本的情况下所能做出的最优选择。而当优质民办学校也开始挑选学生时，可以想象，新一轮的竞争又将开始。而最终能够成功进入此类民办学校的，将是经济资本和社会资本同样雄厚的家庭。

从城区公办学校到民办学校的择校现象是社会结构和个体理性共同作用的结果。无论是坚守在公办学校，还是转身进入民办学校，大班额背景下的城区家庭出于对文化效益的追求，能动的择校行为体现了社会宏观结构制约下的个体理性反抗。教育竞争下终有胜者和败者，胜负不仅产生在学校之间，而且发生在学生之间。择校现象正是教育竞争激烈的一个缩影。这种竞争对农村家庭来说正逐渐变得艰难。不同社会阶层的家庭所能提供的资源不同，因此在现有规则、制度和结构的制约下，个体试图反抗的程度和结果也是因人而异、因"资本"多少而异的。择校现象的背后将是新一轮的县域教育不均衡发展样态。

通过对 A 学校外县市籍、L 县乡镇籍和 L 县城区籍三类学生择校动机的分析，我们可以发现，农村地区从公办到民办择校现象的发生与一系列结构化因素的影响密切相关。县际教育不均衡发展的结构性制约使大量外县市学生"用脚投票"，进入 L 县教育体系当中；城乡二元结构下乡村公办教育的落后，使本应在家门口上学的学生纷纷逃离本乡镇；县域城镇化不断发展下城区公办学校的大班额现象，使公办学校学生转身进入民办学校。县域之间、城乡之间、城区学校之间的教育不均衡发展的结构性限制推动三类生源及其背后的家庭或主动或被动做出择校选择。

从个体角度分析，择校作为家庭内部成员的共同决策，关系到整个家庭的利益。择校行为的发生是对教育投资和回报的理性决策，是实现家庭文化效益最大化的理性考量。区域间教育不均衡发展是农村学生择校的外在驱动力。通过接受"更优质"的教育进而实现个体向上流动的愿景是择校行为产生的内在驱动力。两股力量的合作使越来越多的农村家庭加入一场以家庭资本多寡为核心的教育竞争当中。而在这一过程当中可能产生的教育不公问题需要引起政府的重视。

（二）从公办学校到民办的"家"：城镇化背景下的农村择校

随着我国城镇化进程的不断加快，大量农村人口流动到经济发展更快、就业机会更多的城市。传统的农村家庭关系也随之变迁，越来越多的农村孩子被迫成为"留守儿童""离异家庭子女"。随着父母的外向流动，这一正处在教育阶段并缺少合适照料人的特殊群体常常面临着无处可去的尴尬境地。笔者在调研时发现，择校进入 A 学校的学生大多是"留守儿童""离异家庭子女"，或者是二者的结合。在城镇化的背景下，这一群体缺少合适的容身之地。通过择校进入一所能够提供寄宿的学校，是家长在结构制约下所能做出的最好选择。本节将基于在 A 学校获得的调研资料，从我国城镇化不断发展的结构背景下分析农村留守儿童家庭、离异家庭成为择校主体这一现象，探究农村家庭择校过程中的资源分配，展现这一群体家庭决策背后的理性考量。

1. 作为结构的城镇化：无处可去的留守儿童

（1）城镇化进程中的留守儿童

《2018 年农民工监测调查报告》显示，2018 年我国农民工总量达 28836 万人，同比增长 0.6%。其中，到乡外就业的农民工为 17266 万人，同比增长 0.5%；进城农民工为 13506 万人，同比下降 1.5%。数量庞大的农民工群体在由农村向城市转移的过程中，其子女一部分随父母进城接受教育，成为农民工随迁子女中的一员。而大多数尚在义务教育阶段的儿童则被父母留在家乡，由家中长辈照顾长大。这一群体就是我们通常讨论的留守儿童。根据《信阳统计年鉴 2018》可知，L 县总人口约为 76.99 万人，常住人口约 52.08 万人，人口向外流动达 24.91 万人，占总人口数的 32.4%，位居全市第三。近 25 万的流动人口中大部分为外出务工人员。笔者在调研期间没有搜集到 L 县外出农民工人数的详细数据，但从一份政府报告中的信息"2016 年 1 月到 2017 年 12 月，L 县农民工返乡约 16800 人，占外出农民工总数的 12.9%"，我们也可以推算 L 县在外农民工数量在 13 万人左右。关于留守儿童的情况，根据笔者从 L 县教体局得到的资料，截至 2017 年 7 月，L 县农村 16 岁以下留守儿童共有 6981 人，其中，0~5 岁的有 1369 人，6~13 岁的有 4944 人，14~16 岁的有 668 人。在父母外出务工的同时，留守儿童的实际监护人进行了更换，由其（外）祖父母担任的有 6951 人。留守儿童常年与父母分隔两地，父母难以顾及其成长教育活动。（外）祖父母作为这些留守儿童的实际监护人，在生活上虽然能够无微不至地伸以援手，但考虑到其年事已高，照料孩童需要付出的精力通常难以达到，也无法顺利解决留守儿童在学习上遇到的问题。叶敬忠等（2006）的研究也表明，由于父母外出务工，少数留守儿童缺少学习的辅导者和监督者，会出现学习成绩下降的情况。种种现实困境让外出务工的家长对子女就读学校所提供的服务有了更多样化的需求。无处可去的留守儿童亟需一个能够安稳学习和成长的环境。提供住宿服务的民办学校正契合农村家长差异化的教育需求，于是择校行为随之发生。

（2）无处可去的留守儿童：进入寄宿制学校

笔者调研所在的 A 学校是一所寄宿制民办学校，通常被称为"留守儿童学校"。全校 1737 名学生均是寄宿生，留守儿童占比 90% 左右。留守儿童是 A 学校生源的重要组成部分。针对人数众多的留守儿童在民办学校就读的现象，笔者对留守儿童本人、家长以及教师进行了访谈。从家长的角度来看，之所以将尚处在义务教育阶段的儿童安置在家乡的民办学校，主要是出于对小孩教育、安全和照顾的考虑。

农民工家长常年在外务工，长期缺席子女的成长教育活动，使其子女身边缺少合适的照顾者、教育者、保护者。从教育需求与供给的角度分析，民办学校之所以能够吸引众多的生源，正是因为它能提供区别于公办学校的教育服务。叶庆娜（2012）的研究表明，免费义务教育政策下农村民办教育快速发展的原因之一，正是农村家庭出现了差异化的教育需求。传统公办学校提供的教育服务并不能满足其特有的需求，而民办学校提供的全封闭寄宿制教育服务，正符合大部分留守儿童家长的需求。严鸿和、朱霞桃（2006）的研究也表明，农村寄宿制学校可以减少父母外出对留守儿童产生的不利影响。

在城镇化进程中，农民工家长长期在外，对留守儿童的监护责任主要落在其（外）祖父母肩上。而大多数留守老人在抚养后辈的过程中也会产生如精力不足、隔代亲、溺爱孩子等问题。因此，农民工家长选择将孩子托付到寄宿制民办学校是无奈之举，但也是最合适的选择。寄宿制民办学校一方面为学生提供日常生活所需的吃住服务，另一方面能够 24 小时看护学生，保障学生的教育、安全，解决家长的后顾之忧。但是，家长也必须意识到，处在成长关键期的留守儿童长期以校为家，成长环境局限在方寸校园中，与家庭成员相处过少，也会对他们的身心健康、性格形成和社会化发展等方面产生不良影响。

另外，笔者在调研时发现，A 学校的留守儿童可以分为两类：一类是单一的留守儿童，即没有到父母工作地接受教育经历的留守儿童；另一类是有到父母工作地接受教育的经历，经历过随迁子女和留守儿童两种身份（多次）转换的留守儿童。笔者在调研时还发现，A 学校在成长过程中经历过留守和随迁交替存在的"钟摆式流动轨迹"的学生不在少数。南方（2017）在对农民工子女"钟摆式流动轨迹"的研究中也指出，农村儿童上学地点不断变动的背后，反映的是其父母调动一切可支配资源与现实所做的反抗与博弈。

农民工外出务工后其子女的教育选择问题，是在城市还是农村上学，是选择公办学校还是民办学校，是寄宿还是走读，等等，任何一种决策背后都需要各种资源的支撑才能实现。通过与 FG 学生家长的沟通，笔者发现其子女上学地点无论是从农村转向城市，还是从城市回归农村，看似非此即彼的选择背后，实则是农村家长调动一切资源与社会结构制约进行博弈的过程。而这些最终回归农村教育体系中的学生，其"钟摆式流动轨迹"停留在留守儿童一端，在某种程度上可以说是其父母与现实博弈失败后的无奈选择。

（3）城镇化结构制约下的理性选择

当农民工在农村有较好的乡土资源（如经济资本、社会关系）使其子女顺利在农村接受教育时，这种教育安排符合经济人的理性特征，是家庭综合效益最大化的决策。因此，将子女安排在农村接受教育是农民工外出务工时最先考虑的教育策略。父母出于情感需要、亲子教养等方面的考虑，将原本在家的留守儿童接到城市接受教育时，也需要一定的经济资本和社会网络的支撑。然而，农民工所拥有的有限资源网络并不能为子女在城市接受教育过程中遇到的制度性障碍提供强有力的对抗。于是无奈之下随迁子女只能重新回到农村，再次成为留守儿童。

受制于城镇化背景下人口大规模流动的结构性因素，一部分农村劳动力向外流动的同时，他们的子女被迫成为留守儿童。为这些儿童寻找一个安稳的去处便成为家长外出务工时优先考虑的事情。农民工家长通过择校将子女送往封闭式的寄宿制民办学校，是在确保家庭经济效益、子女安全效益最大化的前提下的一个较为合理的决策。留守儿童择校进入民办学校的现象是社会结构和个体理性相互作用下的必然产物。

2. 作为结构的婚姻家庭变迁：无处可去的离异家庭子女

（1）婚姻家庭变迁中的农村离异家庭子女

民政部在 2019 年 3 月底发布了 2018 年各省份社会服务统计数据。统计数据表明，从 1987 年到 2018 年，我国家庭离婚数量从 1987 年的 58.1 万对增长到 2018 年的 437.4 万对，增长了 6.53 倍。数据显示，我国离婚率从 2003 年开始连续 15 年上涨，其中农村家庭离婚率上涨最明显。新华社《半月谈》杂志就报道过农村家庭高离婚率的现象：在 2013 年到 2015 年，河南省宁陵县法院审理的离婚案件中，"80 后""90 后"农村青年成为离婚高危人群，农村家庭离婚案件数量占全部离婚案件的 85% 左右。[1]农村出现高离婚率的情况，与我国城镇化背景下大量农村劳动力的跨地区流动分不开。

改革开放以来，随着我国城镇化进程的不断加快，城乡劳动力的流动规模逐渐扩大，其中以农村剩余劳动力向经济发达地区流动为主。伴随着农村劳动力的不断外流，农村地区离婚率也呈上升趋势。关于农村劳动力流动与农村离婚率之间的关系，刘彬彬等（2018）分析了 2003~2015 年劳动力流动对中国村庄离婚率的影响，发现在城镇化进程中，劳动力的流动，特别是劳动力的流出，会显著提高农村离婚率。高梦滔（2011）通过分析 2003~2009 年农业部农村固定观察点村级数据发现，农民工外出就业对农村离婚率有显著的影响；农村劳动力的外出就业人数增多是近年来农村离婚率上升的重要因素之一。婚姻是家庭关系的核心，但在农村人口不断外流的情况下，传统的家庭婚姻关系变得脆弱不堪。城镇化背景下的人口流动使农村家庭结构逐渐瓦解，因此农村离异家庭、单亲家庭的数量不断增加。对于已经有子女的农村家庭来说，离婚不仅是夫妻双方婚姻关系的简单解除，而且包含着对子女抚养责任的转移和交接。

在父母婚姻关系解除以后，农村离异家庭子女通常由父母一方抚养，另一方不负抚养责任和义务。由于农村经济结构单一，离异家庭的经济压

---

① 《80 后、90 后农村青年离婚案件逐年走高，成离婚高危人群》，https://www.thepaper.cn/newsDetail_forward_1493372。

力较普通农村家庭更大。大多数抚养人在经济压力的压迫下会选择外出务工挣钱，此时孩子便成了他们的"负担"。在单亲爸爸（或妈妈）由于经济问题不得不外出务工时，他们正处于教育阶段的子女归处又在何方的境地。

（2）农村寄宿制民办学校：离异家庭子女的"新家"

笔者在 A 学校调研期间发现，随着农村劳动力的外流，离婚率的不断上升，部分离异家长会将自己的子女由公办学校转到类似 A 学校这样的寄宿制民办学校。以 A 学校学前班的学生为例，该班现有学生 34 名，学生年龄分布从 4 岁到 8 岁不等。据班主任 CGX 老师的介绍，现有的 34 名学生中有 17 名学生来自离异家庭，离异家庭子女比例高达 50%。

笔者在调研后发现，农村离异家庭的父母倾向于将子女送往民办学校的缘由与留守儿童家长类似，主要是为无人看管的孩子找寻一个"家"。CGX 教师不仅负责该班 34 名学生的教学工作，在日常生活中也扮演着这34 名学生"母亲"的角色。对于农村离异家庭的家长择校进入 A 学校的缘由，CGX 教师这样解释：

> 我们班离异家庭的孩子多。他们父母大部分是农村的，都在外面打工，没有时间照顾他们。家长离婚以后，一般小孩判给爸爸的比较多。现在养小孩花钱的地方多，要是男的不出去挣钱的话，怎么养？他们在外面挣得比在家里多，一个月的工资就够小孩一学期的学费了。他们把小孩送到我们学校，交了学费以后，小孩放这儿就不用管了，平时要是想小孩了，回来看看也方便。我们管得比较严，不仅管学习，还照顾生活，就跟保姆一样，一天 24 小时围着学生转，比父母还尽职尽责，给父母省了不少心。

一方面，离异家长在担负起独自照料子女的责任时，要面对的经济压力和精神压力很大。区域间经济发展不均衡的现状让更多的农村家长选择走出去，外出务工所得的收入来源足以支付子女在一所民办学校就读的教育费用。另一方面，一所寄宿制学校提供的教育、生活服务也能减轻家长的负担。从教育需求与供给的角度来看，离异家长和 A 学校位于需求端和供给端的两侧。双方就民办学校应提供的服务内容达成共识，于是提寄宿制民办学校随即成了离异家庭子女的归处。

（三）结构化制约下的幸与不幸

城镇化背景下区域经济不均衡发展的结构性限制，使在外打拼的农村劳动力在短时间内不可能回归故土；人口的外流在导致农村离婚率不断上升的同时，农村离异家庭子女的命运也受到影响，最终提供寄宿服务的民办学校成为无人照料的离异家庭子女的归处。结构制约下的个体命运显得弱小无助。农村家长作为具有能动性的行动者，在现有规则和结构的约束下做出的将子女送往寄宿制民办学校的决策，是为了实现家庭综合效益最大化而做出的理性选择。起源于城镇化的"蝴蝶效应"，最终导致的后果之一是农村离异家庭子女被送进寄宿制民办学校。在择校进入寄宿制民办学校的离异家庭子女眼中，学校的性质已经由原先的学习场所变成了为其遮风挡雨的"家"。

然而，在一所民办学校成长对这些农村离异家庭子女意味着什么？一方面，这些孩子所处的环境是令人无奈和心酸的，父母长期缺席这些孩子的成长活动。亲情和家庭教育的缺失都会对这些心智尚不成熟、缺乏足够安全感与归属感的儿童性格养成和道德培养产生消极影响。另一方面，民办学校为这些无人照料的农村离异家庭子女提供了一个安全且舒适的"家"。他们"以校为家""以师为母"，在成长过程中能够得到较为安稳的环境和情感支撑。从这一点来看他们又是幸运的。

对 A 学校的两个特殊群体——留守儿童和离异家庭子女——择校动机的分析，展现了在城镇化背景下农村家长外出务工后，其子女教育地点被迫发生转移的现实一面。"时代中的一粒灰，落在个人那里，可能就是一座山。"（方方，2016）对于那些因为宏观环境变化而被迫成为留守儿童或离异家庭子女的学生而言，一座"大山"使他们与父母分离。父母的缺席使他们面临无处可去的窘境，而民办学校作为一个暂时的"家"，为他们提供遮风挡雨的居所，为他们的父母提供得以喘息奋进的机会。

王跃生（2009）在探讨社会转型与家庭变动之间的关系时指出，20 世纪 80 年代中期，改革开放政策推动了中国农村的社会转型。在农村劳动力向城镇转移的过程中，农村家庭内部人员的生存方式、成员之间的关系、家庭结构和家庭功能均发生了变动。我们探讨社会转型（城镇化）—农村家庭变动—从公办到民办择校这三者之间的关系链，意在证明农村地区从公办到民办择校现象的直接因素是农村家长抚养责任的转移以及农村家庭成员婚姻关系的结束，而间接因素则是社会转型背景下的人口大流动和家庭结构变化。在城镇化发展的体制性因素影响下，留守儿童和离异家庭子女的家长选择将子女送往民办学校，更多是从家庭经济效益、子女安全效益的角度出发做出的理性选择。将子女从公办学校转移到民办学校的"家"，农村家庭通过择校的形式，在制度网络规范之下努力寻求对其子女和家庭综合效益最优的教育方案。这种尝试体现了结构制约下个体的能动性和反抗意识。

五 结论与探讨

（一）主要结论

通过对 L 县农村学生择校现象的调研与分析，本研究主要得出以下结论。

社会结构影响和制约着农村学生的教育选择。一方面，无论是县际教育不均衡发展的样态，还是城乡二元结构对立下乡村教育的落后，抑或是城区公办学校大班额背景下的激烈竞争，县域之间、城乡之间以及城区学校之间这种不均衡、差异化发展的现状，结构性的束缚让身处其中的农村学子和家长进退两难。另一方面，在城镇化背景下，农村剩余劳动力的跨地区流动，使传统的农村家庭结构发生变化，大量留守儿童、离异家庭子女需要寻求更为安全的庇护所。传统公办学校提供的教育服务并不能满足这一群体的需求。结构的制约使农村家长迫切寻求安置子女的合适去处。

　　家长作为能动的"理性人"，对结构性因素的制约并非全盘接受，而是努力寻求各种方式和途径挣脱束缚。一方面，农村家长的择校行为起源于对优质教育资源的向往和追求。为了让子女享受到更好的教育环境和教育条件，家长们不愿"坐以待毙"，而是选择"主动出击"，家庭经济资本和社会资本的积累为反抗结构的制约提供了资源保障。另一方面，对在外务工、无法看护孩子的家长来说，择校关系到整个家庭的利益。择校行为的发生既是出于教育投资和回报的理性决策，又是家长的价值选择，是家庭内部经过共同决策之后做出的效益最大化的行动。农村家长出于对文化效益、经济效益、安全效益等多方面的价值考量，在结构网络之下寻求反抗的可能性，最终通过择校来实现对上述价值的追求。

　　农村地区从公办到民办择校现象的发生，是社会结构和个体选择共同作用的结果。一方面，择校现象是农村家长对我国区域教育发展不均衡社会结构的个体反抗。区域之间教育资源发展的差距以及优质教育资源的吸引促使农村地区从公办到民办择校现象时有发生。在择校这一行动系统中，择校家长作为具有目的性的"理性人"，以下一代获得更高的教育成就为价值导向。城镇化进程中农村剩余劳动力的外向流动使农村家庭经济收入增加，为择校决策提供了物质支撑；家庭社会资本的雄厚为农村择校家长在为子女选择学校时提供了有价值的信息和人脉，财富的积累和强有力的社会资源网络共同促使农村家长择校行动的实现。另一方面，择校现象是农村家长在面对结构性城镇化发展所引发的矛盾时，为追求家庭效益最大化做出的个体理性选择。在城镇化进程中，农村劳动力的外流产生了大量需要照料和教育缺失的留守儿童与离异家庭子女。城镇化政策推行的大环境与农村家庭小环境之间的矛盾诱发了农村家长主动进行择校。社会结构和家长相辅相成共同推动县域内从公办到民办择校现象的发生和演化。

　　结构与个体的相互作用对县域教育生态发展产生影响。理性选择理论解释了制度结构与个人选择之间的关系，即宏观的社会结构制约个体行动，个体行动的整合反过来也能形塑、影响社会结构的变化。结构性制约下的个体反抗反过来影响和推动了结构的变化与再生长，导致意外后果的产生。

城乡二元结构下的教育不均衡发展，致使农村学生"逃离"农村学校，造成农村"空心校"问题严重；县域城镇化的不断发展，使公办学校容纳学生的能力减弱，继而导致大班额现象突出，挤不进"大班"的学生会择校到民办学校；在县域内民办教育快速发展的背景下，城区两类民办学校在吸收从公办学校转出的学生时所采取的"兜底"或"择优"策略，都有可能进一步加剧教育不平等。结构化制约下的个体行动，最后导致农村"空心校"、县城学校"大班额"等意外后果的产生和演变。而这也将深刻影响县域教育生态新一轮的变革和改进。

（二）进一步思考

1. 择校与教育公平

农村学生择校是在特定情境下的行动选择，其行动具有一定的主体性和能动性，但是这种现象的产生和发展同样是我国教育领域及社会其他领域资源配置不均等背景下的产物。社会向上流动渠道的闭塞使教育成为社会中下阶层寻找出路的有力渠道。这一客观现实促使农村家长做出择校选择，而择校现象的蔓延又进一步加剧了教育获得的不平等。在区域教育资源配置不均等的背景下，农村家长能动地择校在小范围内或许缓解了教育不平等对个体的影响。然而，从长远来看，择校现象的发展使优质教育资源在县城内部集聚，越来越多的家庭参与到以城区学校为目标的教育竞争当中。而农村教育的衰败和"空心化"现象的蔓延，不仅造成大量教育资源的浪费，而且导致底层孩子无"好"学可上。

另外，择校需要一定的经济资本和社会资本做支撑。无论是跨县域择校进入L县的外县市学生，抑或是从乡镇公办学校"逃离"的学生，还有由于各种家庭社会原因进入民办学校的留守儿童、离异家庭儿童，与未进行择校的家庭相比，这些学生都是"幸运儿"。他们的家庭通常具有更多的经济资本和社会资本。择校成功的确在一定程度上有利于子女获得更高的教育成就，进而实现社会向上流动。但是，资本的再生产也加剧了择校家庭和非择校家庭之间的不平等，进而加剧了教育不平等。

教育资源配置不均衡使教育促进社会阶层流动和社会公平的功能渐趋微弱，有加剧社会阶层分化与固化的倾向，并导致发展机会在各社会阶层之间的分布更加不均等。拥有雄厚社会资本或经济资本的家庭能够相对轻松地实现择校，而缺乏经济资本或社会资本的学生则只能在现有不均衡的教育环境下接受教育。这也意味着他们可能丧失更多向上流动的机会。阶层分化和教育分化的恶性循环加剧了阶层固化，也会导致更大程度的社会不公平。

2. 对择校现象的政策性引导

从公办到民办的农村择校现象产生的原因是多方面的，造成的后果和问题也是复杂的。无论是农村"空心化"学校、城区公办学校"大班额"现象，还是两类民办学校在抢夺生源过程中的激烈竞争等，这些由择校而衍生出来的问题都将深刻影响 L 县教育事业未来的发展方向。本研究认为，要想解决择校衍生的问题，政府和学校双方需要共同努力，为择校家庭提供更多、更公平的选择机会，为学生创造良好的受教育环境，进而满足农村家长对优质教育资源的需求。

首先，政府应该进一步努力推动城乡教育资源的均衡配置，加大对民办教育发展的扶持力度以及重视农村家长多样化的教育需求。第一，针对农村"空心化"学校问题，政府应该加大对农村学校的教育扶持力度，改善农村学校的办学条件和教学环境，为农村教师提供更多的职业发展机遇，推动城乡间、学校间的师资流动，实现城镇学校和农村学校的良性互动，进而缩小城乡教育差距，将学生留在家门口的好学校。第二，针对城区公办学校"大班额"现象，政府除了要加快建设城区公办学校、扩大公办学校办学规模以外，还应给予民办学校一定的发展空间，认可民办学校在缓解城区公办学校"大班额"问题上发挥的作用，并为民办学校在县域内的发展提供更多的机会和选择。政府和教育部门应该考虑发展多元化的育人模式，允许城区公办学校和民办学校之间的良性竞争。第三，政府应该关注和重视农村家长差异化的教育需求，为提供个性化教育的民办学校提供便利。民办学校不仅为留守儿童和离异家庭子女提供了良好的教育环境，而且为他们提供了安全、舒适的生活环境。政府应该加大对提供此类服务的民办学校的政策支持力度，让民办学校能够安心教养学生，让学生的家长也能够安心在外工作。

其次，无论是公办学校还是民办学校，在优质教育资源短缺的背景下，都应该加强自身的管理，明确学校的办学理念，并提供具有针对性的教育服务。特别是，在激烈的择校竞争中，县域内民办学校更应该在学校发展战略和发展路径上适时进行调整，即根据县域义务教育的实际状况、不同人群差异化的选择需求，确立学校未来的发展目标和方向。近年来，民办学校跨区域招生的现象愈演愈烈。为了维护教育公平，保护本区域内受教育儿童的权利，各地方政府纷纷出台了相应的措施抑制跨区域招生现象的发生。例如，浙江省教育厅近期发布通知，要求"民办学校在审批地范围内招生"，"不得跨市域招生"。[①]民办学校在向外招生受阻的现实条件下，更要理性分析学校未来在招生、办学等方面的具体走向。即使 L 县民办教育事业的发展尚未受到"限制跨区域招生"此类政策的影响，但在未来政策走向尚不明朗的情况下，县域民办学校应该向内探索其与公办学校竞争办学的均衡点，寻找适合民办学校可持续发展路径的突破口，拥有自己的生存和发展空间，与公办学校共生共长，共同推动县域教育事业的稳步前进。

最后，择校带来的激烈竞争正逐渐演化为家庭经济资本和社会资本的双重角逐，因此引发的教育不公平、社会不公平问题需要引起政府部门的高度重视。政府担负着维系教育公平的重任，农村学子在公办学校和民办学校进出之间，政府应该保证处于弱势地位的学生利益不受损害，保证其受教育的权利得到合法维护。择校现象并非个体意志所能决定的，而是多种社会结构性因素共同影响的产物。它所引发的一系列后果和问题同样需要多方力量的共同努力来解决。农村地区从公办到民办的学生择校现象所引发的一系列问题的根本解决，除了需要教育部门的躬身力行，还需要纳入我国社会整体发展进程中考虑。

[①] 《浙江省教育厅办公室关于做好 2020 年义务教育阶段学校招生入学工作的通知》，http：//jyt.zj.gov.cn/art/2020/3/11/art_1532973_42229994.html。

参考文献

陈方雪，2019，《乡村教师工作时间管理问题及对策研究——以某乡镇 A 小学为个案》，硕士学位论文，南京师范大学。

方方，2016，《方方散文》，人民文学出版社。

高梦滔，2011，《农村离婚率与外出就业：基于中国 2003~2009 年村庄面板数据的研究》，《世界经济》第 10 期，第 55~69 页。

耿琰，2017，《河北省县域间义务教育均衡发展研究》，硕士学位论文，河北师范大学。

龚凉冰，2004，《农村民办中小学校本管理机制建构之探究》，硕士学位论文，江西师范大学。

郭建如、阎凤桥、韩嘉玲、刘云杉，2006，《我国民办基础教育发展的地域性、阶层性与多样性分析》，《民办教育研究》第 3 期，第 75~83、108 页。

黄斌、郝秀宁、董云霞，2013，《"以县为主"和"新机制"改革是否改善了县域间教育财政支出差异》，《教育与经济》第 6 期，第 3~10、15 页。

吉登斯，1997，《社会的构成》，生活·读书·新知三联书店。

教育部发展规划司，2016，《中国教育统计年鉴》，中国统计出版社。

李芬、慈勤英，2003，《流动农民对其适龄子女的教育选择分析——结构二重性的视角》，《青年研究》第 12 期，第 13~19 页。

林小英、杨蕊辰、范杰，2019，《被抽空的县级中学：县域教育生态的困境与突破》，《文化纵横》第 6 期。

刘彬彬、崔菲菲、史清华，2018，《劳动力流动与村庄离婚率》，《中国农村经济》第 10 期，第 71~92 页。

刘学东、李敏，2010，《农村中小学生择校问题研究》，《现代中小学教育》第 1 期。

马多秀、杨建朝，2010，《我国农村义务教育阶段学生择校现象的社会学审视》，《教育学术月刊》第 9 期。

南方，2017，《农民工子女钟摆式流动轨迹及其产生原因研究》，《中国青年研究》第 3 期，第 62~66、87 页。

彭博、蒋中一，2008，《农村初中阶段民办教育产生机制研究》，《农村经济》第 2 期，第 112~115 页。

宋静，2012，《河南省农村义务教育择校问题研究》，硕士学位论文，河南大学。

王强，2009，《农村义务教育阶段择校问题的思考——基于山西省贫困县小学的调查，《中国农业教育》第 6 期。

王跃生，2009，《制度变革、社会转型与中国家庭变动——以农村经验为基础的分析》，《开放时代》第 3 期，第 97~114 页。

魏峰，2017，《弹性与韧性——乡土社会民办教师政策运行的民族志》，上海三联书店。

谢硅，2012，《我国农村义务教育择校问题研究》，硕士学位论文，东北师范大学。

谢锡美，2010，《义务教育阶段民办学校未来走向探析》，《教育发展研究》第 Z2 期，第
　　15~16 页。

徐家军、张建伟，2012，《谈农村中小学学生择校问题：从"教育公平"的视角》，《科
　　教导刊（上旬刊）》第 1 期，第 2、29 页。

阎凤桥，2004，《从民办教育透视教育的分层与公平问题——对 S 省 TZ 市民办教育发展
　　状况的调研》，《教育发展研究》第 1 期，第 20~24 页。

阎凤桥，2012，《我国农村民办教育发展的政治逻辑——基于北方某县的调查》，《北京大
　　学教育评论》第 2 期，第 64~78、189 页。

严鸿和、朱霞桃，2006，《寄宿制学校对农村"留守儿童"教育影响的调查》，《现代中
　　小学教育》第 1 期，第 4~6 页。

杨涵深、游振磊，2019，《义务教育"大班额"：现状、问题与消减对策》，《教育学术月
　　刊》第 12 期，第 57~64 页。

叶敬忠、王伊欢、张克云、陆继霞，2006，《父母外出务工对农村留守儿童学习的影
　　响》，《农村经济》第 7 期，第 119~123 页。

叶庆娜，2007，《农村小学阶段的择校问题研究》，《青年探索》第 6 期，第 26~28 页。

叶庆娜，2012，《免费义务教育政策下农村民办教育发展的原因分析》，《上海教育科研》
　　第 1 期，第 17~21 页。

叶庆娜、陈绍华，2012，《农村民办中小学发展现状及原因——基于免费义务教育政策
　　实施背景的分析》，《现代教理》第 5 期，第 62~66 页。

易忠梅，2016，《义务教育阶段农村学生择校问题研究——以贵州省德卧镇为例》，硕士
　　学位论文，云南大学。

张乐天，2004，《城乡教育差别的制度归因与缩小差别的政策建议》，《南京师范大学学
　　报》(社会科学版) 第 3 期，第 71~75 页。

赵佳佳、王建林，2018，《我国跨区域人口迁移与财政支出的空间溢出效应——"用脚投
　　票"视角下的面板数据模型研究》，《商业研究》第 11 期，第 73~81 页。

褚宏启，2009，《城乡教育一体化：体系重构与制度创新——中国教育二元结构及其破
　　解》，《教育研究》第 11 期，第 3~10、26 页。

农人传统行动取向及其代际传递的教育意义 *

赵同友 **

摘　要: 本研究从天－人结构作为行动系统、生产方式作为行动架构、习性作为行动结果三重角度理解小农经济结构下农人的行动样态及取向,经由此种行动取向阐明行动潜在的、意外的教育后果。天－人结构作为行动系统,因顺应天对人行动的制约,造就了农人行动信念中的宿命论倾向,为有限行动。经由生产方式塑造的行动架构,内化为农人行动的唯经验性与乏精确性,为大概行动。生产方式架构的无过程行动塑造了农人行动习性的结果取向,具有僭越理性规则的情感行动特征。这一套行动取向以习性为中介,藏匿于农人与子女互动的社会化过程中,冲突于现代学校场域的目的理性行动模式,预示了从家庭到学校场域,农人子弟行动习性的改造与调整危机,揭示了文化与社会再生产的另一种路向。

关键词: 农人;行动;习性;教育

---

* 基金项目: 2016 年教育部人文社会科学研究青年基金项目 "家庭教育行动的代际再生产与学业成就效应" (项目编号: 16YJC880108)。

** 赵同友,温州大学教育学院副教授,韩国国立江原大学博士,华南师范大学博士后,主要研究方向为教育社会学,E-mail: zhaoty1980@163.com。

一 从传统到现代：文化与社会再生产的另一种路向

改革开放 40 多年来，中国社会发生的快速现代化导致急剧的社会变迁，使整个社会逐渐从传统农业社会向现代工业社会转变。最能代表此种转向指标的是农业人口的逐年递减和城镇人口的逐年递增。1949 年，我国农业人口占 89.40%，非农业人口占 10.60%。1978 年改革开放初期，我国农业人口占 82.08%，非农业人口占 17.92%。到 2010 年，我国城乡人口数量几乎各占一半。截至 2016 年末，我国城市常住人口比例达 57.00%。与城市化进程不相协调的是中国高等教育系统中城乡学生的比例，特别是重点大学。新中国成立 17 年后至"文革"结束，农民子弟进入大学的数量逐渐增多。1953 年，农民子女占全国高校新生总数的比例为 21.05%，到 1964 年，这一数据增长为 62.14%。1977 年恢复高考后，农民子弟在重点大学的比例持续下降，由改革开放初期的 20%~30% 下降至 2012 年的 16%（程家福等，2014）。而同一时期（1977~2012 年），农民人口占全国人口总数的比例在47.4% ~ 79.9%。[①]

以 1978 年改革开放开启的现代化运动为分水岭，急速的社会变迁带来的社会结构的巨大改变，不仅促进了阶层分化及其携带的资本的质、量分化，也使不同的社会阶层为获取更多的社会资源而进行的或主动或被动的习性调整。从传统农业社会到现代工业社会，经济结构主导的社会改革，引起了社会结构和阶层的改变，也促进了社会成员观念、性格以及行动方式的改变。传统中国农业社会采用的社会化手段，不同于现代工业化社会采用的社会化手段，形成在其特定经济形态与社会结构下所需要的性格与行为，也会存在巨大差异（杨国枢，2013）。农人，作为社会中的弱势群体，因资本（经济、文化和社会资本）和能力（学力）的弱势，不能有效支持子女的学业并获得较高成就。同时，在传统农业社会经济结构下形成的行动特征又因生产和生活场域的封闭性，深具习性色彩并在代际间传递

[①] 根据国家统计局官方网站（http://www.stats.gov.cn/tjsj）数据计算。

内化。然而，这一套行动习性是否可以适应印刻有现代工业社会特征的机构（学校）的行为标准是一个问题。这既是个人现代化与社会现代化的协调和适应问题，又是理解文化再生产与社会再生产的另一种路向。

本研究考察的重点是镶嵌于现代工业社会架构中的小农经济生存者——吉林省东部山区 P 镇——农人的行动取向及其代际传递的教育效应。调查时间为 2013 年 7 月至 2016 年底（纵向个案调查）。研究采用田野调查的方式，以观察、访谈和文献收集为获取资料的主要途径。研究对象主体为未曾离土离乡的小农耕作者，年龄在 25 岁到 45 岁之间，且育有学龄子女，研究中皆以“农人”相称。其他研究对象为农人子女和场域活动相关人士（其他农人、校长、教师等）。本研究集中解决三个问题：第一，阐述分析与传统农业社会结构相适应的行动取向，以及这套行动取向在教育场域的表现；第二，阐述应生于传统农业场域行动取向的跨场域效应，即传统行动取向产生的代际传递及潜在的与学校场域行动取向的冲突；第三，分析农人的行动“作为过程中的行动”与“作为已经结束的行动”所产生的意义的区别。

二　个人现代化与学业成就

（一）国家现代化与个人现代化

现代化的含义，因其维度和内容的丰富性，不同学者有不同的界定，既包括马克思阐述的资本主义机械化的生产方式和阶级分化，涂尔干提出的“工业主义”范式导致的社会分工的高度发达，又有韦伯的理性化和科层制特征（吉登斯，2013）。就其后果而言，现代化驱动了国家现代化与个人现代化。国家现代化主要表征为工业化、城市化、专业化分工、高社会流动性以及民主政治等特征。个人现代化主要表征为个人身上携带的有利于现代生活的态度、价值观念与行为模式。针对国家现代化的研究著述浩如烟海，但对个人现代化的研究不过是近几十年的事情。根据杨国枢等的研究，个人现代化的研究以英克尔斯（Inkeles）、卡尔（Kahl）、杜布（Doob）及道森（Dawson）等的成果较为丰富。从 20 世纪 60 年代开始，台湾大学心理学系系统性地实施了关于中国人现代化的研究，成果显著（杨国枢，2013）。

自 1962 年以来，英克尔斯和史密斯在哈佛国际事务研究中心推动了一项大规模的"经济发展的社会文化因素研究计划"，同时在智利、阿根廷、以色列、尼日利亚、印度及巴基斯坦 6 个发展中国家调查访问了 6000 人，以探讨现代化对个人态度意见、价值观念和行为模式的影响。历经现代化的个人具有以下相似特征：（1）在人与事务方面，乐于接受新的经验；（2）不容易受父母与教师等传统性权威的影响，而容易受政府领袖、商业工会、公共事务及合作社等的影响；（3）相信科学与医药的功效，放弃宿命论，能在生活中采取主动；（4）在教育与职业上对自身及其子女期望较高；（5）喜欢人们守时，凡事乐于在事前制订周详的计划；（6）对社区事务与地方政治有浓厚的兴趣，而且能够主动参与；（7）对新闻与消息表现出强烈的兴趣，而且喜欢国内与国际新闻胜于有关体育、宗教及地方事务的新闻（英克尔斯、史密斯，1992）。卡尔在巴西和墨西哥的研究中提出的现代人的特点与英克尔斯比较相似，而中国人的现代化问题则比较特殊。中国社会和中国人因为长期生活在传统的农业社会，形成了稳定而独特的价值观念与行为模式；又因我国幅员辽阔，发展差异大，不同地区的人的现代化程度不同，其对现代社会的适应程度必定不同。依据杨国枢的研究，农业社会与工业社会结构的不同体现在集体主义和个人主义、家族主义和制度主义、上下排比和平行关系、一元同质和多元异质、结构紧固和结构松活。在农业社会，因为土地固定和农作物生长缓慢，个人只有依赖家庭才能生存；为了维持家庭稳定，必须强调家长权力的权威性和地位的等级性。而且农业社会分工程度低，思想和观念统一。工业社会则呈现出相反的特征。这两种社会在教养方式上所强调的内容也不同。"在中国的农业经济形态与社会结构下，教养方式所强调的是依赖、趋同、自抑、谦让及安分；在工业经济形态与社会结构下，教养方式所强调的则是独立、尚异、自表、竞争以及成就。"（杨国枢，2013：321）社会化方式不同，内化的习性不同，行动后果就会存在差异。

（二）资本、行动与学业成就

在现代化的国家体系中，学校扮演着社会资源分配合法化的重要角色，而学生学业成就的高低则是分配规则的具体化体现。所以，针对影响学生学业成就因素的研究非常多。近几十年来，关于此项研究多倾向于从家庭资本的角度入手，最著名的莫过于科尔曼及其同僚在 1966 年发表的《关于教育机会平等》，引发了针对影响学生学业成就因素的争论。不平等的家庭背景及社会资本而非学校的物质和师资被认为是造成学生学业成就差异的主要原因（Coleman et al., 1966）。布劳和邓肯在《美国职业结构》（*The American Occupational Structure*）一书中指出，家庭资本对教育成就的获得有重要作用，父母的学历和职业作用突出（Blau and Duncan，1967）。雪伦（Sewell）等对布劳和邓肯的研究模型进行了拓展。他们在大规模的多年追踪研究（10318 名学生、7 年跟踪研究）中发现，个人努力、家长参与等中介变量会降低家庭背景对儿童成长的影响，对儿童的成长有直接作用（Swell and Armer，1966；Swell and Shah，1967）。根据布朗的公式，学生的学业成就是由多重因素决定的，包括经济资本、人力资本和社会资本，即学业成就＝经济资本＋人力资本＋社会资本，具体如家庭的文化氛围、父母期望、亲子关系和学生自身文化资本都会影响学生的学业成就（Brown，1998）。

关于农村学生的学业成就问题，国内研究倾向于从两个层面入手。一个是宏观层面，即从城乡二元结构导致的资源分配非均衡的角度入手（谈松华，2003；邬志辉、秦玉友，2012）。促进城乡教育的均衡发展，经济补偿和师资建设被看作农村教育的破解之道。这种策略的不周全之处在于：在多数经济发展水平较好的农村地区，当"自愿性辍学"成为辍学主因时，经济归因显得乏力（欧贤才、王凯，2007）。在义务教育阶段的背景下，基础教育阶段的儿童对家庭经济的要求并不高，一般家庭都能满足常规的支出。也就是说，家庭的财产和收入对儿童的学业成就没有显著影响（吴重涵等，2014）。另一个是微观层面，主要从被研究者的角度进行描述。农村学生学业成就的弱势主要被归因于个人资质（脑瓜笨，不是考大学的料；不愿意学习，懒惰）（池瑾，2008；董晓玲，2010；翁乃群，2009）。两个层面的研究弥合的困境在于结构与行动的割裂。宏观研究缺少对具体人行动的关怀，微观研究失阙对场域结构的照应。

代际渗透对教育成就具有重要作用（方长春、风笑天，2008）。这种渗透除了存在经济、文化和社会资本的传递外，实际上还存在行动的复制与效应。社会底层的子弟通过家庭中榜样的力量，将底层社会的结构性力量结构化到自我心智当中，进而形塑成不合学校规矩的"坏习惯"（王欧，2011）。个人行动模式与学校机构中合法化行动模式的非匹配与冲突，影响学生的学业成就。国内研究在这一方面仍显不足。

布迪厄、帕斯隆的研究试图克服社会结构决定论倾向，进入情境分析。"根据目前的社会情况和教学传统，学校所要求的思维技术和习惯的传递首先在家庭环境中进行。"学校场域主导的文化是上层的、语言是精致的，行动是工具理性的（Bourdieu，1989；陈珊华，2009；Bernstein，1971）。拉鲁（Lareau）（2011）以个案研究的方式向我们呈现：中产阶层协同培养（concerted cultivation）的行动模式造就子女一代对学校生活的良好适应，社会下层自然成长（natural growth）的培养模式衍生了子女一代对学校活动的陌生化。所以，在家庭中内化的行动模式影响学生对学校场域的适应度。布迪厄提出的"习性"这一概念能够比较有力地证明行动的跨场域效应。他提到，习性如同一个人的"笔迹"，无论是纸张、笔还是情境的不同，固定人的笔迹在风格上都能显现出"家族的类似性"。习性令行动者的所有实践在风格上具有类似特征（孙进，2007）。保罗·威利斯（2013）发现，那些最终获得中产阶级甚至更高地位工作的孩子，不管是否具有中产阶级的家庭背景，总是在学校里遵守纪律、刻苦读书的好学生。"坏小子们"的"反学校文化"正是对父辈们"厂房文化"的习得。

布迪厄证明了学校场域这个空间结构的分化作用，特别是其符号暴力特征以及家庭资本对个人学业成就的重要作用，进而清楚展示了勤勉和智力对个体社会地位的获得并没有决定作用。这种机构特征从两个方面对行动者发挥作用：一是机构本身的筛选机制，二是个体行动者对这套机制的意义再生产和做出行动策略过程。结构与行动叠加的过程，完成了通过学业成绩评价进而分化的社会过程。

从国内外研究现状可以看出两种趋势。第一，一味地强调宏观因素对学业成就的影响缺少说服力，需要借用一种中介因素联结宏观与微观。国内研究试图克服这个缺陷，但总体研究还不充分，大多数研究仍停留在理论评述或者变量间的直接关系验证上（程红艳，2009；吕鹏，2006；张翔、赵必华，2012）。第二，布迪厄、威利斯和拉鲁等的研究证明了行动者与社会结构是通过某种中介因素进行相互作用的，证明了学者关联宏观与微观层面的努力。

行动与学业成就之间的逻辑是"一个不适于目的的行动自然达不到愿望。这种行动有悖于目的……"如果学生在家庭习得的某些行动不适于取得良好的学业成就（如机械地背诵数学公式而不去深解其意，这也许是其父亲某种行动风格的变形），而学生又不自知，那么他们自然不能在学校取得良好的成绩。科恩（Kohn，1969）的研究证明，家长"不同的行动最终导致子女不同的学业结果"。然而，家长的行动和子女的学业成就不是直线的因果关系，二者之间必然通过某种中介因素发挥作用。这里既有学生对学校倡导的合法化行动模式的趋同与反抗，也有他们对既有行动模式的认同与改造。既有行动模式与学校行动模式的符应度在很大程度上决定了学生的学业成就。

三　农人的行动样态与取向及其教育意义

传统农业社会以其超稳定的结构，塑造了农人为顺应结构生存而形成的行动取向。在天－人结构的互动系统中，农人经由规则与资源，塑造了行动意志的宿命论倾向，为有限行动。以生产方式为架构，经验性世界内化为农人行动的"大概"特征，冲突与排斥知识世界。作为"无过程"架构结构化的结果，农人行动的"结果取向"内含情绪性与僭越理性的特征。这些行动取向，彰显了农人行动特征的总体样态以及潜在的、适应现代工业社会生存的危机。

（一）天 – 人结构作为行动系统：听天由命与有限行动

结构是规则与资源的束集，是社会系统较持久的特征，不但具有约束性，而且具有促动性。"结构作为'记忆痕迹'，具体体现在各种社会实践中，'内在于'人的活动。"（吉登斯，2016：23）听天由命彰显的是在天 – 人结构的小农经济互动系统中，作为行动者的农人行动的权力问题。权力指的是农人作为行动者，实施一系列因果效力的权力，改变既有事态或事件进程的能力或转换能力（吉登斯，2016）。

> 农村这个乡土社会，是最后一个奉行土里刨食、春种秋收、靠天吃饭的社会。即使在现代农业技术比较发达的今天，很多地方也几乎没有任何克服天灾的机械设备。春天播种，种子所需要的温度、阳光、水全部靠老天的恩赐。如果发生冰冻、干旱、水灾，农人是束手无策的。所以，春天播种的农人，只盼望一年风调雨顺，保证秋天有好收成。这种靠天吃饭的环境养成了农人听天由命的性格。这种性格翻译得通俗一点：我做出了努力，成与不成就看老天了。"老天"代表着不可知、不可测、不可控制的自然力量。"老天"在农人的控制力量之外。与工业化过程中靠科学知识与技术改造世界的城市人相比，农人在自然面前是无力的、渺小的。活命的粮食能否有收成，在农人有限的行动之后，结果完全依靠老天的恩赐。

这种听天由命的性格在陶行知的《攻破普及教育之难关》（1989）中有记述。

> 中国人是听天由命的，算命先生是整个中华民国之军师，蝗虫飞

农人传统行动取向及其代际传递的教育意义　*207*

来却说是神虫，捕虫的人要受天罚。大水到来，都说是天公发洪想收人，不想法子治河。因此，大难临头，都没有自信心与它抵抗，连抵抗的念头都不敢起。

听天由命，具有相当程度的认命成分。这在中国人的人生观和行为上有明显体现。它是人无力感的一种最大象征。所以在走投无路或者没有力量达到某个目标而失败的时候，人们常常会说"这就是命"。对"命"的信仰，解释了人们行动的后果，也缓解了因为失败、困苦而产生的心理压力。如果说"天人合一"的思想让人相信天灾、地震是上天对人的惩罚，那么个人的成功、失败也不是人所能主导的。"死生有命，富贵在天"就彰显了中国人对外在力量的无力感和由此产生的认命的信仰。在自然知识和科学技术足够发达之前，人们在面对自然环境和外在力量时，听天由命或者认命这种世界观和行为方式是不可避免的。阴阳、五行、八卦、谶纬、风水在中国社会数千年的风行足以说明中国人在面对外在世界时的无力和归因方式。

需要强调的是，听天由命并不是无所作为，而是在做了能做的事情之后，面对不可控制因素对行动结果的影响，只能静观其变，任由其发展。所以，农人的行动性质是"有限行动"，主要表现在行动信念层面。有限行动与韦伯提到的资本主义发展过程中的理性行动形成对比。理性，用韦伯的话说，指的是行动者在行动过程中所赋予的明确、理智而又系统一贯的主观意向，即行动者的行动建立在对行动结果精明的算计、审慎的权衡和有效控制的基础上（谢立中，1998）。农人有限行动的主观意向缺少一贯性和精明的计算，对行动条件和手段不能有效控制，这是有限行动的重要表现。有限行动与听天由命的样态，用中国人的古语可概括为"尽人事，听天命"。

在子女教育上，农人的信念亦印刻出听天由命的特征。听天由命并不是放纵不管，与"种"和"收"的因果关系一样，农人付出自己在子女教育中的"劳作"：从接送孩子上下学、照顾饮食起居、作业监督到经济支持。但是如果在较长时间内，孩子表现出"不是那样的"，他们常常束手无策。"不是那样的"代表"没有那个脑瓜儿"。农人将那些已经考出农村的孩子的成功原因归结于人家"是那样的"。这种"是那样的"的含义是模糊的，它代表着某种天生遗传的东西。"遗传"意味着家族中有成员天生聪明并把这种基因遗传给了这一代。所以学习好坏不是由外在因素决定的，而是天生如此。"遗传"所致，就绝非任何人用手段可以改变。同龄孩子的成长环境一样、家庭环境相似、就读学校及讲课老师相同，所以他们能否在学业上有所成就，主要就看他是不是"那样的"了。"是金子在哪里都会发光。"这是农人的信念逻辑。农人的这种归因方式带有某种程度上的神秘性。他们认为有种天生的、超个人力量的因素决定着孩子的前途。所以，教育与前途的世界是一种神秘、宿命的世界，而不是"只要人们想知道，他任何时候都能够知道"的世界。世界对他们来讲，并不是通过计算就可以掌握一切。

听天由命与有限行动，彰显出外在自然系统对农人行动的制约力。这种制约不仅体现为对人行动意志的制约，对行动时间的控制也有突出表现。靠天吃饭，需要依季节与时节而动，不违农时、无失其时、不夺其时。"不违农时，谷不可胜食也。"所以，农业耕作，先于农时，不可；迟于农时，不可。要不偏不倚，适时而动。天涵盖季节与时节的更替等自然规律，也包括天气变化的无常。天不予时，则地不生。荀子言，"天地者，生之本也""天地合而万物生"。农人在其中，依天地之合，耕作养物，如刘禹锡所言："天之所能者，生万物也；人之所能者，治万物也。"

春天播种、夏季维护、秋天收割、冬天储藏。农人在长期的劳作中总结出的经验告知他们，不依时节而动，就会遭到天的惩罚，这是显而易见、人人皆懂的规则。谚语有云："谷雨栽上红薯秧，一棵能收一大筐。""红薯种得迟，薯似羊胡须。"所以"清明忙种麦，谷雨种大田""白露快割地，秋分无生田"。人在天地面前，要积极应天而动，合律而行，"宁叫秧等地，不叫地等秧"。

　　依季节而动、不违农时衍生出来的文化意义在于，人的"勤劳主动"是某种消极、被动之动。在天、地、人的互动系统中，人受制于天。所以，人要听天由命。天的存在，就如同一个时刻告诫农人如何行动的长辈。这个长辈的训诫是"你要动，你要积极动，但不能乱动"。不听告诫，违天而动，就会威胁到农人的生计来源。在这个互动系统中，任何积极的行动都要看天行事。在现实生活中，适时而动演变成农人"走一步，看一步"的行事风格。任何提前筹划都显得多余。理由有三：第一，季节与时节变换是显而易见的，不需多谋便可显见；第二，在机械连带的同质化村落社会中，即使不思谋，随他人而动也是安全的行动策略；第三，农业劳作方式的经年重复、土地的固定性、育种的单一性，使农人闭着眼睛也可耕作。

　　"走一步，看一步"是活在当下的态度。当下境做当下事，农人是没有"未来"的概念的。农人的生活确实少有"未来"的概念。小农经济的耕作和生活以循环往复、年复一年的方式发生。耕作方式、生活方式、农业收入都不会发生大的变化。去岁此年，不过如此。未来只不过是年复一年庸常的依季节而动的重复而已。而"当下"也是庸常的循例，所以，无论是当下，还是未来，一切都在可预见的框架内运行。从这个角度来看，农人"不思进取""不善谋划""只看眼前""不谋未来"，实际是他们依季节而动的生存策略。没有未来的时空感，满足当下的即时性需求则成王道。结合当前现代工业社会的消费主义刺激，衍生了年轻农人文化中的"饕餮主义"。[①]

　　"走一步，看一步"是农人对自我行动能力和行动时间的双重反馈。它总体上表现为对系统的一种信念，同时是一种行事风格。这种风格转化到

[①] "饕餮主义"意指农人中流行的一种满足即时性需要的极端消费文化，体现在对欲望的顶格满足与对物质的极度消费上。二者合二为一，成为农人探求自我存在感与价值感的重要方式。但"饕餮主义"无形中容易成为与农人形成"面对面"关系的子代建构其满足需要与寻求存在感的"经验"知识来源，并成为其"经验基模"。

子女教育上，就是"不想多想，想多了也没有什么用，孩子学到什么程度就算什么程度""如果学习好，我就供着；如果学习不好，再想别的辙（办法）"。"适时而动"具体的表现样态是，没有逼到眼前的事情，我不愿意多想，哪怕是一丝一毫，任其发展便罢；如果实在是不得不做、不得不应对的事情，那就再说。"天塌了，有个高的顶着。"事情再坏，也不至于无可救药。"老天饿不死瞎家雀（方言，读 qiǎo，指麻雀）。"

由于天对人行动的强大制约力，农人的信念中内化有宿命论倾向。同时，因行动对结果的部分影响力，他们又极其重视人的积极与主动，强调勤劳的重要性。勤劳是农人为实现行动动机动用身体作为资源的行动取向，有其独特的表现样态。

农人经年劳作只有一个动机，即多收粮食多卖钱。不过，到底能卖多少钱，受到多重因素影响。就所调查的东北山区而言，小农经济收入受到天气、土地、种植频率和人力投入的影响。排除天的因素，土地和劳力是影响收入的主要变量。"前工业化的农业产出必须主要取决于给定的土地和在其上的人力投入。"（黄宗智，2014）土地有面积（大小与规模化种植）、位置（平原、沼泽、山地）和地力（土壤质地、肥料投入）的不同。地处平原、土地面积大、地力好、人口少，可以借助能量（畜力或机械）和人力投入，可以提高单位土地产出。地处山区，土地面积小且多处山地，规模与机械化耕作受到限制。同时，因作物一年一熟，提高单位土地产出只能依靠精耕细作或者肥料投入。不过，肥料投入只能解决局部问题。因此，农业的取利模式基本是精耕细作。对于有剩余劳动力和挣扎在生存边缘的小农家庭而言，只要有预见的、可能增加的经济效益，便会继续投入劳动力。精耕细作既是一种实用主义的经济取用方式，也是一种重要的文化价值取向，是对人力在经济收益中重要性的强调和对人力投入的褒扬。这种取向便是千百年来中国人倡导的勤劳。《说文解字》中，"勤""劳"二字意义互通，皆从力。《诗·周颂·赉》有文："文王既勤止。"

勤劳是一种美德，没有耕作，就没有收获。不过，勤劳在社会发展的不同发展阶段表现出不同的样态，我们暂且称为勤劳的初级样态和复杂样态。在人类社会发展早期，即工业化社会之前，由经验主导的劳作中，劳动体现出的勤劳是人的力的重复投入。它的实施方式简单，投入力，目的即可达成。又由于劳作的经验性，力的投入过程不需卷入过多的思量。所以，勤劳的初级样态主要是单纯力与量之间的对应关系。勤劳的农人要尽一切努力去除妨碍庄稼收成的外在物。例如，去杂草是只要付出力即可达成的劳作过程，它的表现形式主要是身体和动作的指向投入。小农经济因生产方式和生活表现的劳累与琐碎，需要农人持续不断地投入力。因此，意志力对勤劳的表现至关重要，它需要人的某种心向来推动力的高频次投入。在强调力为勤劳的表现样态的社会，维持"力"存在的身体极为重要。身体健康运转的系统出现问题或者维持身体健康的营养来源出现问题，都会影响力的状态与投入的持续时间，进而影响庄稼的收成和经济效益。同时，力投入的时间是勤劳表现的维度。相同的生产力水平，投入时间越长，工作总量越多。因此，用"起早贪黑""披星戴月"客观描写农人劳作的时间样态时，彰显了勤劳褒义的价值取向。

人类社会进入农业与工业社会的过渡期后，勤劳在不同人群的表现样态出现分化。韦伯提到的新教教徒的勤劳是某种理性、节制的勤劳。这种勤劳涉及力、心智和理性的一种对应关系。它讲求的是有规律、有系统、讲求方法和关注周到的勤劳（韦伯，2013：154）。资本主义发端于新教教徒在某种理性基础上的心智与身体投入。力的意义在此阶段更加多重，不仅涉及身体－动作的投入，更强调智力－精神的投入。它是人在遵循某种客观规则并按照这种规则内涵的科学方法和程序所做的高频次的智力和体力投入。投入指向是按照某种规则探究劳动对象的性质、内容和系统。因此，身体的力的作用不会被过分强调，勤奋的表现也不会被身体的物理性过多局限。智力、规则和方法的作用凸显，这是勤劳表现的复杂样态。勤劳生成的框架包括生产的科学化、技术化、机械化和专业化，以及由生产方式塑造的生产－生活脱离的生活方式。

因袭勤劳初级样态习性的农人子弟，会在学校教育中表现"勤劳但不得法"的学习样态。以身体的"力"的投入完成学习的量，具体表现为如对某些字词的多遍抄写、对外文单词的机械重复记忆等。这类学生在学习中投入了大量的"力"和时间，以固定方式完成对学习资料的信息加工，一旦超过身体机能的承受程度，勤劳就会起到反作用，使边际效用递减。另一类是"勤劳得法"的学生，虽然从表面上看，这类学生不如前一类学生勤奋，其用力方式不同，体能消耗与时间耗费也短，但效果良好。这两种勤劳的习性，似乎与从家长那里因袭的行动取向息息相关。

（二）生产方式作为行动架构：农人的经验世界与大概行动

经验是农人作为行动者谋取物质资源的中介因素。这是小农经济生产方式架构的重要特征。架构，在视觉图像上类似于有机体骨骼系统，外在于人的行动，似乎具有不依赖其他力量独立存在的特性，同时对行动主体的自由创造形成制约。对农人而言，生产方式携带的架构性特征，的确是先于行动者农人存在。而且，这种架构内在的"虚拟秩序"具有塑造与再生能力，对行动者的行动特征的塑化具有不可置疑的作用。同时，作为结构化的结果，因应架构产生的行动特征，本身具有对环境的良好适应性，是行动者在特定的时空向度上具体落实的行动策略。

而小农经济生产方式形成的架构，从其结果形成的行动特征来看，已经在一些早期的、做经验性观察的学者中形成共识。梁漱溟在《中国文化要义》中概括出中国人的特点，其中之一为"马虎"。他这样描述"马虎"：笼统、不求精确、不重视时间、不讲数字、敷衍因循、不彻底、不大分彼此，没有一定规律（梁漱溟，2013：28）。胡适先生称呼具有这种民族性格的人为"差不多先生"。这些传统社会乡民的性格，在今天的中国农业社会里表现依旧突出，这是与农业的生产方式紧密联系在一起的。所以无论是"马虎"，还是"大概"，抑或是如胡适先生描述的"差不多"，农人的行动和性格特点没有工业社会职业人的精确和计算，它只是以一种含糊的方式在进行。

以经验为基础的生产和生活世界，架构了农人在获取物质资源过程中的行动特征。

首先，从生产环境来说，农业生产方式的稳定性允许农人在学习前人积累经验的基础上应付生活（农用机械代替牛耕不过是近几年发生的事情，并且仅仅是部分代替）。沿用费孝通（2006）的描述就是，"在这种不分秦汉，代代如是的环境里，个人不但可以信任自己的经验，而且同样可以信任若祖若父的经验。一个在乡土社会里种田的老农所遇着的只是四季的转换，而不是时代变更。一年一度，周而复始。前人所用来解决生活问题的方案，尽可抄袭来作自己生活的指南"。这种描述尽管可能低估了现代化力量对农业进步的影响，但是农用机械的使用、电器和通信的发达，并没有从根本上改变农人学习和认识世界的思维方式。他们的经验依旧来自传统因袭，而很少来自书本与知识。这种环境架构了农人对经验的信任。

其次，对经验世界的信任排斥了农人接近知识世界的可能，并逐渐与之隔离。经验世界代表个别性与模糊性，不可验证。知识世界指向普遍性与准确性。农人的行动沾染了深刻的经验特性，缺少理性行动的精确性，表现出明显的"大概"取向。这种"大概"的行动植根于特定的农业劳作结构中。

农业劳作，从种子的播种、农药的喷洒、施肥剂量到收获程序，其播种粒数、喷洒和施肥剂量不是用科学计数和测量得出的，而是通过经验、相互打听、咨询和看说明书以"大概"的方式行动。所以，播种种子的量在一粒、两粒和三粒之间并没有多大的利害关系。农药与水的勾兑比例并不是按照一升水兑一克农药为标准，而是按照若干瓶盖农药或半瓶农药兑一壶水为标准。施肥的方式也同样体现着"大概"的行动特点。施肥的剂量以一亩地用几袋肥为大概的计量标准，用人工的方式漫洒（农人称为"扬肥"）到地里，并没有通过机器进行精准的下肥。

这种耕作方式与日本和美国的现代化农业耕作方式形成了鲜明的对比。从这种熟悉的环境里得来的"知识"都是个别的，没有普遍的抽象原则。

小农经济生产的非专业化，源于科学和技术水平的局限性。同时，物质地理环境形成的小片山地，限制着规模化、专业化和科学化农业经济的形成。全部或者部分需要通过人工进行劳作的农业，就不可能像机器一样进行精准的播种、施肥与收割。因此，农人只会按照传统的行动模式，进行大概的耕作。"大概"是按照经验、在估量的基础上行动。它没有精准的规划、计算和评价，一切按照农人头脑中的某种模糊图像进行。大概行动能够持续存在，也与生产劳动后果的某种可修复性相关。小农经济的生产劳动需要按时节耕作，但如果因非精确的耕作产生某种不良后果，劳动后果就具有某种程度的可修复性。春种时节，如果一埯不小心播下五粒玉米种子，株苗之间就会因株数过多与肥料不足影响收成。出苗后，农人可根据每埯株数情况进行间苗和补苗。劳动后果的某种可修复性是大概行动存在的另一个基础。

最后，经验触及的范围只是从手段到目的间的个别关联，塑造了农人典型的直线思维取向。直线思维是指在行动者眼中，某人或者某事的 A 状态，是由因素 F 决定的。因素 F 可直接对状态 A 进行解释。举例说明：

> 某农人在餐桌上对他人讲，他的儿子不喜欢吃猪肉。别人问为什么，农人如实坦言，他儿子在家就不吃。不过他儿子在聚餐结束后对别人讲，他不喜欢吃猪肉是因为他的父亲在家里做的猪肉不熟、无味，因此他不吃。换句话讲，他不喜欢吃假手于他父亲烹饪的猪肉，而非不喜欢吃猪肉。

直线思维忽略事情成因的复杂性，忽略从因素 F 到状态 A 之间多种中介因素的存在，造成认知的片面性。直线思维是农人凭借经验认识世界的方式，也导致他们对子女教育世界知识的匮乏，是他们行动知识未完满性的表现。这种思维通过顽固的习性渗透到他们生活的每个方面，具有对外在环境免疫的特征。他们对知识的反身性能力是弱的。他们的行动类型，按照韦伯的分类，基本是属于传统行动与情感行动。他们的行动总要面对更多的"并未认知的行动条件"，因此经常导致"非他／她所意图达至的行动结果"。

农人行动知识的未完满性和直线思维，导致他们对子女学习过程缺乏了解，对子女学习出现的问题一般不能正确归因。农人对教育成败的归因方式带有明显的经验推理特征。几十年的经验积累，乡间和邻居孩子教育成败的经验是他们行动的最可靠指南。虽然他们并没有亲身参与过那些孩子的教育，但还是相信自己所看到的"事实"和由"事实"推出的道理。他们并不知道《哈佛女孩刘亦婷》或者郑渊洁的育儿故事，所看到的只是刘家或者李家的孩子的事例。他们会很"准确"地这样推论："你看他们（那些孩子）不也是自己考出去的吗？"但是农人拒绝或者并无兴趣了解这些孩子身后更多的故事。他们只是一律地归因：学习还是靠（孩子）自己的。农人对他们所看到的经验"事实"深信不疑，并且以概括化的方式指导着他们的行动。

大概行动作为生产方式架构形成的行动流，作为日常生活的一种绵延存在，呈现出一种显性的行事风格，以无意识的方式呈现在农人的生产与生活中。同时，作为一种"例行资源"和重复显现的"模板影像"，大概行动成为家庭中子代模仿与学习的资源来源。观察农村的建筑、饮食、语言使用，都印刻有这种"大概"的特点。他们常用的口头语是"差不多就得了，弄那么（详）细有什么用"。共同的生产与家庭生活是行动特征发生代际传递的基本条件。那么，这些行动取向是如何在日常生产、生活中传递并内化为儿童的行动模式的呢？日常生活中的学习，"其传授方式异常简单，主要是在劳动现场（直接劳动过程）的动作示范、模仿、动作矫正。由于这些动作系统需要身体不同部位的一连串动作的配合与协调，在掌握简单要领后主要靠本人反复练习（多次重复同样动作），久经练习，技能转化为技巧。这种学习过程几乎一步也离不开劳动的现场。所以，手工劳动本身就是社会生产的技艺养成所"（陈桂生，2012：73）。动作模式内化过程，本身是无求于教育的，养成于直接劳动互动中，借助于观察模仿完成行动内化。观察可能是有意识的，也存在无意识观察。在这种互动模式中，学习者视行动示范者为权威，进行模仿和练习。例如：

一个儿童看到父亲和化肥的方法如下：父亲先用尽力气把化肥袋从地上竖立起来，然后用镰刀将袋子从中部（或一端）割开，倒出（大约）半袋到水泥地上（其间他没有看到父亲用过任何仪器进行量的测量）。嗣后，儿童用同样的方法打开另外一袋（种）化肥，倒在同一堆化肥上；父亲用铁锨把两种化肥搅拌，然后找来一个空袋子，把和好的"复合"肥装入其中（结束）。这种行动，无论儿童参与其中还是作为一名观察者，他看过之后都基本能胜任。同时，这种行动渗透出来的信念也一并装入了他的头脑中。他在亲自、独立重复这种劳动时，唯一需要注意或者不确定的是每种化肥的掺和量。不过化肥的掺和量实际上不存在严格的标准，成人也只以大概的标准判断和行动。如果儿童按照这种模式学习并行动，并且看到他的行动顺利达成目的（施肥入地、小苗成长）或者没有造成不良后果（肥量过多造成庄稼苗枯萎），那么他会一直保持这种行动模式并认同行动方式的合理性。

另外，农人的大概行动模式可以随时在生活中进行传递，他们叠衣服、煮饭的方式均可被儿童模仿学习。

有的家长洗完衣服后，没有叠衣服的习惯，一股脑儿全塞进柜子；有的家长虽然叠衣服，但很少有将衣服分类叠放的习惯（如内裤、袜子、外套单独叠放）。家庭中每日需要进行的烹饪、吃饭也能够看出农人的行动特征，而且更显本质。烹饪的方式无论是炒、蒸、煮、炖，都很少彰显出农人对食物色、香、味俱全的追求。烹饪目的基本停留在吃饱就可以，烹饪过程实际上由习惯（传统）主导。食材搭配的合理与否很少反射到农人的意识层面。如大白菜炖豆腐，他们一般很少考虑到白菜本身会在炖的过程中出水并稀释汤的浓度。他们也很少考虑白菜和豆腐是否需要在不同时间放入锅中，如何烹饪能够让菜更加入味。一般的烹饪步骤是：热锅，放油，葱花爆锅，添水，放入切好的白菜与豆腐、精盐、味素。如此烹饪出来的白菜豆腐汤味道一般，可是这种烹饪方式会停留在一个家庭中几十年保持不变（除非遇到某种新鲜外部力量的介入）。

　　农人的生产、生活系统最大的特征是自封闭性。自封闭系统的运行由系统内部权威成员主导。权威成员的扮演者一般是家庭中的成年人，是儿童的祖父母和父母辈。加之长辈权威的不可置疑性和互动的封闭性，使成年人呈现给儿童的行动模式往往成为唯一的"影像"来源。而且一旦习得，儿童会在一段较长的时间内反复练习，巩固信念，进而将其技巧化。

　　农人子弟的实践意识中关于如何行动的知识与学校教育中所要求的逻辑规范并不一致。然而，正如吉登斯所指出的，行动者的实践意识中那套关于如何在世界中行事的规则是外在的宏观结构结构化在人的意识中的"记忆痕迹"，它一般以无意识的方式存在，促进并约束着行动者的具体行动，只有在行动者本人被要求给出一个说法时，实践意识才能提升到话语意识层面，成为行动者反思性凝注的对象（沃特斯，2000：54~55、113~115）。有研究者指出，只要学生的心智结构没有改变，在远离教育权威后，他们依旧会持续不断地保持原有的习性（王欧，2011）。实际上，一个班级中共同学习的儿童，虽然年龄相仿，但是身上印刻着不易被人觉察的不同行事风格。这种行事风格纵然有被教育权威改造的可能性，然而，对儿童而言，首先是已有行动风格与学校场域主流行事风格的适应问题。如果教师、家长和儿童本人，把儿童从家庭习得的大概行动视为儿童的主观过错（如马虎和不认真是坏习惯），就会把学生带入一种不道德的境地。这样，在被教育权威改造之前，许多儿童已经被"判了死刑"。大概行动的经验性、非计算性和模糊性，本身和学校教育行动讲求的知识性、计算性和准确性是冲突的。这两种行动类型的冲突，在儿童入校之初已然发生。此种因果效应实现的机制正如布尔迪厄（2015：112）所言，"在家庭这个场域中，如果家长是以服从学校系统教育活动的方式（明确和标准化的分类学）代替总是局部的并与实践背景相关的实践分类模式，在反复接触的过程中传递给子代对某种文化的自信和自如，以理性化的方式赋予文化活动参照法则（修辞法）、规则、方法的手段，如此一来，子代在与父代长久的接触中，会对学校的知识、要求的能力、规则和方法发展处于天生的熟悉感与自信。相反，习惯以实践分类作为行动方式，以直接经验指导行动的阶级会被学校教育贴上'自然差别'的标签"。

（三）习性作为行动结果：无过程行动与结果取向行动

无过程行动是相对于过程行动而言的。农人的劳动比起工业设计的复杂劳动，性质迥然不同。复杂劳动需要程序、分工与合作。产品的生成从设计、生产、出品需要科学设计和一个较长的时间周期。各个环节的行动主体即使互不相见，也知道自己的劳动不过是系统中的一个环节而已。

> 农人的农田劳动，事先不需要精心设计，也不需要长久的时间等待，他们劳动的每个环节都是即时产生结果的。翻地、锄草、收割庄稼，在行动主体产生意图并做出行动后，目的即可实现。以翻地为例，从犁铧入地，所经之处，即可宣告翻地完成。

这种行动从意图产生到目的实现不需要等待。即使像喷洒农药和施肥这种不能立即看到结果的劳动，农人还是倾向于购买药性烈的农药和肥力大的化肥使用，力图效果立竿见影。这种行动（劳动）的性质，可以概括为无过程行动。无过程行动以意图产生—行动实施—结果立现的模式特征化，行动过程不需要过多等待时间、观察与思量，也不需要多重主体合作。

农人劳动的性质与工业化劳动的性质对立。前者是简单的，后者是复杂的；前者是人工的，后者是机械的。前者从行动主体产生意图到目的达成不需要精心设计和时间等待，行动主体多数时间单独行动即可达到行动目的；而后者则需要科学设计和系统合作生产，任何一个环节的故障都可能导致多重主体合作形成的行动系统的失败。

生产方式架构的无过程劳动，对农人的思维和性格有三种影响。第一，希冀行动结果立现的思维倾向。农业劳动大多数不需要过程，因此在做出行动后，农人的心理期待是结果立现。如果一件事情需要过多的时间等待而不能结果立现，他们就会改变行动策略以追求结果立现，哪怕这种行动会损伤行动目的。第二，追求结果立现的思维取向养成了农人缺少耐性的性格。针对中国乡土社会的研究，很少关注国民性中急躁的一面，即使关注了，也缺少对其进行的深刻分析。中国人缺少耐性和焦躁的性格是与农业生产劳动的特点相互关联的。缺少耐性的人容易焦躁，而焦躁是人缺少本体安全感的表现。农人总是寻求在最短的时间内实现行动目的，期待结果立现。因此，行动时间和农人的本体安全感形成某种独特的关联。第三，无过程行动造成农人眼光短视，缺少系统性思维。农人的短视表现为他们对眼前利益的重视，忽视行动的长远利益。他们很难看到抽象事物之间的联系，也难以从系统的角度思考问题。因此，他们倾向于对事情的发生发展做单方面的归因。无过程行动衍生了农人对即时性需要满足的行动倾向。

结果取向行动由无过程行动衍生而来。无过程行动是小农经济生产方式的结构产生的一种架构式行动。因由具体的劳作方式构建意图产生—行动实施—结果立现的模式化行动构架，实是塑造了农人重视行动结果立现的心智结构。这种心智结构促进了重视结果的行动取向产生，并逐渐内化为农人的习性，在代际间进行传递。它和小农经济生产方式构建的无过程行动架构存在对应关系。结果取向行动具有以下几种内涵。

1. 结果取向的行动者会在无意识与意识两个层面演绎行动的不同面貌

在无意识层面，行动者在行动之前即期待行动结果立现，没有任何理由。例如，习惯性地吃饭速度快，吃完饭即显现放松状态。在意识层面，追求结果立现可能意味着行动者对某些常规行动标准、程序的叛离，即为达目的不择手段。也有可能出现的情形是行动者为追求结果立现，故意省略某些行动步骤，对目的理性行动进行曲解加工。意识层面的结果取向行动，是在行动者知识范畴内，以一种明知故犯的方式进行，就是为了快速达成行动结果。

2. 结果取向行动与行动时间和本体安全感紧密关联

行动者在主观上希求达成行动目的需要的时间越短越好，最好是结果立现。缩短行动时间本身成为行动者的动机之一。缩短行动时间与快速达成结果一脉相承，在行动者眼中是直线的因果关系。行动从动机促发至策略产生，行动者对时间的心智耐性容忍度都不同，可以称为容忍区间。行动者的容忍度与时间呈正相关关系。容忍度越高，行动时间可持续越长；容忍度越低，行动时间可持续越短。结果取向行动者容忍度低，期待行动时间最短。但凡需要"较长"时间能够实现结果的行动，皆能够促使他们变得焦躁。结果不能立现，行动者会选择改变行动策略，或者干脆放弃行动目标。"时间"在此情境中，是一种主观时间。结果取向行动者的时间观与目的理性行动者的时间观截然不同。前者是心智 – 习性模式化后的一种自动反应，时间具有主观性；后者是根据事情程序和规则进行的目的理性行动过程，时间具有客观性。如果一个社会的群体普遍染有结果取向的行动习性，那么社会关系会弥漫着一种戾气，成员之间的宽容度较差。人人欲快速完成其目的，又因人口数量、公共资源和规则的局限，成员之间会出现资源竞争。

本体安全感与行动时间相关，倾向于追求确定性，排斥不确定性以及由此带来的焦虑。任何阻碍结果立现的障碍和目标未达成的状态，都能够引发行动者的焦虑。长时间的焦虑会导致行动者的身体出现反应，如肌肉的紧张和僵硬。结果取向行动者会形成一种心智 – 身体的惯例化倾向，即心智促动产生的身体舒缓 – 焦虑的转换机制。当身体处于熟悉、安定的环境中，其状态是舒缓的。一旦产生某种外在压力和不确定性，身体即由舒缓状态进入焦虑状态。行动者为缓解焦虑，进入安全状态，必然会设法快速去除导致焦虑的非确定性因素。

3. 结果取向行动者常以目标达成为行动界限

目标达成，行动戛然而止，从而枉顾他人情感感受、忽略人际互动规范，易于侵蚀良好的人际互动关系。如某进城农人意欲通过一街边卖冰激凌大婶的告知，找到他想去的地方。因此，他会笑容满面、礼貌地问路。待大婶告知路线后，该农人便快速赶路，忘记说感谢。这种行动类型的人常常不会意识到自己没有感谢便走掉是不妥的。但是，如果一个社会充斥着结果取向的行动者，时间久了，就会造就一个"冷漠"的路边大婶。

4. 结果取向行动者在行动过程中容易转移行动目标

结果取向行动与缓解个体焦虑、追求本体安全感紧密相关。在执行目的理性行动过程中，不确定性产生，结果取向行动者为缓解焦虑，会选择主动缩短行动时间。缓解焦虑和缩短行动时间会导致行动目标发生转移，即缓解焦虑本身成为行动目标。当这种行动目标上升为行动目标序列中的首要目标时，其他行动目标及其达成就屈而化其次。农人的行动目标冲突常常表现得激烈而短暂。冲突过程涵盖两种行动类型的交锋。目的理性行动是行动之初农人的首要行动目标。这种行动目标的达成，需要农人做相对精细的计划、做信息与资源方面的准备。在行动过程中，农人因为计划与知识不足、资源匮乏、能力欠缺而产生严重的自我挫败感。挫败感令农人产生焦虑，本体安全感受到威胁。焦虑产生后，行动目标转变为消除焦虑的即时性目标。当行动者认定自己不具备实现目的理性目标的能力后，消除焦虑的行动目标就会上移，成为行动的首要目标。被焦虑折磨的农人最后的行动样态与话语往往是"爱怎样就怎样，这个可不是咱们能干的，不遭那个罪"，或者是"你自己弄吧，我是干不了这个，太闹心了"。

结果取向思维和性格特征在农人的教育行动中很容易辨识。他们在日常参与行动表现出很强的结果取向。对于子女教育，大多数农人只关心两件事情。第一，作业做完了吗？如果孩子回答"是"，对话与参与行动便结束。如果回答"否"或者"一会儿再做"，农人往往采用训责呵斥的方法让孩子快些完成作业，参与行动便结束了。第二，考试得多少分？排名多少？得知结果后，做些评论，随即参与行动结束。小孩子学业出现问题时，他们也不会进行系统的分析。如小孩子学习不好，他们便认为是孩子懒惰或者没有学习的性向和头脑，而不能从家庭环境、学校环境和孩子心理进行系统考察。在这一点上，他们与城市中产阶层家长的表现截然不同。中产阶层的家长注意在平时的教育参与和互动中，培养子女良好的学习习惯（认真、独立、程序），阅读习惯，能力等长远的性格品质和学习能力。他们喜欢坐在孩子身边，矫正孩子的坐姿、分析解决问题的方法，避免孩子出现错误的做法。他们清楚地知道良好学习习惯的养成对后续学习成绩取得的重要性（Zhao，2012）。这一教育参与模式在农人家庭中是较少见的。他们只是一味地针对行动结果诊断问题，造成行动过程与行动结果的脱离，失去了考察子女教育发生过程的大部分事实的机会，也就无法真实有效地对子女的教育进行认识和支持。

农人的结果取向行动存在另外一种潜在的危险，即行动模式的代际生产。在家庭长久的面对面的交往中，农人的行动模式在无形中成为子代模仿的对象，在教授与模仿、命令与取向、趋同与安全的行动策略中，子代完成了对父代行动模式的内化，形成了比较顽固的心智模式和行动习性。结果取向行动对子代学业成就的戕害在于：以结果取向的心智周游于处处彰显目的－过程理性的学校场域中，行动者需要时刻以紧张的心绪应对不舒适的情境。两种对立的行动模式在行动者个体的心智与习性中的斗争一旦成定局，便意味着行动者今后在场域中游走的方向："向心"抑或是"离心"。"向心"代表着行动者改造结果取向行动基本成功，有效顺应了学校要求的目的－过程理性行动模式；"离心"意味着结果取向行动改造失败者，因痛苦经验的产生对学校场域的目的－过程行动模式的痛恨，进而构建一套防御机制，更加顽固地坚守其行动模式，避免自己再度产生痛苦体验。

四　农人行动的教育意义：过程的意义与结果的意义

农人的生产劳动与教育行动，在地域广阔的乡土社会呈现同质性的特征（Kong，2010；池瑾，2008；Liu，2004）。这种同质性架构意味着生活在乡土社会的近一半农业人口（统计时间截止到2016年末）的日常行动，在很大程度上是有悖于现代工业社会的行动取向的。在天 – 人结构系统中构建的有限行动，农人缺乏实现行动目的的必然意志而彰显出宿命论倾向。大概行动和"走一步，看一步"的唯经验性行事风格，束蔽了农人对新经验和知识的视域，行动失阙准确性和计划性。借由生产方式架构的无过程行动，以意图产生—行动实施—结果立现的模式特征化，架构了农人行动的结果取向。结果取向行动，具有为快速达到目的而不择手段的特征，凸显了农人在无意识与意识层面对普遍规则的曲解和跳跃。这种行动没有目的理性行动者"将其行动指向目的手段和附带结果，同时他会理性地衡量手段之于目的、目的之附带结果，最后他也会考量各种可能目的之间的各种关系"的行动取向（韦伯，2013）。结果取向行动者往往为情绪所控制，缓解焦虑和寻求安全感在无意识层面成为行动者的主要目标，从而偏离了最初的目的理性行动目标。目的理性行动转化为情感行动。

　　农人的日常实践，在小农经济封闭的生产和生活单位 – 家庭中，以面对面的方式重复循环地进行代际传递和内化，成为子代"经验基模"的知识来源并塑造子代的"诠释基模"（舒茨，2012）。然而这些行动特征，冲突于现代学校场域的目的理性行动，没有英克尔斯、杨国枢等通过研究列举出的个人现代化特征。日常行动及行动模式的无形教化，是农人作为家长，其行动"作为过程中的行动"所产生的"过程中的意义"。行动模式在代际间的成功复制是农人作为家长，其"作为已经结束的行动"和其"作为产生结果的意义"（舒茨，2012）。结果的意义突出表现为子代的行动习性及行动取向冲突于学校场域的目的理性行动取向而产生的学业失败。

　　资本与习性，都可以作为解释学生学业成就水平的重要因素。前者明亮可鉴，后者习焉难察。前者可以在国家力量和个人力量的介入下进行某种程度的补偿；而后者则可以在行动者不自知的条件下不断地实现代际复制，造就与现代工业社会资源获取方式背道而驰的行动与性格取向，表现了文化与社会再生产的另外一种样态。

参考文献

阿尔弗雷德·舒茨，2012，《社会世界的意义构成》，游淙祺译，商务印书馆。

阿列科斯·英克尔斯、戴维·史密斯，1992，《从传统人到现代人——六个发展中国家的个人变化》，中国人民大学出版社。

安东尼·吉登斯，2013，《资本主义与现代社会理论》，郭忠华、潘华凌译，上海译文出版社。

安东尼·吉登斯，2016，《社会的构成：结构化理论纲要》，李康、李猛译，中国人民大学出版社。

保罗·威利斯，2013，《学做工：工人阶级子弟为何子承父业》，秘舒、凌旻华译，译林出版社。

布尔迪厄，2015，《区分：判断力的批判》，刘晖译，商务印书馆。

布尔迪约、帕斯隆，2002，《再生产——一种教育系统理论的要点》，邢克超译，商务印书馆。

陈桂生，2012，《教育原理》（第三版），华东师范大学出版社。

陈珊华，2009，《Bourdieu：强调文化再制的批判取向的社会学者》，载王丽云主编《教育社会学：人物与思想》，华东师范大学出版社。

程红艳，2009，《择校、家长教育观与社会阶层分化》，《基础教育》第 6 期，第 14~19 页。

程家福、张卫红、陈思齐，2014，《农村子女重点大学入学机会不均等问题历史研究》，《现代大学教育》第 2 期，第 12~23 页。

池瑾，2008，《观念决定成长：中国城市与农村家庭教育的背景差异》，甘肃教育出版社。

董晓玲，2010，《农村家长参与中小学子女教育的困境与出路》，《新课程研究》（基础教育）第 6 期，第 117~119 页。

方长春、风笑天，2008，《家庭背景与学业成就》，《浙江社会科学》第 6 期，第 47~55 页。

费孝通，2006，《乡土中国》，上海人民出版社。

黄宗智，2014，《明清以来的乡村社会经济变迁：华北的小农经济与社会变迁》，法律出版社。

梁漱溟，2013，《中国文化要义》，上海人民出版社。

路德维希·冯·米塞斯，2005，《人的行动》，余晖译，上海人民出版社。

吕鹏，2006，《生产底层与底层再生产——从保罗·威利斯〈学做工〉谈起》，《社会学研究》第 2 期，第 230~242 页。

马尔科姆·沃特斯，2000，《现代社会学》，杨善华、李康等译，华夏出版社。

马克斯·韦伯，2013，《新教伦理与资本主义精神》，康乐、简惠美译，广西师范大学出版社。

欧贤才、王凯，2007，《自愿性辍学：新时期农村初中教育的一个新问题》，《中国青年研究》第 5 期，第 60~63 页。

孙进，2007，《布迪厄习性理论的五个核心性结构特征：德国的分析视角》，《哲学研究》第 6 期，第 25~29 页。

谈松华，2003，《农村教育：现状、困难与对策》，《北京大学教育评论》第 1 期，第 99~103 页。

陶行知，1989，《攻破普及教育之难关》，载沙莲香《中国国民性（一）》，中国人民大学出版社。

王欧，2011，《文化排斥：学校教育进行底层社会再生产的机制》，硕士学位论文，华中科技大学。

翁乃群，2009，《村落视野下的农村教育》，社会科学文献出版社。

邬志辉、秦玉友，2012，《中国农村教育发展报告》，北京师范大学出版社。

吴重涵、张俊、王梅雾，2014，《家长参与的力量》，《教育学术月刊》第 3 期，第 15~27 页。

谢立中，1998，《西方社会学名著提要》，江西人民出版社。

杨国枢，2013，《中国人的蜕变》，中国人民大学出版社。

张翔、赵必华，2012，《家庭资本对学生学业成就影响的研究：现状与趋势》，《教育学术月刊》第 3 期，第 84~87 页。

Bernstein, B. 1971. Class, Codes and Control. London: Routledge.

Blau, P. M. and Duncan, O. D. 1967. *The American Occupational Structure.* Free Press.

Bourdieu, P. 1989. The State Nobility: Elite School in the Field of Power. Cambridge. MA: Polity Press.

Brown, D. J. 1998. Schools with Heart: Voluntarism and Public Education. Westview Press.

Coleman, J. S. et al. 1966. *Equality of Educational Opportunity.* Washington: U.S. Government Printing Office.

Kohn, M. L .1969. Class and Conformity: A Study in Values. Homewood: Dorsey.

Kong, P.A. 2010. "'To Walk Out': Rural Parents' Views on Education. "*China: An International Journal* 8(2)：360-373.

Kahl, L.A.1998. The Measurement of Modernization: A Study of Values in Brazil and Mexico. Austin: University of Texas Press.

Lareau, A. 2011. Unequal Childhood: Class, Race and Family Life. California: University of

California Press.

Liu, F. S. 2004. "Basic Education in China's Rural Areas: A Legal Obligation or an Individual Choice?" *International Journal of Educational Development* 24(1)：5-21.

Swell W. H. and Armer J. M. 1966. "Neighborhood Context and College Plans." *American Sociological Review* 31(2)：159-168.

Swell W. H. and Shah V. P. 1967. "Socioeconomic Status, Intelligence, and the Attainment of Higher Education." *Sociology of Education* 40(1)：1-23.

Zhao,T. Y. 2012. *Parents' Educational Supporting Activities and Beliefs in a Northern City of China.* Chuncheon, Kangwon National University, South Korea.

君子和而不同

——农村籍大学生的文化适应策略研究

肖　桐　邬志辉[*]

摘　要：在全球化的外力推动与国家内部转型的双重驱动下，社会实践的结构性变革业已到来。如今，"流动性"时代已成为难以回避的现实，这种现实通过理性裂变与自反性现代化、乡村文化与传统的消解、个体的认同焦虑等方面表现出来。本研究基于社会转型、文化冲突的广阔视野，对农村籍大学生的文化适应策略做出较为深入的学理探讨与数据解读。调查发现，隔离与边缘策略不利于农村籍大学生构建社会关系网络，同化策略则需要承担更多的情感负担与区隔压力。农村籍大学生应选择整合策略，在关系网络中占据结构洞位置，以既"兼容"又"增容"的基本态度面对城乡差异，接续"文化根柢"，实现个体的现代转型。

关键词：农村籍大学生；文化适应策略；社会转型

改革开放的 40 多年间，中国的城镇化率从 17.92％跃升至 58.52％（刘

* 肖桐，清华大学教育研究院博士研究生，主要研究方向为农村教育、教育公平等，E-mail:xiaot19@mails.tsinghua.edu.cn；邬志辉，教育部人文社会科学重点研究基地东北师范大学中国农村教育发展研究院院长、教授，主要研究方向为农村教育理论与政策研究，E-mail:wuzh@nenu.edu.cn。

守英、王一鸽，2018）。根据《国家新型城镇化规划（2014—2020 年）》，到 2020 年我国将有 1 亿左右的农业转移人口和其他常住人口在城镇落户[①]；国家卫生健康委员会预计，到 2030 年，这一数字将上升至 2.3 亿人，城镇流动人口将达到 8000 万人（顾泳，2015）。大规模、高速率的城镇化进程构成 21 世纪以来我国社会转型的突出背景，同时表明新型城镇化在相当长的一段时期内的核心是实现人的城镇化（任远，2014）。

迁移流动人口的市民化与社会融合过程包含在"人的城镇化"这一命题之下，其过程受阻，往往被视作"浅的城镇化"或者是"未完成的城镇化"（上海发展研究基金会，2013），将对社会经济的可持续发展与城镇化的顺利实现构成重大威胁。因而，人的社会融入与转型已经成为我国超大规模城镇化发展、推动城乡二元结构转变的核心建设任务。

2001 年，联合国教科文组织国际农村教育研究与培训中心（UNESCO International Research and Training Centre for Rural Education）发布了题为"教育促进农村社会转型：政策框架"（Education for Rural Transformation: Towards a Policy Framework）的报告，倡导"教育为农村社会转型服务"，呼吁相关人士重新思考农村教育问题，关注教育塑造和实现农村社会转型的重要功能。人是教育目的的载体与核心，推动人的转型、达成人的现代化是农村社会实现转型的关键（杨卫安、邬志辉，2015）。作为推动社会发展的潜在力量，农村籍大学生的个体转型不仅关涉高等教育的过程公平，而且关涉农村社会的发展转型（闵琴琴，2018）。

农村籍大学生作为城镇化的重要主体与推动社会转型的潜在力量，进入高等教育机构的过程往往被学界视作低社会阶层或边缘贫困群体的社会适应与融入问题（谢爱磊，2016），以文化取向的解释为代表，将个体的社会融入嵌套于相对稳定的文化空间，探讨个体的文化转型与适应问题。国内学者主要从城乡二元的文化博弈视角进行分析，如探讨农村籍大学生在文化冲突中个体的再社会化过程（吕卫华，2007）、场域转换下生存心态的

---

① 《国家新型城镇化规划（2014—2020 年）》，http://www.gov.cn/zhengce/2014-03/16/content_2640075.htm。

断裂与连续（谢爱磊，2016）、文化模式同阶层跃迁的关联（贾滕，2013）以及"总体性文化资本投资"与社会成就的关系（谢爱磊等，2018）等问题。研究指向皆聚焦于农村籍大学生的城市适应问题，而对这一过程中乡土认同的变迁则甚少提及。

实际上，探讨农村籍大学生的社会融入难以避开的底层问题是，人的城镇化之根本指向。学界普遍认为人的城镇化不仅指向城市，而且指向通过人的转型进而推动乡村的转型，根本解决乡村因人的流失而导致的农业兼业化、农民留守化与村庄"空心化"的问题（吴业苗，2017），从而实现后生产主义意义上的新农村（Wilson and Rigg，2003）。因而，人的城镇化绝不能以乡村认同的失落为代价，而应当在兼收并蓄的同时保有对城乡文化的认同。

一　研究背景与理论梳理

美国社会学家查尔斯·赖特·米尔斯（Charles Wright Mills）在其著作《社会学的想象力》（*The Sociological Imagination*）中指出，社会科学研究者应该将微观世界的个体困扰纳入宏观世界的公共议题中进行讨论，"唯有将个人生活与社会历史两者放在一起认识，才能真正地理解他们"（米尔斯，2005）。因而，研究者如果关注农村籍大学生的文化适应策略问题，应当首先将其纳入更大的时代语境进行分析，只有这样，才能真正认识与理解这一群体。

（一）冲突与剧变：现代化与全球化带来的历史变局

1. 身处历史剧变中的中国

现代化与全球化的交织与融合，是理解五四运动至今一个世纪以来中国发展转型的钥匙。[①] 这一时期在中国上演的这场关于发展方向的讨论，实

---

① 20 世纪 80 年代全面开始的改革开放，事实上是发轫于 19 世纪中期洋务运动所伴随的中国现代化进程的继续，其基本目标仍然是实现中国的政治、经济和社会的现代化。然而，中国现代化的历史坐标在此刻已经发生了变化：20 世纪 80 年代，人类开始逐渐进入全球化时代，中国的改革开放其实就是在全球化背景下实现国家的现代化。现代化和全球化的交织与重合，是理解改革开放以来中国社会转型的一把钥匙，文化转型自然也不例外。

质上是中华民族对现代化与全球化的一种文化反应，是乡土传统在现代化与全球化条件下发生转型的逻辑结果（俞可平，2006）。

　　实际上，从洋务运动开始，关于"中化"与"西化"、"传统"与"现代"、"中体"与"西用"等话语体系便贯穿于中国现代化发展的整个进程。至1978年改革开放，中国开始全面、平稳地走向现代化与全球化的道路。

　　现代化与全球化是一个整体性的社会变迁过程：政治上趋向民主法治与政治互信，经济上追求工业文明与市场经济，文化上倡导平等自由与和谐共生（俞可平，2006）。整体而言，现代化与全球化所诉求的品质与改革开放初期的中国社会有着不小距离。因而，反观中国在改革开放40多年间所取得的举世瞩目的成就，暗含着这一时代背景下，中国社会从政治、经济到文化所经历的巨大变革。这种变革发生在多个向度，既有中国与西方的碰撞，也有传统与现代的冲突。这100多年，尤其是最近的40多年，中国社会面临的是千年未有之大变局。

　　诺贝尔经济学奖获得者约瑟夫·斯蒂格利茨（Joseph Eugene Stiglitz）曾预言：中国的城市化与美国的高科技发展将是影响21世纪人类发展的两大课题（赵燕菁，2006）。在改革开放之前，中国一直采取严格控制城镇化发展的政策，甚至采取"反城镇化"（疏散城市人口）的措施，致使中国城镇化的发展步伐明显滞后于世界同等经济发展水平的国家（李强等，2012）。直到20世纪90年代中后期，中国加速现代化进程，推动城镇化建设进入高速发展时期，投资、产业在城镇的集中、城镇化基础设施的建设等，直接促成了人类历史上罕见的大规模人口向城镇流动的现象（李强等，2012），象征传统的乡村与象征现代的城市的角力在现代化进程中日益凸显。此外，中国从20世纪90年代初，确立建设社会主义市场经济的理念，全面推进市场化改革，向世界各国学习先进的管理技术与生产经验，再到2001年正式加入由西方发达国家主导的世界贸易组织（西方学者调侃世界贸易组织"不仅理念是美国式的，连措辞都是美国式的"）（刘熙瑞，2002），逐步融入世界市场，同全球资本角力。全球化在这一过程中深刻地改变了中国的经济空间结构（贺灿飞、梁进社，2004），同时重构着全球化体系之下人们的精神结构，中化与西化的冲突在全球化的进程中日益激烈。

总之，中国处于急速推进现代化与全球化的时代背景之下，这是一个充满挑战与冲突、对抗与竞争、焦虑与不安的时代，我们正身处这一特殊的历史背景之中。

2. 现代化与全球化的历史遗思

安东尼·吉登斯（Anthony Giddens）在《现代性的后果》（*The Consequences of Modernity*）一书里，开篇便指出现代性是与一个时间段和一个最初的地理位置联系起来的概念。它最早出现在 17 世纪的欧洲，并且在后来的岁月中，不同程度地在世界范围内产生着持续影响（吉登斯，2000）。在吉登斯看来，即使到今天，现代性的主要特征依然深藏于黑箱中秘不示人。因而，可以认为现代性的概念是植根于西方工业文明的时代背景下产生的，它的出现必然经受了时空的限定，存在于特定的体系中，将这一概念单纯地推而广之须慎之又慎。

时间段限定于 17 世纪，地点位于资本主义制度的西方国家，工业文明逐渐兴起并以强势的姿态向农业文明发出挑战，从政治、经济、文化再到技术面临剧烈的变革，人类的社会生活上演了历史上最大限度的转型。特定的时空条件，使古典理论对现代化的研究集中反映于"韦伯问题"上：为什么工业资本主义兴起于西方而非他处？（丁学良，1988）马克斯·韦伯（Max Weber）的回答反映在其著作《新教伦理与资本主义精神》（*The Protestant Ethic and the Spirit of Capitalism*）中，他认为新教运动对理性主义精神的推动与强化促使西方社会与传统决裂，从而走向现代化社会。丁学良（1988）认为韦伯的推论蕴含着一层隐意，即经济理性主义在西方文明中的独有性，致使现代化唯独于西方取得成功。但随着新兴国家的崛起（包括日俄在现代化中取得的成功），理论界开始质疑现代化的独一性，并逐步探讨将现代化归结为普遍性问题，即探讨不同文化背景下社会向现代转型的共有特征。

①世界体系下中心对边缘的霸权。20世纪50年代，笼罩在冷战阴影之下的西方理论界，出现了以美国等发达西方国家作为现代化经验样本的取向。发展中国家依循这一现代化发展取向未能带来想象中的成功，尤其是拉美国家在西方经验的捆绑下接连出现了失误与滞后。于是，依附理论在拉丁美洲国家产生并逐渐形成较大影响。

阿根廷经济学家劳尔·普雷维什（Raúl Prebisch）在《拉丁美洲的经济发展及其主要问题》（*The Economic Development of Latin America and Its Principal Problems*）中指出，世界经济是由作为中心的西方发达工业国家和处在边缘的非西方发展中国家组成，二者并非平等关系，而是西方发达国家不断掠夺发展中国家所取得的成果。因而发展中国家必须树立经济贸易及科学技术的交流屏障，保护本国的经济利益（陈晓律，1998；陶海洋，2007）。"中心－边缘"这一不平等体系构成了依附理论的核心框架。

保罗·巴兰（Paul Alexander Baran）在《增长的政治经济学》（*The Political Economy of Growth*）中采用普雷维什的"中心－边缘"模型进一步发展了依附理论。他认为，资本主义的产生致使世界形成了发达资本主义国家与发展中国家（欠发达国家）之间的两级对立。"为什么落后的资本主义国家未能沿着老牌资本主义强国的发展道路，逐渐强大，反而是日渐贫困和消沉？"（巴兰，2000）巴兰认为根本原因在于，资源的有限性必然导致国家的发展成为一场零和博弈，一些国家的崛起必定以牺牲另一部分国家的利益为代价。摆脱这一困境的唯一路径就是边缘国家对这一世界体系的反抗，通过发动世界革命彻底将这一体系摧毁（陶海洋，2007）。巴兰的观点继承了卡尔·海因里希·马克思（Karl Heinrich Marx）批判现实的精神，但其理论忽略了处于"边缘"的发展中国家及欠发达国家自身文化传统中可能固有的问题，将矛头指向外部，而缺乏对国家内部传统力量的客观反思。

20世纪60年代，安德烈·冈德·弗兰克（Andre Gunder Frank）在《资本主义与拉丁美洲的低度开发》（*Capitalism and Underdevelopment in Latin America*）一书中，将发达国家与发展中国家（欠发达国家）的关系比喻为"大都市"与"卫星城"之间的博弈，处于"中心"地位的"大都市"，通过盘剥处于"边缘"地位的"卫星城"，将其"剩余经济"占为己有，而"卫星城"的财富与生活方式也越来越依赖于"大都市"，形成了"依附的链条"，从而导致了"卫星城"的分化与欠发达，并最终致使二者的发展走向"极化"。弗兰克认为发展中国家谋求现代化，必须打碎"依附的链条"，不走发达国家的老路（张敦福，2000）。

《全球通史：从史前史到 21 世纪》（*A Global History：From Prehistory to the 21st Century*）一书首次出版于 1970 年，作者勒芬·斯塔夫罗斯·斯塔夫里阿诺斯（Leften Stavros Stavrianos）在其著作中明确表达他所研究的历史是全球的历史，而非某一国家或地区的历史，关注的是整个人类，而非西方人或东方人。从 20 世纪 70 年代开始，全球历史观便在西方史学界的实践中居于统治地位。在这一背景之下，西方理论界开始反思现代化理论，从"中心 – 边缘"的分析框架向多元化方向发展。伊曼纽尔·沃勒斯坦（Immanuel Wallerstein）《现代世界体系（第 1 卷）：十六世纪的资本主义农业与欧洲世界经济体的起源》（*The Modern World-System V.1：Capitalist Agriculture and the Origins of the European World-Economy in the Sixteenth Century*）的出版标志着与依附理论一脉相承的世界体系理论产生。沃勒斯坦主张以历史体系作为分析单位而"不宜用个别的民族或国家作为研究单位"去论述世界发展的模式。他认为人类社会存在三种体系，分别是微型体系（mini-system）、世界帝国（world-empire）与世界经济（world-economy）组成的世界体系（world-system）（现存的世界体系只有资本主义的世界体系）以及世界政府（world-government）（将来可能出现的社会主义的世界政府）。当今的世界体系理论具有一体化和不平等两个基本特征，不平等体现于政治、经济与文化等方面，进而形成了一体化的世界经济体系、多民族国家体系和多元文化体系（陶海洋，2007）。在这一背景之下，世界体系内部存在一种"中心 – 半边缘 – 边缘"的三级结构，处于"中心"的国家发展程度最高；"半边缘"的国家是一个缓解压力、显示动态性的发展中国家，为了上升至"中心"必须以牺牲一些其他国家的利益为代价；"边缘国家”则是依附型国家。经典的现代化理论忽略了世界体系层次的分析。实际上，现代化作为一种世界运动，必然导致世界体系的变化，世界体系的变化必然影响国家的现代化因而世界体系的分析框架是有价值的。

②古典理论下现代与传统的机械割裂。古典理论对现代化的分析框架主要是传统与现代两极对立的范型，包括历史哲学（historico-philosophy）的和典型学（typology）的。历史哲学的分析框架的代表，如奥古斯特·孔德（Auguste Comte）①、赫伯特·斯宾塞（Herbert Spencer）②等，认为人类历史的前进必然延续着一条单一的、确定的发展轨迹，轨迹中各个节点的关系是前后相续、性质迥异的，社会的发展只能依循轨迹中各个节点的先后顺序逐步推进。历史哲学的分析框架因其武断性在 20 世纪初期逐渐被否弃，它将顶多适用于西方社会发展的某些特质作为严密的标准去衡量其他社会的演进过程，最终致使一旦社会发展的某一阶段与其标准无法对应，整个理论便陷入危机。

典型学的分析框架的代表人物有斐迪南·滕尼斯（Ferdinand Tonnies）、埃米尔·杜尔凯姆（Emile Durkheim）和马克斯·韦伯。他们认为“理论是对现实的一种概念上的选择性重构”（丁学良，1988），因而理论与现实之间并不存在完全的对应关系。作为真实世界的社会现实存在无限的方面与属性，任何一种理论均不可能对社会现实进行全面的阐释。因而学者逐渐转向在社会现实中寻求二分特质的社会属性，对特质进行极端化描述形

---

① 孔德在《实证政治体系》（*Comte's System of Positive Polity*）一书中提出，人类文明必然经过三个阶段。一是神学阶段，历史上的古典时期属于这一阶段。其中一切现象均由超自然的力量解释，知识是有限的，幻想而非理性起着主导作用，统治力量是教师和军人，征战是主要的活动。二是玄学阶段，中世纪属于这一阶段。其中，一切现象均由抽象理念来解释，进步表现在纪律和理性思想的增强上；社会结构由立法者与司法者主导，征战被城防所代替。三是实证阶段，现代社会即属于该阶段。其中，一切现象均由以经验观察为基础的科学原则和定律来解释，只有到了这个阶段，人类才能控制自然科学思想，成为技术发达的工业社会之基础，征战制度最终为和平的社会组织所取代。

② 斯宾塞在其著作《社会学原理》（*Principles of Sociology*）中将社会变迁视为一个类似生物体由简单成长为复杂的进化过程。在此过程中，结构和机能日益分化，分化的各部分间日益相互依赖。人类文明由军事社会和工业社会组成，前者依赖于对外的征战和对内的强制，后者依赖于契约关系、个人主动性、自愿协作，因此导致政府力量的减弱、战争的消亡、民族界限的融合和全人类共同体的建立。

成典型特征，以此来尝试对社会形态进行分析和归类。逻辑上，处于两端的特质是互斥的，而在现实中特质却是相错交叠的。相较于历史哲学的分析框架，典型学的分析框架更强调历史的演变并非按照严格的轨迹，依循发展的节点而转变的，抛弃命定性的观点，选择将社会的发展理解为或然性（prohability）的。但它也继承了韦伯关于"责任伦理"与"理性计算"的西方独有性，继承了塔尔科特·帕森斯（Talcott Parsons）从社会行动出发提出的相互对立的五组模式变项[①]，将传统与现代置于极值，人为构建起两组对立矛盾的社会属性（邬志辉，2001）。邬志辉将这一分析框架的寓意归结为：所有现代社会的特征都应该是相似甚至同一的，所谓的现代性就是西方性；非西方国家的内部传统阻抑了社会向现代化转型的动力，唯有摧毁其传统文化，套用西方社会的发展模式，才能构建起所谓的"现代化"。

3. "和而不同"的可能发展道路

长久以来，中国的现代化与全球化理论笼罩在西方的话语霸权下，处于强势地位的西方社会牢牢把控着现代化与全球化的话语体系，遵循着"同化"的逻辑理路，将西方社会的运转逻辑与价值理念等同于"现代化"，再用这样一套构建于西方社会的价值逻辑框嵌在中国社会的发展道路上，将中国的传统文化置于落后保守、封建愚昧的价值天平上，其实质无异于一种文化帝国主义式[②]的价值殖民（罗素，2016）。在这一时代境

---

① 帕森斯在其著作《社会系统》（*The Social System*）中创立了"方式变相"（pattern variables）这一概念。它是对行动系统的组成要素进行分类的概念纲要，是指行动者在面临一定的综合社会情景时，其价值取向所做出决定方式的可能性选择。帕森斯认为，在社会的现代化进程中，主要有五组典型的方式变相，其中前五种变相包括感情投注、集体取向、特殊主义、先赋标准和弥散型关系，后五种变相包括感情无涉、自我取向、普遍主义、成就标准和特定性关系。前者构成了传统的特征，后者则构成了现代的特征。

② 实际上，伯特兰·阿瑟·威廉·罗素（Bertrand Arthur William Russell）早在《西方哲学史》（*The History of Western Philosophy*）中便已经指出，"假如文明继续下去，在未来的几个世纪里，文明将会呈现文艺复兴以来从来未有的多样性"，伴随着"儒教的意识形态"的兴起，西方社会将面临"一种比政治的帝国主义还要难于克服的文化帝国主义"。因而西方社会"就必须在思想中不仅承认亚洲在政治方面的平等，也要承认亚洲在文化方面的平等"。百年后的当下，罗素的预言被证明是贴切与真实的，但显然西方社会并未就这一变化做好心理与精神的准备。有趣的是，中国社会似乎也未意识到自身地位的这一转变，依旧将中国文化定位为依附者文化，极力向西方文化靠拢。

遇下，依附理论①者认为，对于发展中国家而言，为了摆脱或减少国家建设与社会整合过程中对西方国家的依附性，保障国家发展方向的相对自主性，其策略应当是内生发展，即"每个国家都应该振兴本国的生命力，并在其文化特征和价值的范围内寻求致力于发展的激励力量和必要意志，同时还应考虑到科学和现代技术的成果"（邬志辉，2001）。构建国家发展的话语体系，从而保障内生理念与外源理念的平衡，走真正适用于本国历史与实际的发展道路。

实际上，早在春秋时期的孔子（2006）便在《论语·子路篇》中谈到"君子和而不同"。随着全球化时代的来临，世界面临着诸多的不确定性与差异性，为了和谐诗意地栖居于世界上，对"和"的追求必不可少。人类的发展需要立足于大方向上的一致，因而共同的价值对人类的绵延至关重要。同时，世界的多样性促成了不同制度体制、社会形态的国家机器的产生，不同的自然环境、历史渊源造就了多彩多样、风格迥异的人类文化，尊重差异与"不同"，倡导和谐与共生，才是人类发展的方向。但实际上，在这一过程中，并非只有发达国家利用其话语霸权进行文化侵入，还有诸多国家、民族主动放弃其话语权力，将自身的历史与传统抛入虚无，主动"同化"于"他者"，国家的发展失去文化的根基，成为悬空的楼阁与无根的草木。

从中国共产党第十八次全国代表大会首次提出"人类命运共同体意识"，再到习近平总书记在中国共产党第十九次全国代表大会报告中提出"坚持和平发展道路，推动构建人类命运共同体"，并在第十三届全国人民代表大会第一次会议通过的《宪法修正案》中，将《宪法》序言第十二自然段内的"发展同各国的外交关系和经济、文化的交流"修改为"发展同各国的外交关系和经济、文化交流，推动构建人类命运共同体"，可见中国对全球话语体系的构建越发重视。将国家与国家之间的竞争、冲突搁置，允许多样共生的"不同"，以人类命运作为宏大叙事，构建"不同"国家在这一话语体

---

① 后文将具体介绍依附理论，此处不再赘述。

系之下的"和"。这除了是一个国家在民族之林中寻求话语体系的智慧之举，也是"君子"含纳万物、和而不同的广阔胸襟。

（二）对抗与挣扎：文化在历史变局中的碰撞

1. 文化作为划分历史的依据

西方语境下的文化（culture）最初根植于拉丁语与中古英语中的"耕耘"与"掘种土地"的意涵中（衣俊卿，2015），同时因为源于西方的宗教传统，其文化包含着崇敬神灵的圣神含义，如清教徒纽曼（Newman）使用的"精神耕耘"（mental culture）与"智力培育"（intellectual culture）（巴比格，1987）。直至19世纪，文化才逐渐具备现代的含义，涉及个人的完善、社会的风范，包括宗教、艺术、习俗等内容。学者一般将中国的"文化"追溯到《易·贲卦·象传》中的"刚柔交错，天文也。文明以止，人文也。观乎天文，以察时变。观乎人文，以化成天下"。张岱年在《中国文化概论》中指出，"这段话里的'文'，即从纹理之义演化而来。日月往来交错文饰于天，即'天文'，亦即天道自然规律。同样，'人文'，指人伦社会规律，即社会生活中人与人之间纵横交织的关系，如君臣、父子、夫妇、兄弟、朋友，构成复杂网络，具有纹理表象"。"在这里，'人文'与'化成天下'紧密联系，'以文化教'的思想已十分明确。"（张岱年、方克立，1994）

西方语境下的文化从耕耘、种植引申出关于人性情的陶冶与平等的教养，强调一种凭借内在生命力而生成的价值规范；中国语境下的文化从开始之初便重视社会规范、自然天道对于人之教化，强调"人文化成""问治教化"，注重文化的社会功能（衣俊卿，2015）。这是中西方语境中文化含义的"不同"，但这无碍中西方关于文化的研究与交流，因为二者从总体意义而言是趋近于"和"的，均突出了文化的"人为性"，是人所确立的不同于自然秩序与生存本能的社会行为规范，蕴含着根植于人所表现出的超越性与创造性，包含着知识、习俗、道德、艺术等内容，简而言之，文化在最根本意义上是人之历史地凝结成的生存方式（衣俊卿，2015）。

美国人类学家克利福德·格尔茨（Clifford Geertz）（1999）在《文化的解释》（*The Interpretation of Cultures*）一书中谈道，"人是悬挂在由他们自己编织的意义之网上的动物，我将文化看作这些网，因而认为文化的分析不是一种探索规律的实验科学，而是一种探索意义的阐释性科学"。文化作为一种凝结着人类意志与意义的生存方式，成为研究人类历史的另一个切入口。正如阿诺德·约瑟夫·汤因比（Arnold Joseph Toynbee）在《历史研究》（*A Study of History*）中、奥斯瓦尔德·斯宾格勒（Oswald Arnold Gottfried Spengler）在《西方的没落》（*The Decline of the West*）中将历史的基本单位确定为文化与文明，认为人类历史即是各种文化有机体所经历的春夏秋冬的生命历程，是人类精神涌动的历程（衣俊卿，2015）。因此探讨当下中国所面临的历史变局，不如从文化切入，以人类精神之涌动、人类历史地凝结成的生存方式去观照身处现代化与全球化浪潮中发生在中国大地上的文化变迁与文化对抗。

在现代化与全球化双重变奏的历史背景下，中国上演着一场错综复杂的文化讨论：当一些人在倡导全球化时，另一些人正致力于传统文化的现代化；当一些人在批判文化的民族主义时，另一些人在呼吁文化的本土化；当一些人在为全球公民身份而自豪时，另一些人焦虑于民族文化身份的丧失；当一些人在欢呼"21世纪是中华文化的世纪"时，另一些人正将中国比喻为《巨婴国》（武志红，2016），生存着《丑陋的中国人》（柏杨，1986）。中西文化的碰撞、传统文化与现代文化的冲突混杂着集体的焦虑，弥漫在当下的中国。

在20世纪，全球范围内广泛崛起的工业文明基本上是西方国家的产物，现代的机器生产、传统能源、生物化工等均起源于西方国家。如果将现代化狭义地理解为西方话语体系内的工业化的话，那么中国的现代化无疑是一个"西学东渐"的过程，是一个将西方先进的工业技术、管理技巧、生产设备引入中国的过程。在此意义上，中国的发展与传统文化的区隔越多，就越贴近现代化；与西方文化的距离越近，就越靠拢现代化。因而，一方面，作为传统文化的乡村与作为现代文化的城市相对立；另一方面，象征现代文化的城市又往往与象征现代化的西方文化相等同。由此，"乡村－城市"作为一个独特的场域，凝结并集中显现着"传统－现代""中国－西方"的文化较量。在当下中国城镇化进程日益推进的时代背景下，这样的对立与冲突、矛盾与碰撞正日复一日地在乡村与城市之间上演，并以其巨大的文化张力撕扯着作为弱势方的乡村文化。

2. 城乡文化碰撞中的历史变革

20世纪60年代，法国社会学家孟德拉斯（Henri Mendras）的经典著作《农民的终结》（*The End of the Peasants*）一书出版，他在篇首写道，"二十亿农民站在工业文明的入口处，这就是20世纪下半叶，当今世界向社会科学提出的主要问题"，因为这一世纪的上半叶，"较之工业的高速发展，农业的缓慢发展可以给人一种安全稳定、千年平衡的印象，与工业的狂热相对照，农业的明哲适度似乎是永恒的：城市和工业吸引着所有的能量，但乡村始终哺育着恬静美满、安全永恒的田园牧歌式幻梦"（孟德拉斯，1991）。这一平衡随着工业革命与城市化进程的推进被打破，旧有的社会结构面临巨大的变革与震撼。而此时，远在东方的中国大地，正上演着截然不同的社会转型，一场上山下乡（疏散城市人口）的浪潮正席卷全国，"农民的终结"这一问题似乎对于中国这样一个农业大国而言，既遥远又错愕。

当20年后，此书再版，孟德拉斯在后记中感叹，"这本书是一个文明的死亡证明书，这一文明生存了十个世纪之后死去了。它是科学的诊断，而不是思辨的发问。二十年后，结局证明我是有道理的：在一代人的时间里，法国目睹了一个文明的消失，这个文明是它自身的组成部分"。与20年前不同，此时的中国大地正发生着悄无声息的变化，"农民的终结"这一问题开始在一些较为发达的地区弥散开来，而这仅仅是一个开始（李培林，2002）。改革开放的40多年间，中国的城镇化率从17.92%跃升至58.52%，意味着这40多年间有数以亿计的农民背井离乡进入城市。伴随着工业化的强势入侵，农业人口的剧量消亡，农村的全面性衰败似乎成为无法逆转的潮流。21世纪，农村何去何从，是沦为城市的附庸，还是开辟一条全新的发展之路？这是时代情景下的重大问题。毋庸置疑，农村转型势在必行，而这一转型的精神内核又必定要以农村文化为支撑，因而深刻剖析与反思乡村文化同时代语境的契合与割裂，十分关键。

①以何为美：现代乡村的文化认同。美国历史学家巴林顿·摩尔（Barrington Moore）在其著作《民主和专制的社会起源》（*Social Origins of Dictatorship and Democracy*）中，通过清晰的历史发展轨迹论证了农民群体与何种政治力量相认同或背离，是决定该政体未来走向的决定性力量。他敏锐地捕捉到在传统与现代的交融和斗争中，那些行将分崩离析的传统社会中的阶级因子，会对该社会的未来历史发展产生激烈的影响（孙斐娟，2009）。

近几十年，现代化的裹挟使中国乡村突然发现自身的文化方位与价值坐标在现代社会中迷失了：其长久以来作为超验命运载体的宗族文化体系成为现代社会文化中的封建保守符号，其延绵传承数辈的祖先文化与民间智慧在现代科技与资本中无处遁形，其坚守奉行的人际交往方式与社群互动观念在快速流动的社会中失去根基。

现代化进程的推进促成了乡村由外而内异常强烈的社会价值坍塌。在一定程度上，现代化既动摇了传统乡土中社会规则和文化信念的合法性，文化价值被简单否定，借以建构个体和共同体生活的意义系统与象征体系走向瓦解。又通过西方对"现代性"阐释的话语垄断地位，将"现代性"与中国"乡土文化"构建为二元对立的理念系统，致使乡村在运行逻辑与政策实践中丧失其意义坐标。伴随着乡村社会结构被现代世界所粉碎，置身于其中的人无法逃脱，被动地置于一无所有的自由中（霍布斯鲍姆，2006）。

乡村或者是乡村中的人正面临选择：一是走向城市，主动地适应和接受现代政治和市场经济的一切赠予，以完全开放的姿态融入现代化运行的框架之中，彻底放弃旧有的乡村秩序，成为一座"未完成的城市"；二是重建乡村的精神家园，利用乡土文化、社区和政治力量在现代化进程中找寻自身的独特文化内涵与扎根中国大地的文化资源，将乡村从被视为"城市的未完成品"建设为另一种人类生存与精神栖居的"田园牧歌"之地。

②美人之美：从乡村到城市。社会学家格哈德·伦斯基（Gerhard Lenski）就社会与社会结构采取了两种对立社会形态的分类方式，认为人类社会是按照社会文化演化的法则进行转变的。社会文化演化是指人类社会中变迁与发展的过程，而这个过程起源于文化信息的不断累积（谢弗，2009）。

伦斯基认为，一个社会的自然环境与科技水准对该社会的组织方式影响巨大。他将科技定义为记录如何运用自然资源来满足人类需求与欲望的信息（谢弗，2009）。此处，科技可以理解为生产方式与生产技术。因而他将人类的社会文化演化划分为六个阶段（见表1）。现代世界的出现，在一定程度上被认为是以对农村及其背后所代表的价值体系的整体性离弃为主要表征。

表 1　社会文化演化的阶段

社会形态	出现时期	特征
狩猎采集社会	人类出现	四处迁徙；依赖能够采集到的食物与物品
初期农耕社会	约 12000~10000 年前	较少迁徙；发展出农业与有限技术
农耕社会	约 5000 年前	聚落规模较大，较稳定；技术较进步，农业产值增加；劳动分工比较细密
工业社会	1760~1850 年	依赖机械化生产与新能源；集中化的工作场所；经济的相互依赖；正规教育
后工业化社会	20 世纪 60 年代	依赖服务业，尤其是对资讯的处理与掌控；中产阶级的扩展
后现代社会	20 世纪 70 年代后期	高科技；大量消费商品与资讯；跨文化的融合

马克思[①]结合历史事件对法国和德国的农村问题进行讨论，认为村舍与土地束缚了农民的心灵与身体，唯有等待工业文明才能实现其解放。在

---

① 关于马克思的历史哲学观尚存在一定争议，部分学者将马克思在《资本论》（*Capital*）中关于原始积累的概述解释为各民族发展的必然规律。"这一运动的历史必然性明确地限于欧洲各国"，"一定要把我关于西欧资本主义起源的历史概述，彻底变成普遍发展道路的历史哲学理论，一切民族不管他们所处的历史环境如何，都注定要走这条道路，这样做既给我过多的荣誉，也给我过多的侮辱"。

他所构建的现代化世界中，并未给乡村留下政治、社会抑或是文化的空间（孙斐娟，2009）。

韦伯在关于易北河谷（Dresdner Elbtal）农业劳动力问题的研究中，将关注重点置于现代化过程中的德国农民，追求"纯粹心灵上的自由"，进而要求摆脱雇主对其的人身限制，突出乡村社会的生产结构被现代的自由经济理念所瓦解的现象（本迪克斯，2007）。韦伯认为，人类社会有一个普遍的进化过程，这种进化在由简单到复杂的过程中造成人际关系的日益非个人化，大量的获致地位压倒归属地位，加强劳动分工，出现作为法人的个人、更专一独特的角色，以及建立在共同感情之上的团结被逐渐瓦解，最终以"合理的"社会取代"传统的"社会。

他认为，"传统的"社会是以完全恪守习惯的行为方式，追述过往从而为当前的行为方式辩护；而"合理的"社会是通过参照社会的逻辑一致性来理解它，判断其发展的道路。传统的关系沉浸于血缘情感中，角色往往多重化，彼此混杂，且归属地位更为重要；而合理社会中的关系在情感上则是中性的，角色较为专一，注重获致地位。对于新生儿而言，他们均是等同的，都是无足轻重的成员（墨菲，1994）。

马克思与韦伯的论断不失为一种对未来的深刻洞察，他们预见到伴随着城市文化对乡村文化的侵蚀，潜在的社会结构正发生着改变，人们日渐远离自己的劳动与社群，自身的同一性失去传统的坚实源泉，成为社会中难以辨认的一员。但他们未能预见信息网络的出现，如果可以预见的话，他们一定会毫不迟疑地提出这样的假设：我们与人工智能都拥有的身份证号码将成为我们的标签。

伦斯基的社会文化演化理论强调历史的观点，认为社会结构的演变是具有方向性和替代性的，如马克思与韦伯关于现代化的城市社会结构取代乡村社会的观点。因此，根据社会文化进化论的观点，这一视角无法描述同一社会里存在不同形式的社会结构。20世纪三四十年代，人类学家莱斯利·怀特（Leslie A.White）与朱利安·斯图尔德（Julian Steward）提出人类文化新进化论，认为每种文化都由以技术为基础的经济基本设施、社会体系以及意识形态系统组成，文化可以"多线进化"。他们强调历史的多元论（墨菲，1994）。

③各美其美：乡村与城市。勃洛尼斯拉夫·马林诺夫斯基（Bronislaw Malinowski）在《文化论》（*The Scientific Theory of Culture*）中对文化与社会制度有这样一个论断，即"若我们随意取一器物，而想加以分析，就是想方设法去规定它的文化的同一性，我们只有把它放在社会制度的文化布局中去说明它所处的地位，才能得到它的文化意义"。马林诺夫斯基批判以往人类学中的进化学派与历史学派把"文化特质"视作单位，他认为这样会忽略人类活动的整体性，风俗、器物、称谓并不能孤立地发生作用，它们只是"有目的的活动所组成的体系"的各方面。简而言之，人类的生活必然同时包含这些内容，所以文化研究的对象必须把这些内容统筹并顾。于是他提出"一切文化只是人类生活的办法，社会制度是文化的一部分""文化的单位是社会制度"（费孝通，2010）。[①]因而在探讨城市文化与乡村文化之前，不妨去探究城市与乡村所置身的社会制度与社会结构。

随着西方社会学研究的不断推进，社会学家面对人类社会为适应工业化进程而不断进行的制度变革与结构调整，提出了一系列概念对这一现象进行描述和分析，探究这一背景下传统乡村社会与现代城市社会的运作机制。如英国社会学家斯宾塞的尚武社会（militant society）与工业社会（industrial society）、德国心理学家威廉·冯特（Wilhelm Wundt）的自然极（natural polarity）与文化极（cultural polarity）。其中，英国法律比较学家亨利·梅恩（Herry Maine）将乡村社会中建立在"地位"基础上的社会关系，与城市社会中的"契约"关系加以比较。在"地位关系"中，个人的身份决定于亲属群成员资格或其他归属准则，与其相对应的是建立于非个人性（depersonallized）

---

① 马林诺夫斯基在伊恩·霍格宾（Ian Hogbin）的《波利尼西亚的法律与秩序》（*Law and Order in Polynesia*）一书的序文中对"社会制度"下了定义：一群在共同事业上联合在一起的人，他们住在一定的环境中，共同使用一套工具和服从一套规则。紧接着，他又在其遗著《文化新论》（*Freedom and Civilization*）中做了如下解释：这里主要的概念是"组织"。为了完成任何目的，人类一定得组织起来。组织包含一定形式或结构，结构中的主要因素是普遍的，一切有组织团体所具有的，而且他们形式的典型是一切人类所相共的。我建议用一个旧有的但是意义不常是清楚的，用起来也不常一贯的名词"社会制度"来称这种人类组织的单位。

基础上的"契约关系",强调个人间的法律契合(墨菲,1994)。

德国社会理论学家斐迪南·滕尼斯(Ferdinand Tönnies)在 *Gemeinschaft and Gesellschaft* 一书中所使用的德语词 Gemeinschaft 与 Gesellschaft 的概念原型正是来自梅恩的"地位关系"与"契约关系"。关于这一德语书名的翻译争议很大,直到 1957 年芝加哥大学再版美国翻译家查尔斯·卢密斯(Charles P. Loomis)的译本时,才将标题确定为"Community and Society"。美国哈佛大学社会学家皮特林·索罗金(Pitirim A. Sorokin)对 *Community and Society* 中两类社会形式的特点进行了归纳(见表 2)(周晓虹,2002)。

表 2　社区与社会之间的内涵张力

类型	社区(community)	社会(society)
意志类型	共同意志	个人意志
成员独立性	成员的非个体性	成员的个体性
利益支配方式	社区利益支配	个人利益支配
行为依据	信仰	原则
生活取向	道德和习俗	时尚与风尚
人群连接	自然团结	契约团结、商业和交换
财产归属	共同财产	私人财产

滕尼斯 *Gemeinschaft and Gesellschaft* 一书转译成中文同样也历经波折。最早吴文藻先生主张将其译为《自然社会与人为社会》,一部分学者认为这样的译法还是不可避免地丧失了概念的原意,同时与该书德文词汇的表面含义相去甚远。因而,更多学者认同基于英文世界的话语框架,将该书的英文名"Community and Society"翻译为"社区与社会"。有趣的是,最早将 community 译为"社区"的费孝通,在面对滕尼斯这本书时,选择按照德语词 Gemeinschaft 与 Gesellschaft 的语义内涵将其翻译为"礼俗社会"和"法理社会"。[①] 在费孝通的《乡土中国》一书中,礼俗社会被指代为聚族而

---

① 这一译法在后来的书籍中均能看到,如由王卓君、吕迺基翻译,商务印书馆于 1991 年出版的美国人类学家罗伯特·墨菲的《文化与社会人类学引论》中,将滕尼斯的 Gemeinschaft 与 Gesellschaft 分别对应乡土社会(礼俗社会)与法理社会。

居的村落中，以差序格局、礼治秩序、长老统治等形式和手段构建而成的围绕血缘和地缘运转的社会结构，法理社会正是同这一体系相对应的系统（见表 3）（费孝通，2008）。他认为，一切社会制度离开生活与文化都是无从谈起的，而文化只是适应人类当下处境的办法。因而费孝通强调用功能的视角去看待文化，"文化的各部分都是以维持和促进生活为鹄的之下相互调集配合着的，若脱离了全盘的配景，我们就不能了解任何社会制度或其他文化特质的意义。一切文化特质都有他对于生活的作用或功能"（费孝通，2010）。因而，只要城市与农村的自然条件不等、发展方式各异、人们的处境不同，就会产生不同的人口组织方式、社会结构样态。文化作为人类适应当下处境的工具就会产生差异。农村文化与城市文化将会作为两类独特而适宜的文化长久地存在，在各自的土地上协佑人们绵延传承、繁衍生息。

表 3　礼俗社群与法理社会的内涵张力

类型	礼俗社群	法理社会
典型取向	乡村生活是典型	都市生活是典型
共识程度	人们的背景与生活经验类似，造成他们有共同的社区情感	人们的共识不高，相异处多于相似处
社会互动	社会互动紧密且熟悉	社会互动是任务取向的
运作取向	有团结向心力	私心支配一切
任务与关系	任务与个人关系无法分割	任务优先，关系其次
隐私	不太强调个人的隐私	个人隐私极为重要
社会控制	由非正式的社会控制主导	由正式的社会控制主导
越轨行为容忍度	对越轨行为较无法容忍	较能容忍越轨行为
地位取向	比较强调先赋地位	比较强调自致地位
社会变迁	社会变迁较不显著	社会变迁非常显著

19 世纪与 20 世纪之交，与滕尼斯同时活跃在德国思想界的学者们，敏锐地察觉到资本主义兴起与城市文化间的隐秘关系。如格奥尔格·齐美尔（Georg Simmel）等看到了货币对城市文化的塑造力量，他论述了以"事本性"（matter of fact）为特征的理性主义城市文化同货币经济交互共生的景象

（周晓虹，2004）。在齐美尔看来，"英国历史的全部进程中，伦敦起的作用从来就不是它的心脏，而是它的理智与钱包"（Simmel，1950）。正如路易斯·沃思（Louis Wirth）在 19 世纪 20 年代的研究表明，城市人与农村人在思维方式上的差异，生活于城市文化之下的人用因果论去分析事物，根据理性主义制定契约，而生活于乡村文化之下的人则依据自然主义、幻想式的归因去了解事物，通过天赋属性安置个人地位（帕克，1987）。理性精神与资本力量成为城市文化的重要象征，而血缘情感与自然主义成为乡村文化的重要象征。

可以说滕尼斯关于 Gemeinschaft 与 Gesellschaft 的概念在社会研究的类型学传统中起到了承前启后的作用。在其之后相继出现了埃米尔·迪尔凯姆（Émile Durkheim）的"机械团结"（mechanical solidarity）与"有机团结"（organic solidarity）、查尔斯·霍顿·库利（Charles Horton Cooley）的"首属群体"（primary group）与"次属群体"（secondary group）、罗伯特·雷德菲尔德（Robert Redfield）的"乡民社会"（folk）与"市民社会"（urban）等概念。其中，迪尔凯姆的理想类型在索罗金看来正是直接源于滕尼斯的启发，仅仅是颠倒了顺序，社区被机械团结所替代，社会被有机团结所替代（见表 4）（周晓虹，2002）

表 4 机械团结与有机团结间的内涵张力

类型	机械团结	有机团结
分工程度	低度的分工	高度的分工
集体意识强度	根深蒂固的集体意识	微弱的集体意识
法律类型	约束性法律占主导地位	复原性法律占主导地位
个性强度	低度的个性	高度的个性
一致取向	特殊的规范性模式上的一致是重要的	抽象的一般价值上的一致是重要的
惩罚主体	社区对越轨者进行惩罚	专门化的社会控制结构对越轨者进行惩罚
依赖程度	较低的相互依赖	高度的相互依赖
发展取向	原始的或乡村的	城市的与工业的

资料来源：约翰逊，1988：234。

机械团结是通过根深蒂固的集体意识将同质性的诸多个体凝结为整体的社会联结方式。由于社会分工不发达，人们的经历、能力与生活方式都十分接近，这种相似性让他们对集体有强烈的归属感，个体的个性被笼罩在集体的意识中，具有一致的宗教与道德倾向。因而，由此联结而成的社会就如同无机物混杂的聚类一般，分子间是类似的，联结的方式也是刻板、机械的。有机团结是由高效的社会分工以及成员间异质性的组合所决定的另一种联结方式，由于分工导致的专业化，个体间必须依靠更强的相互依赖才能达成合理的运作（周晓虹，2002:252；谢弗，2009:139）。弗里德里希·恩格斯（Friedrich Engels）曾在《英国工人阶级状况》（*The Condition of the Working Class in England*）中积极评价城市因有机联结而产生的巨大效益——"这种大规模的集中，250 万人这样聚集在一个地区，使 250 万人的力量增加了 100 倍"（恩格斯，1957:303）。城市文化正是在个体通过有机组合的方式不断衍生迭代下逐渐清晰的，以资本、资源为依托的外向型空间扩张，成为城市文化横向运行的内部逻辑；而乡村文化则是在个体通过血缘聚类的方式不断绵延传承下日渐明朗的，以宗族、传统为根茎的内向型历史追溯，成为农村文化纵向运行的内部逻辑。阎云翔（2017：129~130）在《私人生活的变革》中引用了费孝通的观点，认为在以城市文化为代表的西方文化的家庭结构中，夫妻是主轴，两性之间的感情是凝合的力量。两性感情的发展，使他们的家庭成了获取生活上安慰的中心。而在以农村文化为代表的中国文化的家庭结构中，家更趋近于一个绵延持续的事业性社群，它的主轴在纵向的父子之间、婆媳之间，不同于城市文化是横向的，夫妻在其中成了配轴。

通过分析可以发现，迪尔凯姆的机械团结与有机团结在内涵上与滕尼斯的社区与社会依旧存在较大的差异。其中，机械团结或有机团结指涉的是社会制约的外部因素，探讨个体间的联结方式，而社区或者社会则强调源于本质意识（自然意志）或衍生意识（理性意志）的内在现实。

实际上，滕尼斯与迪尔凯姆对社会类型的两分法并非将传统与现代置于对立的位置。在滕尼斯看来，社区与社会构成了一个连续统，任何一个特定的社会形态都不会处在这个连续统的两极，而是处在这个连续统的某个位置。因而将靠近于社区的乡村与靠近于社会的城市置于对立面实为一种对滕尼斯的误解。

德国哲学家亚瑟·叔本华（Arthur Schopenhauer）的唯意志论对滕尼斯的社会形成论有很大的影响。滕尼斯认为，人在相互联系中产生的意向以及共处中体现的意志生成了社会。这一观点有两个隐含的前提：一是社会群体作为一种社会事实存在是经由人的意志的；二是人之于意志的类型规定了群体相互联系的可能形式。

在滕尼斯看来，人类有两种最为基本的意志：一种是 wesenwille，另一种是 kurwille。*Community and Society* 的译者卢密斯将这对概念分别译为 natural will（自然意志）和 rational will（理性意志）。① 这两种意志分别对应两种人类的行为类型，其中自然意志来自人类的本性中的内部驱力，正如滕尼斯所说，"它是人类身体的心理等价物，或者说是生命整体的原则"；理性意志则是源于外在于心灵的思想的产物，能够分清手段与目的（周晓虹，2002：294）。在自然意志的推动下，人类创造了靠近"社区"形态的乡村社会以及围绕其衍生的乡村文化；而在理性意志的推动下，人类又构建了趋近"社会"形态的城市社会以及其所衍生的城市文化。

如果我们认同意志之下人性深处最深刻的渴望，蕴含着自然、情感、联结、稳定，同时又侵染着理性、契约、独立、挑战，热衷于从内向型的历史追溯与外向型的空间扩张中寻得时空坐标，获得存在价值与生存意义，那么作为"社区"形态的乡村与作为"社会"形态的城市便永远不会消失。乡村文化与城市文化作为人类意志的载体将永远存在且斗争下去，如同钟摆的两端，一端承担着人类在现代性樊篱中退而可守的生存底线，另一端担负起现代社会建设中步步为营的发展可能。

---

① 实际上，滕尼斯的 wesenwille 与 kurwille 概念在英语世界中存在多种翻译方式，除了卢密斯翻译为 natural will 与 rational will 之外，鲁道夫·赫布勒（Rudolf Hebberle）在《斐迪南德·滕尼斯的社会学体系：一种导论》中将其翻译为 essential will 与 arbitrary will，周晓虹在《西方社会历史与体系》中将其对应为"本质意志"与"任意意志"，因为这样的翻译方式更容易理解 wesenwill 作为人类本质意志的意义。

（三）迷惘与困顿：人在文化碰撞中的认同焦虑

1. 人在历史文化中——文化转型与人的转型

　　在全球范围内，现代性已经带有实验性质，我们全部不由分说地卷进了一场宏大的实验；这场实验由我们来进行，同时又在极大程度上超越我们控制之外，这不是那种实验室中的实验，因为我们不能把实验结果固定在一定的参数范围内——它更像是一次冒险，我们无论是否乐意都得参加。

——安东尼·吉登斯（Anthony Giddens）《现代性与后传统》

　　身处历史变局、文化转型中的个人，面对现代化是无力的，正如法国思想家布莱士·帕斯卡尔（2007）在其著名的篇章《人是会思想的芦苇》（*Man is a Reed That Thinks*）中所言，"人只不过是一根苇草，是自然界最脆弱的东西"，人是微不足道的，在历史与文化面前无力反抗，只能顺从时代的潮流而摇摆。"但他是一根能思想的苇草"。面对时代，他们也许无力摆脱，却依然凭借着思想的自由、肉体的能动而戴着镣铐跳舞。因而，研究时代变革、文化转型中的个体，不仅能够印射历史与大的社会现实，同时能够看到一个个鲜活的个体在时代洪流中如何缱绻生长，洞察人之本质规定性与文化之本质属性。吉登斯认为，在这场现代化的宏大实验中，我们没有选择，我们（历史中的人）便是这场实验的结果。

　　或许吉登斯有些悲观，他将我们的渺小过度放大，以至于忘却了我们也是这场宏大实验中的自变量。历史的变革、文化的转型同时依赖于无数个体的主观意志，尽管整体来看这种意志似乎过于巨大，常常让人忘却它的组成实际是依赖于个人，但我们仍然不应忽视个体在其间的价值与意义——宏观的变革与文化的转型最终将依赖于个体的转型。

2. 文化转型中人的焦虑

　　在宏大的历史变局下，中国正集中上演着多种文化间的碰撞与冲突，由此产生了因为伦理道德、价值取向、行为规范等诸多价值碰撞而导致的混乱局面，并带来了强烈的文化反应，这种强烈的文化反应直接催生出作为文化载体的个人更为持久和强烈的文化焦虑感。

全球化的侵袭消解了人在想象共同体下精神栖居的空间，民族性被削弱，人赤条条地融入更广大的人类群体，直接面临着多种文化间的冲突与对抗，赖以生存的文化土壤与精神归宿日渐受到动摇。中国文化既是个体安身立命、行为处事的内在标尺，也恰如个体择取价值、抵御异端的精神皮肤。因而全球化浪潮对中国文化的袭击，也可以理解为外来的陌生精神、价值观与对个体本源性、本质性的拷打与责问。

而现代化的降临笼罩了人之否定性、质疑性与批判性的精神向度，将传统中所蕴含的人之价值抛于脑后，以现代性的思维改造配合社会运转的现代之人。技术理性、大众文化与生存方式的异化力量支配并操控着现代人的精神世界与生活轨迹。现代人的生存样态并未如愿走向因为理性文化指引而带来的生活的自然、自我与自由的状态；相反，现代化社会的异化嵌入现代人的灵魂，生活状态滑向一种普遍的压抑感、危机感与深深的焦虑感（彭洲飞，2012）。

具体而言，中国人正居于多个主导空间的夹缝中，一是以西方化对中国社会的侵袭而带来的文化焦虑、意义冲突、精神混乱为特征的"价值撕裂场"，二是以现代性价值理念为主导，理性而极富秩序的"合法化常规空间"，三是以后现代反思构成的多元、多变的"异质化空间"（车玉玲，2013）。三者间既有重合，又以悖论的形式组建成现代中国的城市空间，成为人所栖居的文化土壤。

在"价值撕裂场"空间内，西方的"消费主义""个人主义"文化不断渗入中国社会，以芯片、影片和薯片为代表的"三片"将科学技术、价值立场与饮食结构输入中国。从行为方式到思考结构动摇着中国的价值文化体系。人与文化之源相割裂，当固有文化的价值立场与作为现代化化身的西方文化冲突时，人就会面临文化的抉择，是选择背叛母体文化抑或是坚守本源，人的本体性存在在中西文化的冲突中被动摇。当西方文化源源不断地输入中国并在价值空间中占据霸权位置时，本土性文化的生存空间则日渐萎缩，人在两者间艰难徘徊，背叛与坚守的撕扯让主体在其中备受折磨，人的焦虑成为价值文化空间撕裂的替罪羊。

在"合法化常规空间"中，理性作为规范的指引控制着以资本运转为核心的写字楼、工厂、公司等生产场所，工作本身与工作的场所被管理与监控，嵌入其中的人的身体、意识也被这样的规范所渗透。在这个以理性为核心而运转的空间中，人与自然是被割裂的，传统的情感价值与伦理原则被遮蔽，代之以理性的规则与量化的标准，服从与执行是这一空间的原则（车玉玲，2013）。恰如米歇尔·福柯（Michel Foucault）对"圆形监狱"①空间结构的分析。他认为长期置身其中的人，必然会沦为单向度的存在者，造就了现代人生命中存在的普遍焦虑感（包亚明，2001：20）。

与有序的常规空间相对应的是非常规的"异质化空间"，这一空间主要包含商场、酒吧、游乐园等娱乐指向的消费型空间。与常规空间的有序与规范相对应，这一空间中蕴含着非理性、释放与激情，以其最大限度的刺激去满足现代人的感官体验，福柯将其标识为"异托邦"②。这一空间通过消费与欲望的结合，以大众文化、广告传媒等方式刺激着现代人的物欲。正如让·鲍德里亚（Jean Baudrillard）所言，这是一个"物的死亡"的时代，因为人们所追求的已经不再是物本身，而是上瘾于一种"消费欲求"的无

---

① 圆形监狱，又称环形监狱（panopticon），由英国哲学家杰里米·边沁于1785年提出。边沁将圆形监狱描述为"一种新形式的通用力量"（a new mode of obtaining power of mind over mind）。监狱由一个中央塔楼和四周环形的囚室组成，环形监狱的中心是一个瞭望塔，所有囚室对着中央监视塔，每个囚室都有一前一后两扇窗户，一扇朝着中央塔楼，一扇背对着中央塔楼，作为通光之用。这样的设计使处在中央塔楼的监视者可以便利地观察到囚室里的罪犯的一举一动，对犯人了如指掌。同时监视塔有百叶窗，但囚徒不知道是否被监视以及何时被监视，因此不敢轻举妄动，从心理上感觉到自己始终处在被监视的状态，时时刻刻迫使自己循规蹈矩。这就实现了"自我监禁"——监禁无所不在地潜藏进他们的内心。在这样结构的监狱中，就是狱卒不在，由于始终感觉有一双监视的眼睛，犯人们也不会任意胡闹，他们会变得相当守纪律、相当自觉。

② 异托邦（heterotopias）是福柯于1967年发表的一篇重要文章《另一空间》（*Des espaces autres*）中提出的与"乌托邦"（utopie）相对应的概念。不同于乌托邦是超脱于时空之外的乌有之乡，异托邦则是现实中存在的异质空间。

限满足。这样的欲求通过刺激经济增长、推动持续的生产消费，维持了常规空间的稳定（车玉玲，2013）。现代人看似拥有了无限选择与多样生活，但实则是被资本与金融所控制的异己存在。正如格奥尔格·齐美尔（Georg Simmel）在《大都会与精神生活》（*The Metropolis and Mental Life*）一书中所言，"无限地追求快乐使人变得厌世，因为它激起神经长时间地处于最激烈的反应中，以至于最后对什么都没有反应。城市是厌世态度的真正场所"（汪民安，2005）。这三者空间下也存在着对于中国社会更为原初和具有根本底色的乡土型传统空间。无视这一根本底色的存在，即无法理解以上三类空间在中国社会的生根与存在、发展与竞争。

因而，与其探讨都市在这三类空间中是如何被撕扯和割裂的，不如探讨更为原初的农村是如何在中国大力推进城镇化进程中，由乡土型传统空间向城市过度，进一步如何去应对城市空间中存在的"价值撕裂场""合法化常规空间""异质化空间"的重合与悖论的，并更进一步探讨农村中的人是如何在这四类空间中徘徊和选择、怅惘与怀想的。将对宏观社会的文化冲突问题聚焦于个体在心理与精神世界中所面临的具体困境与挑战，使研究更为聚焦、更为现实，更具人文关怀。那么，农村籍大学生作为支撑中国社会未来发展潜在的、待开发的人力资本，是绝佳的研究对象。一方面，他们的精神世界、文化适应对中国的未来发展起着至关重要的作用。同时，他们在从农村进入城市求学的过程中所面临的挑战与个体的转型，亦如文化从传统进入现代、从中国进入世界所遭遇的困境一般，是人类历史、文化发展在微观群体中的具体投射。另一方面，他们作为农村场域中走出的个体，他们的精神世界与农村根脉相连，他们的个体转型关联着农村文化的转型，而农村文化的转型又支撑着农村的转型，关联着农村的发展与未来。

因此，研究农村籍大学生的文化适应问题，既是反思现代化与全球化侵袭下中国社会所真实面临的文化冲突与社会变革问题，也是探寻农村转型背景下更核心和更关键的农村文化的转型与人的转型的问题。

二 研究问题与方法

（一）研究问题

农村学生进入高等教育机构，往往被学界视作低社会阶层或边缘贫困群体的社会适应与融入（谢爱磊，2016；谢爱磊等，2018），以结构解释与文化解释的对垒为代表（余秀兰，2010）。总体而言，结构解释侧重于贫困的客观匮乏状态，而文化解释则强调贫困的价值规范、心理感受、群体态度、行为规则等特征（周怡，2007；张洁，2016）。当结构以实力作为基础，从而引发对文化的支配后，文化就具有了自主性。马克思的"意识形态宣传"（ideological propaganda）、皮埃尔·布迪厄的"符号支配"（symbolic power）与"生存心态"（habitus），以及安东尼奥·葛兰西的"文化霸权"（cultural hegemony）均体现了文化的自主性，贫困文化理论因这一自主性而将其霸权推衍至更长的时空序列中（张洁，2016）。相较于结构解释，文化解释更具有持续性特点；面对结构的飞速变迁，文化演进往往相对迟缓，这为研究争取了相对稳定的空间。因此，本研究从文化取向的视角来探讨农村籍大学生的社会适应与融入问题。

约翰·贝瑞（Berry）（1990）将文化适应策略（acculturation strategies）定义为跨文化个体在原文化身份与新文化身份间的态度（orientation）取向。农村籍大学生作为"文化上的外来者"踏入城市空间，面临旧有农村文化与新的城市文化的差异，以何种态度处理两种文化间的矛盾与冲突成为其文化适应策略的表征。一种观点认为农村就是"未发育的城市"，旧有乡土文化急速衰败（伊庆山、施国庆，2014；张良，2010），应当将农村地区的教育置于城镇化背景之下进行考量（李政涛，2001），其未来不在乡下，而应当在城镇（胡俊生，2010），"离农"是农村籍大学生文化适应的最优选择（程琪、秦玉友，2019；周银超，2012）；另一种观点尝试从功能论的视角论证农村所具有的独特社会价值与文化内涵，呼唤乡土文化与其人文价值的回归，重建乡村教育（刘铁芳，2011），达成乡土文化认同，认为"留农"才是农村籍大学生文化适应的可能选择（纪德奎、黄宇飞，2018；纪德奎、赵晓丹，2018）。

虽然两种观点在对待农村文化的态度上针锋相对，但也有共通之处，即均是为了促使农村籍大学生更好地适应社会和融入城市。因此，本研究避开单纯的理论探讨，引入社会关系网络这一判断城市融入的重要量化指标（潘泽泉、杨金月，2017），就文化适应策略的不同取向进行探讨，试图回答两个问题：其一，农村籍大学生选择了怎样的文化适应策略？其二，不同文化适应策略对其社会关系网络特征有何影响？

（二）研究设计

1. 理论基础与研究工具

罗伯特·帕克（Robert Ezra Park）与贺伯特·米勒（Herbert Miller）最早提出文化适应的单维度模型，认为文化适应中的个体是在完全认同原有文化（heritage culture/culture of origin）与完全认同主流文化（mainstream culture）之间游走，这一过程的模糊状态即为一种双文化状态（Flannerg，Reise，and Yu，2001）。20 世纪末，这一理论逐渐被约翰·贝瑞提出的双维模型所取代，双维模型认为个体对两种文化身份的认同是相互独立的。在此基础上，借鉴彭丽娟（2012）、张庆林等（2007）的研究，我们设计了农村籍大学生文化适应策略的双向计分填答测验量表，分别考察农村籍大学生对城乡文化身份的认同程度，进而将其归纳为 4 种类型的文化适应策略：整合（integration，高农村文化身份认同且高城市文化身份认同），同化（assimilation，低农村文化身份认同与高城市文化身份认同），隔离（separation，高农村文化身份认同与低城市文化身份认同），边缘化（marginalization，低农村文化身份认同且低城市文化身份认同）（Berrg，1990）。

社会关系网络是由社会成员互动交往而形成的现实或潜在的资源关系体系（CReay，1969），社会关系网络的规模大小以及可集结的社会资源，决定着个体可能攫取的社会资本量（布尔迪厄，1997）。农村籍大学生融入城市的过程是一个重新建构新社会联系与社会关系网的过程，建立的联结越多，他们融入城市的程度也越高（李汉林，2003）。尤其是在学校支持缺位的语境下，关系网络既是农村籍大学生获取资源与社会支持的重要渠道，也是其适应社会与融入城市主要依赖的资本与路径（张一凡、冯长春，2015）。

关于社会关系网络的特征，既有研究多集中于网络的规模、强度、偏好及其影响等方面（张一凡、冯长春，2015；张云武，2009）。在梳理相关文献的基础上，本研究探讨了农村籍大学生社会关系网络的特征，主要包括网络的嵌连规模、强度以及城乡关系区隔等几个方面。其中对嵌连强度的测量在参照达蒂·威廉（Dmitri Williams）与尼可·艾莉森（Nicole Ellison）针对美国大学生所开发量表的基础上（Williams，2006;Ellison et al.，2007），依据马特·范德普尔（Van der Poel）的研究范式增设了农村场域内情感支持、实际支持与交往支持测量题项（Poel，1993）。此外，在纳入样本性别、年级、专业、家庭当前所在地等基本信息变量基础上，本研究参照朱晓文、韩红（2018）的测量方式，以农村籍大学生自评家庭经济水平、父母最高受教育水平和父亲从事职业类型来衡量其家庭社会经济地位，以专业成绩排名、在学生团体中所任最高职务来衡量其个人能力。

2. 数据来源与样本信息

本研究主要采取问卷调查法收集数据，调查实施时间为 2018 年 10 月，调查对象为某一流学科建设高校的大学生。抽样方式主要为分层随机抽样，依据该高校各专业人数的原始比例分布以及学院内各年级人数的比例分布进行抽样，使最终样本构成能够较好地反映该校的实际学生结构。最终回收问卷 1877 份，有效问卷 1842 份，有效率为 98.14%。其中，农村籍大学生有效问卷 1013 份，城市籍大学生（对照组）有效问卷 829 份。在农村籍大学生样本中，男性占 22.80%，女性占 77.20%；一年级至四年级各年级人数分别占 24.09%、27.94%、25.47%、22.50%；人文学科、社会科学、自然科学的学生分别占 38.00%、36.53%、25.47%；当前家庭所在地情况为村屯的学生占 53.21%、乡镇中心区的学生占 26.55%、县城的学生占 10.56%、城乡接合区的学生占 4.05%、主城区的学生占 5.63%；最早进入城市学习时所处学段情况为幼儿园的学生占 15.60%、小学的学生占 20.24%、初中的学生占 17.08%、高中的学生占 29.80%、大学的学生占 17.28%。

三 结果分析

（一）农村籍大学生文化适应策略的结构特征

依据贝瑞提出的两维文化适应模型对 1013 名农村籍大学生的文化适应策略进行分析，情况如表 5 所示。

表 5 农村籍大学生文化适应策略的分布情况

单位：人，%

文化适应策略	人数	比例	农村文化身份认同倾向（M）	城市文化身份认同倾向（M）
整合策略	565	55.77	80.76	77.24
隔离策略	208	20.53	75.23	35.71
同化策略	153	15.11	34.37	72.68
边缘策略	87	8.59	34.91	35.11
总计	1013	100	71.02	67.37

本研究发现，大部分农村籍大学生选择了整合策略（比例为 55.77%），他们既保有对农村文化的较高认同（$M=80.76$），也对城市文化充分肯定（$M=77.24$）；还有较大部分学生选择隔离策略（比例为 20.53%），他们倾向于只认同农村文化（$M=75.23$），而对城市文化并不接纳（$M=35.71$）；选择同化策略的学生占 15.11%，其对旧有农村文化身份不认同（$M=34.37$），转而趋向于建构自身的城市文化身份（$M=72.68$）。除此之外，有小部分学生选择了边缘策略（比例 8.59%），他们既排斥城市文化（$M=34.91$），也丧失了与农村文化的联结

（*M*=35.11）。接下来，本研究对四种文化适应策略在各年级中的分布情况进行了探索，如图 1 所示。

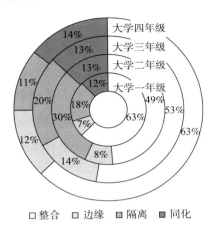

□ 整合　□ 边缘　▨ 隔离　■ 同化

图 1　四种文化适应策略的阶段变迁特征

　　研究发现，整合策略是各年级农村籍大学生的优先选择。然而，值得注意的是，其整体态势呈现出 U 形曲线的特征，大学一年级占 63%，大学二年级占 49%，大学三年级占 53%，大学四年级占 63%，在大学二年级经历了断崖式的下降，学生比例下降了 14 个百分点，进入大学三年级则又回升了 4 个百分点，在大学四年级重回初始水平。另外，选择隔离策略与边缘策略的农村籍大学生在各年级中的人数波动较大，尤其是在大学二年级、大学三年级，快速增加，而选择同化策略的大学生数量则相对稳定。

　　美国人类学家卡莱沃·欧贝格（Kalervo Oberg）提出的"文化冲击"理论或可解释这一现象。欧贝格认为，文化适应者在面对新文化时，不可避免地要承受文化对其生理与心理感受的冲击，其具体过程包含蜜月期（honeymoon）、危机期（crisis）、恢复期（recovery）与适应期（adjustment）。农村籍大学生在大学一年级与大学四年级对城市文化身份具有较高的认同程度，此时正分别处于文化适应最初的蜜月期与最末的适应期，而大学二年级、大学三年级由于更为深刻地嵌入城市学习生活，开始触碰与面临更深入的文化冲突与碰撞情境，正经历着危机期与恢复期的挑战，因此对城市文化身份的认同出现了明显的下降态势。

（二）农村籍大学生社会关系网络特征的分析

既有研究极少探讨农村籍大学生社会关系网络的特征，然而在"差序格局"文化场域之下，关系网络对个体发展与融入群体具有极其重要的价值。现实生活中的关系网络是变化的、多维的，边界是开放的、融动的，即梁漱溟言说之"关系无界"。因此，理解农村籍大学生社会关系网络的特征不能脱离我国文化场域，应当将其嵌入文化结构去理解与阐释。

1. 网络的嵌连规模

已有研究表明，网络规模越大、结构越灵活，网络所包含的社会资源便越丰富，能为个体提供物品服务、信息传递与情感支持的网络成员数量就越庞大（边燕杰、李煜，2001）。因此，本研究通过城乡嵌连规模、校园嵌连规模来考察农村籍大学生社会关系网络的总体规模和结构，结果如表6所示。

表6 不同文化适应策略农村籍大学生社会关系网络的嵌连规模

文化适应策略	城乡嵌连规模			校园嵌连规模	
	城市	农村	整体	教师	学生
整合策略	3.86	3.92	3.89	3.52	3.93
隔离策略	3.37	3.82	3.60	3.18	3.49
边缘策略	3.44	3.39	3.42	3.11	3.47
同化策略	4.16	3.12	3.64	3.42	3.92

本研究发现，持不同文化适应策略的农村籍大学生，城市（$F=8.407$，$p=0.000 < 0.001$）与农村（$F=10.769$，$p=0.000 < 0.001$）社会关系网络嵌连规模均差异显著。就整体情况而言，持整合策略（$M=3.89$）与同化策略（$M=3.64$）者的情况最佳，持隔离策略（$M=3.60$）与边缘策略（$M=3.42$）者的情况较差。这一规律同样适用于他们在大学场域中的师生嵌连规

模，无论是来自教师的支持还是来自同辈学生群体的支持，选择整合策略（$M=3.52$，$M=3.93$）与同化（$M=3.42$，$M=3.92$）的农村籍大学生所获得的支持均优于选择隔离策略（$M=3.18$，$M=3.49$）或边缘策略（$M=3.11$，$M=3.47$）的农村籍大学生。

已有研究表明，农村籍大学生在经历城乡文化新旧交替过程中，身份认同的摇摆并不会导致其减少与旧有社区的情感联系，承担随之而来的感情负担（谢爱磊，2016）。这一结论虽然能够有效解释占过半人数的整合策略群体的情况，其同时具有较大的城市嵌连规模（$M=3.86$）与农村嵌连规模（$M=3.92$），似乎他们融入城市文化场域并不需要以减弱同旧有社区的情感联结为代价，但是当将这一结论推演至选择其他策略的农村籍大学生群体时，解释力则大大降低，尤其是选择同化策略的农村籍大学生群体，其城乡嵌连情况差异极大（均值差异$=1.04$，$t=5.099$，$p=0.000<0.001$），而且城市嵌连规模（$M=4.16$）显著大于农村嵌连规模（$M=3.12$）。这一方面说明选择同化策略的农村籍大学生群体具有极强的社交能力，即使在新文化场域中也能建立起较大规模的关系网络；另一方面表明其与农村联结的断裂更有可能源自主动选择，如此便能够解释其农村嵌连规模甚至低于边缘策略群体（$M=3.39$）的现象。

2. 网络的嵌连强度

马克·格兰诺维特（Mark Granovetter）与边燕杰对社会关系的研究在文化构成上互补，前者揭示了在西方文化背景下社会交往联系中隐忍节制的弱关系（Granovetter，1973），后者揭示了在儒家文化背景下互通联系中亲密依存的强关系（Bian，1997）。人与人之间的交往关系处在发展变化的动态过程中，因而关系的区分可以加入时间维度，包含过去与现在（刘林平，2001），同样还存在空间维度的区别，即近关系或远关系。它们共同构成了时空维度中农村籍大学生相互交织与重叠的社会关系网络，如表7所示。

表 7 不同文化适应策略农村籍大学生社会关系网络的嵌连强度

文化适应策略	高中场域	大学、城市场域		农村场域	关系总体强度
	旧关系	强关系	弱关系	远关系	
整合策略	3.72	3.51	3.56	3.33	3.53
隔离策略	3.49	3.42	3.26	3.21	3.35
边缘策略	3.29	3.45	3.23	2.99	3.24
同化策略	3.54	3.63	3.58	2.75	3.38

本研究发现，四种类型社会关系网络在不同文化适应策略农村籍大学生群体间均存在显著差异。具体而言，对于在高中场域中所建立的旧关系网络，选择整合策略的群体的交互嵌连强度（$M=3.72$，$F=4.621$，$p=0.003<0.05$）显著高于选择其他三类策略的群体；在大学、城市场域的紧密重要强关系网络（$F=4.127$，$p=0.007<0.05$）与多元疏离弱关系网络（$F=5.178$，$p=0.002<0.05$）中，整合与同化策略群体关系网络的交互嵌连强度显著高于选择其他两类策略的群体；在远离大学的农村场域的远关系网络（$F=4.805$，$p=0.003<0.05$）中，整合策略（$M=3.33$）与隔离策略（$M=3.21$）群体关系网络的交互嵌连强度显著高于选择其他两类策略的群体。

总体而言，整合策略（$M=3.53$）与同化策略（$M=3.38$）群体的各类型社会关系网络的交互嵌连强度较优，但二者也存在结构性差异。其中，在大学与城市场域内，同化策略群体的强、弱关系网络均优于整合策略群体，而在农村场域与高中场域，整合策略群体的远、旧关系网络的嵌连强度则远远高于同化策略群体。从建立社会关系网络的倾向上看，同化策略群体更注重建立与维系新关系，倾向于将旧关系封存与隔离；而整合策略则更为执中，力图在新旧关系、远近关系间寻求协调与平衡。

3. 网络中潜在的区隔

布迪厄（Bourdieu）将一种存在于各位置间构成客观关系的网络或者构架定义为"场域"，它存在于整个社会中，如商业场、政治场、律法场、教育场等。虽然不同场域具有一定程度的自主性，但又受权力场制约（布尔迪厄，1997）。大学场域作为一种以学术场为核心的组织，既作为一种物理场域又作为一种意义场域存在（马维娜，2003）。它不仅是一种静态的、固定功能组成的社会组织结构，还是一种由各类关系网络在互动中生成的文化场域。因而携带乡土气息的农村籍大学生进入城市文化主导的大学场域，将不可避免地陷入城乡文化博弈的境遇中，而关于这一切更为深刻的隐喻是城镇化背景下城乡权力关系的较量与角逐。作为学术场的大学组织，是否已经被权力场的博弈所笼罩，进而涉及城乡大学生的日常交往，本研究从外部环境的区隔压力、主观区隔动机与区隔识别能力以及最终的区隔行为这一逻辑线索出发，探查城乡大学生社会关系网络中可能存在的区隔现象，情况如表 8 所示。

表 8   大学生社会关系网络的城乡区隔

	外部环境区隔压力	主观区隔动机	区隔识别能力	区隔行为
整合策略	2.13	2.94	2.89	1.20
隔离策略	2.22	3.26	2.88	1.08
边缘策略	2.14	2.75	2.89	1.05
同化策略	2.40	2.74	3.28	1.25
农村籍大学生	2.19	2.95	2.94	1.17
城市籍大学生	1.88	2.84	3.20	1.81

首先，对城乡大学生社会关系网络中的外部环境区隔压力与主观区隔动机进行分析。总体而言，农村籍大学生（$M=2.19$）与城市籍大学生（$M=1.88$）感知的外部环境区隔压力均较低，即大学校园中不存在区隔城乡学生的文化氛围。这一结论同样适用于城乡大学生的主观区隔动机，尽管农村籍大学生（$M=2.95$）的内群体倾向稍高于城市籍大学生（$M=2.84$），但总体而言二者均在中界值范围内。其次，本研究对城乡大学生的区隔识别能力进行了分析，发现城市籍大学生（$M=3.20$）的区隔识别能力显著高于（$p=0.005<0.01$）农村籍大学生（$M=2.94$），即城市籍

大学生能更清晰地鉴别和判断彼此的文化身份。综上可知，城乡大学生在日常交往中既不存在明显的外部环境区隔压力也不存在强烈的主观区隔动机，尽管二者都具备一定程度的区隔识别能力，但由于缺乏动机，并未产生严重的区隔行为。

但是，上述分析与研究测算结果有较大分歧，即农村籍大学生的亲密朋友中，城乡学生数的比值为 1.17，显著低于（$p=0.000 < 0.001$）城市籍大学生（比值为 1.81），二者交友结构的差异高达 65%，反映了相互间存在巨大区隔。前 3 项数据的逻辑推论与最终的研究结果存在巨大差距，其原因可能在于误将主观区隔动机与区隔行为等同。尽管城乡大学生既未感知到身边的文化区隔也不存在明显的区隔动机，但区隔可能作为一种无意识隐藏的内在判断，嵌入现实情景与主体的具体行动，以无意识的区隔行为而存在，出于道德或其他原因而未被意识所察觉。

值得注意的是，选择同化策略的农村籍大学生的城乡差异敏感性格外突出，他们感知的来自外部环境的区隔压力（$M=2.40$）远高于选择其他三类策略的群体，其对自身区隔识别能力（$M=3.28$）的评价也远超农村籍大学生的平均水平（$M=2.94$），甚至略高于城市籍大学生（$M=3.20$）。

罗纳德·博特（Ronald Burt）在《结构洞：竞争的社会结构》（*Structural Holes: The Social Structure of Competition*）一书中首次提出"结构洞"概念，"如果两者缺乏直接联系，而必须依赖于第三者才能达成连接，那么行动的第三者便在关系网络中占据了结构洞"，实际上，"个人在网络中的位置甚至比关系强弱更关键，决定了个人的信息、资源与权力"（陈运森，2015；盛亚、范栋梁，2009）。而校园中的城乡区隔则恰恰成为结构洞的创生点，选择整合策略的农村籍大学生因其关系网络的多样性而占据着结构洞的关键位置，成为城乡网络联结与交互的枢纽。

4. 文化适应策略对社会关系网络特征的影响

本研究采用多元线性回归模型探究农村籍大学生的文化适应策略对其社会关系网络特征的影响，公式表达为如下：

$$Y_i = \alpha + \beta_1 X_i + \beta_2 Z_i + \beta_3 T_i + \beta_4 F_i + \varepsilon_i$$

其中，Y 为因变量，包括社会关系网络的嵌连规模、强度以及区隔压力；X 为核心自变量，代表农村籍大学生的各类文化适应策略，包括整合（参照组）、同化、隔离与边缘策略 4 类；Z 表示农村籍大学生的各类人口学变量，包括专业成绩排名、在学生团体中所任最高职务；F 表示农村籍大学生的家庭信息，包括当前家庭所在地、家庭社会经济地位。回归结果如表 9 所示（所有自变量的方差膨胀因子均小于 3，各变量间不存在多重共线关系）。

表 9　文化适应策略影响农村籍大学生社会关系网络的回归分析

变量		嵌连规模		嵌连强度				区隔压力
		城市	农村	强关系	弱关系	旧关系	远关系	
文化适应策略（整合策略为参照）	同化策略	0.257	−0.790**	0.124	0.073	−0.186	−0.554**	−0.487**
	边缘策略	−0.382*	−0.480*	−0.219	−0.270	−0.406*	−0.312*	−0.143
	隔离策略	−0.435**	−0.178	−0.260	−0.289*	−0.241*	−0.184*	−0.258*
性别（男性为参照）		0.09	−0.017	−0.192*	−0.200*	0.000	0.072	0.259**
年级		−0.032	−0.100**	0.088*	−0.085*	0.129**	0.079**	0.053
专业（自然科学为参照）	人文学科	−0.097	0.000	−0.121	−0.023	0.027	0.037	0.216*
	社会科学	−0.065	0.084	−0.184*	−0.138	0.110	0.084	0.212*
进城时学段		−0.048	0.025	−0.014	−0.018	0.049	0.044	0.034
专业成绩排名		0.107*	0.067	0.071*	0.065*	0.059*	0.012	0.026
团体中所任最高职务		0.029	0.027	0.028	0.123**	0.030	0.043*	0.009
家庭社会经济地位		0.292**	−0.051	0.166	0.051	0.130	−0.114	0.014
当前家庭所在地（村屯为参照）	乡镇中心区	−0.311*	−0.260	−0.077	0.046	−0.364**	−0.101	0.086
	县城	−0.446*	−0.256	−0.296*	−0.020	−0.336*	−0.138	−0.069
	城乡接合区	−0.249	−0.471	−0.350*	−0.302*	−0.291	−0.186	−0.197
	主城区	−0.480	0.142	−0.245	0.160	−0.290	0.274	−0.072
调整后的 R^2		0.073	0.069	0.079	0.096	0.090	0.085	0.049
F 值		3.762**	3.602**	3.983**	4.736**	3.378**	4.255**	2.808**

注：* 表示在 0.05 的水平上显著相关（双侧），** 表示在 0.01 的水平上显著相关（双侧）。

研究发现，在控制了农村籍大学生的各类人口学变量、个人能力以及家庭社会经济地位等变量后，农村籍大学生的文化适应策略对其社会关系网络的嵌连规模、强度以及区隔压力均有显著影响。相较于选择整合策略的农村籍大学生，同化策略群体无论是在农村关系网络嵌连规模（$B=-0.790$，$p=0.000 < 0.001$）抑或是嵌连强度（$B=-0.554$，$p=0.000 < 0.001$）上均处于明显的劣势地位，其在关系网络中感知到的区隔压力（$B=-0.487$，$p=0.000 < 0.001$）也更为明显，承担着更大的心理负担。而选择隔离或边缘策略的农村籍大学生，社会关系网络的嵌连规模和嵌连强度均小于和低于整合策略群体，其中选择隔离策略的群体对关系网络中的区隔氛围更敏感（$B=-0.258$，$p=0.016 < 0.05$）。

四　总结与讨论

本研究发现，城乡大学生间存在明显的交往区隔，这源自无意识所隐藏的内在判断，它们嵌在现实情境与主体的具体行动之中；农村籍大学生的文化适应策略能够较好地解释其社会关系网络特征，相较于选择隔离与边缘策略的农村籍大学生，选择整合或同化策略的农村籍大学生的社会关系网络嵌连规模与强度均具有明显的优势；整合策略群体更注重在新旧关系与远近关系中寻求协调与平衡，从而方便汲取成长的养分与资源，而同化策略群体更倾向于建立与维系新关系，将旧关系封存与抛离，因而往往承担了更多情感负担，对关系网络中的区隔氛围与压力更为敏感。

孟德拉斯（Henri Mendras）在《农民的终结》（*The End of the Peasants*）一书中指出，"二十亿农民站在工业文明的入口处，这就是 20 世纪下半叶，当今世界向社会科学提出的主要问题"（孟德拉斯，1991）。改革开放 40 多年来，我国的城镇化率从 17.92％跃升至接近 58.52％（刘守英、王一鸽，2018），这意味着数以亿计的农民背井离乡进入城市，他们除了面临生活境遇的流转与波动以外，城市文化对其本体性的强势侵袭日渐加剧了他们的精神危机。其间，伴随着村落与农业人口的剧量消亡，农村的凋敝与衰败似乎成为无法逆转的潮流（胡彬彬等，2017），乡土文化沦为落后与腐朽的代名词，其独特意义与价值全然被遮蔽（赵霞，2011）。于是，徘徊其间的微小个体为了融入新体制，似乎注定要背负文化"落败者"与"外来者"的标签，踏上远离故土的文化苦旅。他们背弃旧有的乡土认同，埋葬过往的文化自信，在"他者"土地上寻找遥不可及的归宿与无根的文化认同。

农村籍大学生的求学历程正是这场宏大变迁的微小缩影，当他们跨越阶层藩篱进入城市中的大学时，等待他们的不只是悦纳与褒奖，还有审视与游移的目光、"朦胧"与"不经意的一瞥"（戈夫曼，2017）。随着"文化离农"的呼声不断高涨（程琪、秦玉友，2019），农村籍大学生究竟该何去何从，是背叛过往的乡土经历，剥离本体性的精神认同，选择"同化"之路走向城市，还是坚守乡愁，选择"隔离"之路，背负"外来者"的标签，在城市中做一粒漂浮无依的原子。两条道路通往不同的文化归宿，但无疑都是孤独之路，各自要承担背叛与坚守的代价，在尖利密集的钢铁森林间孤独地穿梭、徘徊……果真如此，是否还有一条通往幸福之路？它既通往城市又指向乡村，既渴望无限的发展又眷恋精神的归宿。

《论语·子路篇》有言："君子和而不同，小人同而不和。"（杨伯峻，2006）"和"与"同"有着决然之别，《中庸》亦言："宽裕温柔，足以有容也；发强刚毅，足以有执也。"其中，"宽裕温柔"便是"和"，有"和"方能"有容"，能够接纳不同之物、融入更大范畴；"发强刚毅"便是"不同"，"不同"而能有"有执"，能够坚守自我独立，保有自我主见。融入城市群体、适应城市生活，并不意味着放弃乡土认同，农村籍大学生应当以"和而不同"的生命之姿，在"温柔"中保持"刚毅"，在"有容"中坚持"有执"，在城乡大学生关系网络的区隔中占据结构洞的关键位置，成为网络交互枢纽，以整合策略求取"执中"，从城市文化与农村文化中寻得永不衰竭的生命底气。

参考文献

艾瑞克·霍布斯鲍姆，2006，《革命的年代（1789—1848）》，王章辉等译，国际文化出版公司。

安东尼·吉登斯，1999，《现代性与后传统》，《南京大学学报》（哲学·人文科学·社会科学版）第 3 期，第 30~36 页。

安东尼·吉登斯，2000，《现代性的后果》，田禾译，译林出版社。

柏杨，1986，《丑陋的中国人》，湖南文艺出版社。

包亚明，2001，《后现代与地理学的政治》，上海教育出版社。

保罗·巴兰，2000，《增长的政治经济学》，蔡中兴等译，商务印书馆。

边燕杰、李煜，2001，《中国城市家庭的社会网络资本》，《清华社会学评论》第 2 期，第 1~18 页。

查尔斯·赖特·米尔斯，2005，《社会学的想象力》，陈强、张永强译，生活·读书·新知三联书店。

车玉玲，2013，《空间变迁的文化表达与生存焦虑》，《苏州大学学报》（哲学社会科学版）第 4 期，第 48~52 页。

陈晓律，1998，《世界各国工业化模式》，南京出版社。

陈运森，2015，《社会网络与企业效率：基于结构洞位置的证据》，《会计研究》第 1 期，第 48~97 页。

程琪、秦玉友，2019，《农村大学生"文化离农"：角色张力与角色塑造》，《南京社会科学》第 3 期，第 142~148 页。

丁学良，1988，《"现代化理论"的渊源和概念构架》，《中国社会科学》第 1 期，第 65~78 页。

恩格斯，1957，《英国工人阶级状况 马克思恩格斯全集（第 2 卷）》，人民出版社。

菲利普·巴比格，1987，《文化·历史的投影——比较文明研究》，夏克、李天纲、陈江岚译，上海人民出版社。

费孝通，2008，《乡土中国》，人民出版社。

费孝通，2010，《文化与文化自觉》，群言出版社。

格尔茨，1999，《文化的解释》，纳日碧力戈等译，上海人民出版社。

顾泳，2015，《国家卫计委负责人公布数据：至 2030 年城镇化率达 70%，未来 15 年中国将有 2.3 亿人进城》，《解放日报》7 月 10 日。

贺灿飞、梁进社，2004，《中国区域经济差异的时空变化：市场化、全球化与城市化》，《管理世界》第 8 期，第 8~17 页。

胡彬彬、李向军、王晓波，2017，《中国传统村落保护调查报告》，社会科学文献出版社。

胡俊生，2010，《农村教育城镇化：动因、目标及策略探讨》，《教育研究》第 2 期，第 89~94 页。

纪德奎、黄宇飞，2018，《乡土文化教育的学生认同：机理与阶段》，《当代教育与文化》第 3 期，第 16~20 页。

纪德奎、赵晓丹，2018，《文化认同视域下乡土文化教育的失落与重建》，《教育发展研究》第 2 期，第 22~27 页。

贾滕，2013，《当代农村大学生群体阶层突破研究——以豫东黄淮平原 M 村为个案》，《中国青年研究》第 10 期，第 10~14 页。

孔子，2006，《论语译注》，中华书局。

莱因哈特·本迪克斯，2007，《马克斯·韦伯思想肖像》，刘北成等译，上海人民出版社。

李汉林，2003，《关系强度与虚拟社区——农民工研究的一种视角 // 农民工：中国进城农民工的经济社会分析》，社会科学文献出版社。

李培林，2002，《巨变：村落的终结——都市里的村庄研究》，《中国社会科学》第 1 期，第 168~179 页。

李强、陈宇琳、刘精明，2012，《中国城镇化"推进模式"研究》，《中国社会科学》第 7 期，第 82~100 页。

李政涛，2001，《城市化进程中的乡村教育发展模式研究》，《江西教育科研》第 9 期，第 7~13 页。

理查德·谢弗，2009，《社会学与生活（插图修订第 9 版）》，刘鹤群、房智慧译，世界图书出版社。

梁漱溟，1949，《中国文化要义》，香港：正中出版社。

刘林平，2001，《外来人群体中的关系运用——以深圳"平江村"为个案》，《中国社会科学》第 5 期，第 112~124 页。

刘守英、王一鸽，2018，《从乡土中国到城乡中国——中国转型的乡村变迁视角》，《管理世界》第 10 期，第 128~146 页。

刘铁芳，2011，《乡土的逃离与回归：乡村教育的人文重建》，福建教育出版社。

刘熙瑞，2002，《服务型政府——经济全球化背景下中国政府改革的目标选择》，《中国行政管理》第 7 期，第 5~7 页。

罗伯特·墨菲，1994，《文化与社会人类学导论》，王卓君等译，商务印书馆。

罗伯特·帕克，1987，《城市社会学》，宋俊毅译，华夏出版社。

罗素，2016，《西方哲学史（上卷）》，何兆武、李约瑟译，商务印书馆。

吕卫华，2007，《农村贫困大学生的社会认同与社会建构》，《青年研究》第 1 期，第

1~7 页。

马克斯·韦伯，2012，《新教伦理与资本主义精神》，马奇炎、陈婧译，北京大学出版社。

马林诺夫斯基，2002，《文化论》，费孝通译，华夏出版社。

马维娜，2003，《学校场域：一个关注弱势群体的新视角》，《南京师大学报》（社会科学版）第 2 期，第 64~70 页。

孟德拉斯，1991，《农民的终结》，李培林译，中国社会科学出版社。

闵琴琴，2018，《农村高等教育扶贫：缘起、困境和突围》，《高等教育研究》第 5 期，第 24~31 页。

欧文·戈夫曼，2017，《公共场所的行为》，何道宽译，北京大学出版社。

帕斯卡尔，2007，《帕斯卡尔思想录》，何兆武译，湖北人民出版社。

潘泽泉、杨金月，2017，《社会关系网络构成性差异与"强弱关系"不平衡性效应分析——基于湖南省农民工"三融入"调查的分析》，《中南大学学报》（社会科学版）第 6 期，第 109~116 页。

彭丽娟，2012，《群体文化启动情境下，流动儿童的文化身份认同及其对心理适应的影响研究》，博士学位论文，西南大学。

彭洲飞，2012，《现代人焦虑、现代性反思、现代文化建构——西方马克思主义对现代性文化危机的探索及其当代启示》，《兰州学刊》第 2 期，第 15~20 页。

皮埃尔·布尔迪厄，1997，《文化资本与社会炼金术——布尔迪厄访谈录》，包亚明译，上海人民出版社。

任远，2014，《人的城镇化：新型城镇化的本质研究》，《复旦学报》（社会科学版）第 4 期，第 134~139 页。

上海发展研究基金会编，2013，《新型城镇化：决策和路径》，上海人民出版社。

盛亚、范栋梁，2009，《结构洞分类理论及其在创新网络中的应用》，《科学学研究》第 9 期，第 1407~1411 页。

孙斐娟，2009，《进入现代世界的农民文化命运与新农村建设中的农民文化认同再造》，《社会主义研究》第 6 期，第 71~75 页。

陶海洋，2007，《依附理论的发展及其主要观点》，《社会主义研究》第 5 期，第 95~98 页。

汪民安，2005，《现代性基本读本》，河南大学出版社。

王国轩，2006，《中庸大学》，中华书局。

邬志辉，2001，《从教育现代化到教育全球化》，博士后论文，华东师范大学。

吴业苗，2017，《乡村转型及其路向：基于"人的城镇化"发展逻辑》，《人文杂志》第 8 期，第 22~27 页。

武志红，2016，《巨婴国》，浙江人民出版社。

谢爱磊，2016，《精英高校中的农村籍学生——社会流动与生存心态的转变》，《教育研究》第 8 期，第 74~81 页。

谢爱磊、匡欢、白杰瑞、刘群群，2018，《总体性文化资本投资与精英高校城乡学生的社会适应》，《高等教育研究》第 9 期，第 22~27 页。

阎云翔，2017，《私人生活的变革——一个中国村庄里的爱情家庭与亲密关系》，龚小夏译，上海人民出版社。

杨伯峻，2006，《论语译注》，中华书局。

杨卫安、邬志辉，2015，《城镇化背景下中国农村教育发展的路向选择》，《社会科学战线》第 10 期，第 239~246 页。

伊庆山、施国庆，2014，《农业型村庄的空心化问题及新型农村社区建设》，《西北农林科技大学学报》（社会科学版）第 6 期，第 22~27 页。

衣俊卿，2015，《文化哲学十五讲》，北京大学出版社。

余秀兰，2010，《从被动融入到主动整合：农村籍大学生的城市适应》，《高等教育研究》第 8 期，第 91~99 页。

俞可平，2006，《现代化和全球化双重变奏下的中国文化发展逻辑》，《学术月刊》第 4 期，第 14~24 页。

约翰逊，1988，《社会学理论》，南开大学社会学系译，国际文化出版社。

张岱年、方克立，1994，《中国文化概论》，北京师范大学出版社。

张敦福，2000，《依附理论的发展历程和新进展》，《山东师大学报》（社会科学版）第 1 期，第 28~31 页。

张洁，2016，《城市贫困的双重阐释：结构和文化的视野》，博士学位论文，上海大学。

张良，2010，《实体性、规范性、信仰性：农村文化的三维性分析——基于湖北、安徽两省八县（区）的实证研究》，《中国农村观察》第 2 期，第 87~96 页。

张庆林、史慧颖、范丰慧、张劲梅，2007，《西南地区少数民族大学生民族认同内隐维度的调查》，《西南大学学报》（人文社会科学版）第 1 期，第 67~70 页。

张一凡、冯长春，2015，《进城农民工社会关系网络特征及其影响分析——以北京市海淀区建筑工人为例》，《城市发展研究》第 12 期，第 111~120 页。

张云武，2009，《社会流动与流动者的关系网络》，《社会》第 1 期，第 122~141 页。

赵霞，2011，《传统乡村文化的秩序危机与价值重建》，《中国农村观察》第 3 期，第 80~86 页。

赵燕菁，2006，《本地市场与国际竞争：城市化动力的转变》，《城市规划学刊》第 6 期，第 16~23 页。

周晓虹，2002，《西方社会学历史与体系》，上海人民出版社。

周晓虹，2004，《城市文化与城市性格的历炼与再造——全球化背景下的本土关怀》，《浙江学刊》第 4 期，第 138~142 页。

周怡，2007，《社会情境理论：贫困现象的另一种解释》，《社会科学》第 10 期，第 56~62 页。

周银超，2012，《当前农村大学生的角色认同与学校适应问题研究》，《学校党建与思想教育》第 11 期，第 88~89 页。

朱晓文、韩红，2018，《家庭背景与大学生学校归属感：人际网络的多重中介作用》，《复旦教育论坛》第 3 期，第 80~88 页。

Bian Yan Jie.1997. "Bringing Strong Ties Back In: Indirect Ties, Network Bridges, and Job Searches in China." *American Sociological Review* (3): 366-385.

Dmitri Williams.2006. "On and Off the Net: Scales for Social Capital in an Online Era." *Journal of Computer- Mediated Communication* (2): 36.

G.A.Wilson and J.Rigg.2003. "Post-productivist Agricultural Regimes and the South:Discordant Concepts." *Progress in Human Geography* (27): 5.

Georg Simmel.1950. The Metropolis and the Mental Life. New York: Fre.

John W. Berry. 1990.*Psychology of Acculturation: Understanding Individuals Moving Between Cultures*. Sage Publications, Inc.

Mitchell J. CReay. 1969. "The Concept and Use of Social Networks." *In Social Networks in Urban Situations*，edited by Mitchell J. CReay，pp.1-50.Manchester, UK: Manchester Univ. Press.

Mart G.M.van der Poel. 1993. "Delineating Personal Support Networks." *Social Networks* 15 (1): 49-70.

Mark Granovetter. 1973. "The Strength of Weak Ties." *American Journal of Sociology* 78(6): 1360-1380.

Nicole B. Ellison, Charles Steinfield, Cliff Lampe.2007. "The Benefits of Facebook Friends: Social Capital and College Students' Use of Online Social Network Sites." *Journal of Computer-Mediated Communication* 12(4): 1143-1168.

Wm. Peter Flannery, Steven P. Reise, Jiajuan Yu.2001."An Empirical Comparison Of Acculturation Models." *Personality & Social Psychology Bulletin* 27(8): 1035-1045.

留守经历大学生的主观幸福感研究

——基于社会质量的视角*

刘森林**

摘　要： 留守经历大学生的主观幸福感具有特殊性，是社会各界关注的重要议题。影响留守经历大学生主观幸福感的因素丰富多样，而社会质量水平的影响作用不容忽视。本研究基于2015年"中国大学生追踪调查"数据，从社会质量的视角，以有留守经历的大学生为研究对象，分析了社会经济保障、社会凝聚、社会包容和社会赋权与主观幸福感之间的关系。结果发现：社会经济保障、社会凝聚、社会包容对留守经历大学生的主观幸福感都有不同程度的显著性影响，但社会赋权的影响并不显著。同时，研究发现，由个人收入和家庭经济条件构成的社会经济保障水平对留守经历大学生主观幸福感的影响作用最大。这说明，留守经历大学生与外界的社会互动、社会参与并不会影响他们的主观幸福感，而其内心的感受、认同感以及物质安全感，才是他们主观幸福感的来源。

关键词： 留守经历大学生；社会质量；主观幸福感

---

* 基金项目：2018年福建省中青年教师教育科研项目"新时代背景下有留守经历大学生的主观幸福感研究"（项目编号：JAS180009）。

** 刘森林，福州大学人文社会科学学院社会学系讲师、硕士生导师，中国社会科学院研究生院社会学博士，主要研究方向为青年社会学、社会分层与流动等。

一 研究背景

改革开放以来，我国经济迅速发展，社会结构发生巨大变化，人民生活水平普遍提高，这些转变使人们不断追求幸福，影响着人们的主观幸福感。习近平总书记在党的十九大反复强调"中国共产党人的初心和使命，就是为中国人民谋幸福"。提升公众幸福感成为当前我国政府民生建设的重要内容。社会科学家也纷纷对幸福感的本质以及如何提升公众的幸福感水平进行深入的探讨，政治学、经济学、心理学、社会学等多个学科都进行了深入的实证研究（丘海雄、李敢，2012）。虽然不同的学科对不同的影响因素有所侧重（边燕杰、肖阳，2014），但已有研究关注最多的是收入与幸福之间的关系，其中"伊斯特林悖论"（Easterlin Paradox）的研究发现最负盛名，即从横向比较，高收入人群的幸福感强于低收入人群；从纵向比较，个人或国民收入的增长并不能带来幸福感的相应提高（Easterlin，1974、1995、2001）。"伊斯特林悖论"的提出，在学界引发了大量关于收入与主观幸福感之间关系的争论，争论聚焦在到底是绝对收入、相对收入还是收入不平等影响了人们的主观幸福感受上（鲁元平、王韬，2010）。然而，中国自改革开放以来，经济迅猛发展，更是在 2010 年取代日本成为世界第二大经济体。但是，经济的发展并没有显著提升我国居民的幸福感。据联合国 2015 年全球幸福指数统计，中国在 158 个国家（地区）中仅位列第 93位。这让我们认识到，居民幸福感水平的高低不仅取决于经济发展水平的高低，更取决于社会质量的高低（韩莹莹，2016），即涉及社会保障、公共秩序、社会安定、社会凝聚和社会参与等方面的社会因素，都深刻地影响着人们对幸福感的判断（林卡，2016）。与只关注 GDP 相比，社会质量理论更关注"社会"，强调通过提升社会质量增加社会成员的福祉，为幸福感研究提供了新视角。所以，社会质量理论经常被社会科学家广泛应用于解释主观幸福感问题。

青年期的大学生正处于人生成长的关键时期，他们的幸福感是对我国建设者整体心理状态的解读，也是社会发展变化过程中社会文化特点的重要反映（苗元江，2009）。然而，很多研究表明，童年时期有过留守经历的大学生的主观幸福感非常弱，但这些研究多从留守时间以及留守经历造成的心理健康问题等角度分析（王玉花，2010；何冬丽，2012；梁业梅，2018；姚远、张顺，2018），鲜有从社会质量的角度对留守经历大学生的主观幸福感进行讨论。

基于此，本研究借助中国社会科学院"中国大学生追踪调查"数据，从社会质量理论的视角出发，分析留守经历大学生的主观幸福感现状，探究社会质量对留守经历大学生主观幸福感的影响，以及提升留守经历大学生主观幸福感的可能路径。

二　文献回顾

幸福本质上是个人经历的主观感受，主观幸福感是指个体根据自己设定的标准对其生活质量所做出的整体性评估（Diener，1994），是衡量个体生活质量的重要综合性指标（Diener，1984）。只有全面总结幸福感的历史演变，尤其是影响因素，才能为精准制定增进幸福感的公共政策提供宝贵的经验（王菲，2019）。

外国学者 Okma 和 Veenhoven 通过对 18~90 岁年龄段的群体进行研究发现，随着年龄的增长，主观幸福感水平呈逐渐下降的趋势（Okma & Veenhoven，1999）。Diener（1984）的研究也指出个体在 20 岁前后的青年时期是主观幸福感比较强的时期大学生群体的年龄正处在 20 岁左右，但一些研究表明，中国大学生的主观幸福感水平并不高，甚至低于平均水平（郑雪等，2003；严标宾、郑雪、邱林，2003a）。究其原因，国内外学者主要从内部因素和外部因素两个方面进行了解释。比如，有的研究从内部因素的角度指出，高自尊或者自我效能感较强的大学生个体，善于从积极的方面看待自己，将成功归因于自己的能力和努力，有效地增强个体的积极情绪体验，主观幸福感较强；低自尊和自我效能感较弱的大学生个体则相反（高艺秦、吕晓英，2018）。有的研究从外部因素的角度指出，人际关系、社会支持才是影响大学生主观幸福感的关键所在（刘会驰、吴明霞，2011；严标宾、郑雪、邱林，2003b）。也有一些学者认为，大学生群体思维能力较强，智力水平较高，情感丰富，内心体验细腻微妙，世界观、人生观和价值观趋向成熟（李焰、赵君，2005）。但由于学习压力、人生目标和人际关系等因素的影响，大学生群体的幸福感影响因素表现出一定的特殊性（张羽、邢占军，2005）。

在转型社会中，伴随着快速的社会变迁，不同群体的生活机遇受到的影响也极为不同，幸福感及其影响因素也因此呈现出明显的差异（洪岩璧，2017）。随着城乡分割制度的松动，我国农村大批最年轻、最有活力的劳动力涌入城市，20世纪90年代进入高峰并持续至今。在这个过程中，受多种社会因素的影响，很多外出务工的农民不得不选择把子女留在农村，形成了今天中国农村典型的留守儿童现象。随着时间的推移，曾经的留守儿童已经陆续长大成人，他们有的选择跟随父代的步伐进城务工，成为"新生代农民工"；有的凭借自身的努力和家庭的支持考上了大学，走进大学校园成为大学生。

有研究指出，教育能够通过提升个人资本帮助个体获取更多的收入和财富，以及通过增强个体自信促进个体的幸福感。所以，教育被视为决定个体幸福的重要因素（李建军、黄健，2015）。但是，调查研究表明，大学生的主观福祉不仅受到当前主客观条件的影响，还与过去的人生经历紧密相关（姚远、张顺，2018），这使有留守经历的大学生的主观幸福感的特殊性更加突出，主观幸福感比一般大学生更弱（王玉花，2010；何冬丽，2012；梁业梅，2018）。

关于留守经历大学生的主观幸福感及其影响因素，学界主要开展了两个方面的反思性研究。

第一，对留守经历大学生与非留守经历大学生进行比较，认为"是否留守"（或者留守经历）与主观幸福感是"因果关系"。一些学者指出，留守儿童被认为与有留守经历大学生是一种接续性关系（骆素萍、周邦，2017），童年的留守经历如同贫困、流动、创伤等其他童年期的经历一样，对成年后个体的心理健康和生活具有深刻的影响（刘志军，2018），具有留守经历的大学生存在性格过于内向、自我评价低、敏感脆弱等负面、消极的心理问题，所以，他们的主观幸福感很弱（王玉花，2010；骆素萍、周邦，2017）。

　　第二，对留守经历大学生群体内部的差异性进行讨论，认为"留守时间"和"留守类型"是导致主观幸福感不同的重要原因。一些研究表明，不同的留守持续时间对留守大学生的主观幸福感的影响存在明显的差异，其中五年是一个拐点，留守时间超过五年后，主观幸福感就会显著减弱（梁业梅，2018）。而留守经历发生越早，或者说距离当前越远，对成年初期主观幸福感的冲击越小（梁业梅，2018；姚远、张顺，2018）。还有研究从"留守类型"的角度指出，留守期间父母双方都外出的留守经历大学生的主观幸福感最弱，只有父亲外出的留守经历大学生的主观幸福感最强（梁业梅，2018）。

　　然而，留守经历与主观幸福感之间的关系仍然存在很大争议，一些学者甚至认为留守经历对主观幸福感有着正向的促进关系（杨菊华、段成荣，2008），也有学者认为留守与否在主观幸福感受上并不存在明显的差异（任强、唐启明，2014；Xu & Xie，2015）。

　　社会质量理论以消解社会发展与个体发展的矛盾，提升个人的幸福感和发展潜力为出发点（张海东，2010；林卡，2016），关注个人参与能够提升其生活质量并发挥个人能力的社会性活动情况（袁浩、马丹，2011），主要是指"公民在那些能够提升他们的福利状况和个人潜能的条件下，参与其共同体的社会与经济生活的程度"（Beck et al.，1997）。因此，该理论被社会科学家广泛应用于解释主观幸福感问题，是主观幸福感研究的一个重要视角。

　　社会质量理论的内涵主要包括四个方面的内容：一是社会经济保障，指人们获取可用来提升个人作为社会人进行互动所必需的物质资源和环境资源的可能性，与收入、住房、工作等相关；二是社会凝聚，指以团结为基础的集体认同，揭示的是在共享的价值和规范基础上的社会关系本质，也反映社会关系在何种程度上能保持整体性和维系基本价值规范，与社会信任、社会团结等相关；三是社会包容（社会融入），指人们接近那些构成日常生活的多样化制度和社会关系的可能性，人们在何种程度上可以获得来自制度和社会关系的支持，与社会群体问题相关；四是社会赋权（社会参与），指的是个人力量和能力在何种程度上通过社会结构发挥出来，社会关系能在何种程度上提高个人的行动能力，与社会资本、公共参与等相关（Monnickendam & Berman，2008；张海东，2010）。已有研究表明，社会质量的四个维度对人们的主观满意度、幸福感都有重要影响（Abbott & Wallace，2009）。维恩霍夫的研究指出，那些具有丰富的组织网络体系、以信任和宽容为特点的社会文化背景的国家或地区，公众的主观幸福感水平比较高；对于国家内部不同个体而言，那些积极参与社会活动的居民，主观幸福感水平也远高于非参与者（Veenhoven，2004）。韩莹莹以广东四县（区）为考察对象，对社会质量的四个维度与居民幸福感之间的关系进行分析，并指出社会经济保障、社会包容和社会赋权对人们的主观幸福感都有正向的影响。其中，社会经济保障对居民主观幸福感的影响比较有限，影响程度最小；而社会包容对居民主观幸福感的影响最大，社会网络、城乡融合对主观幸福感具有重要的促进作用。但是，由于广东是一个市场经济程度较高的省份，外来人口多、社会治安较差，社会凝聚对人们主观幸福感的影响并不显著（韩莹莹，2016）。国外学者 Bohnke（2008）、Abbott 和 Wallace（2012）通过对欧洲社会质量调查数据分析则发现，社会质量尤其是体现社会凝聚的社会信任因素，对欧洲各国居民的幸福感具有非常显著而且稳定的影响。Tokuda 等（2010）指出，生活在较高社会信任环境中的人比生活在低社会信任环境中的人更加幸福。国内学者袁浩和马丹通过对上海的调查数据进行分析指出，特殊信任能够较大幅度提升人们的幸福感，同时社会失范在很大程度上会减弱人们的主观幸福感（袁浩、马丹，2011）。孟祥斐（2014、2015）基于深圳和厦门的调查数据分析指出，相比于个体特征和经济因素，社会凝聚才是影响居民幸福感的关键。当然，也有研究指出，在社会质量的四个维度中，社会赋权对人们主观幸福感的影响最重要（袁浩、马丹，2011）。

从已有的研究可以看出，留守经历大学生的主观幸福感研究多从心理学的角度进行论述，无论是从留守与否，还是从留守时间和留守类型，现有研究都是在讨论留守经历对大学生的心理健康造成的创伤，从而导致留守经历大学生的主观幸福感也受到不同程度的影响。但不同的学者关于留守经历与大学生主观幸福感之间的关系观点不同，结论存在较大争议。社会质量对主观幸福感的影响在学界已被证实，但关于这方面的研究主要集中在大众群体，尚未有研究从社会质量的视角，以留守经历大学生群体为研究对象，分析该群体的主观幸福感问题。那么，社会经济保障、社会凝聚、社会包容、社会赋权等社会质量因素是否也与留守经历大学生的主观幸福感有显著的相关性？在上述研究中，不同学者关于社会质量的四个维度对人们的主观幸福感的影响程度存在争议，那么，社会质量的四个维度中哪一个对留守经历大学生的主观幸福感的影响作用更突出呢？本研究接下来将结合调查数据对其展开分析。

三　数据、变量与方法

（一）数据来源

本研究所用数据来自中国社会科学院社会学研究所 2015 年"中国大学生追踪调查"。该调查是中国社会科学院社会学研究所开展的一项针对当代大学生的研究，着眼于当代中国社会发展和变迁的时代背景，系统、综合地研究当代中国青年大学生成长和发展中的相关问题。2015 年的调查数据收集了来自全国的 11039 个样本，其中有过留守儿童经历的大学生样本为 2187 个。

（二）变量的测量与操作化

1. 因变量：主观幸福感

本研究的因变量为主观幸福感，测量的是留守经历大学生的主观幸福感受。幸福感的测量一直是研究者特别关注的核心问题。如何捕捉和测量个体的幸福感虽然不容易，但是单维度的自评幸福感已经被证明具有较高的效度（吴菲，2016），能够反映个体身心一致的实际生活感知，可以被视为客观科学的综合性量化指标（Kahneman & Krueger，2006）。因此，本研究采用的是自陈主观幸福感。在 2015 年的大学生调查中，询问被访者"综合考虑所有因素，您认为自己幸福吗?"，要求被访者在"非常幸福、比较幸福、说不上幸福不幸福、比较不幸福、非常不幸福"中做出选择。我们选取其作为本研究的因变量，并将受访者的答案按 1 分至 5 分序列统一计数：1= 非常不幸福，2= 比较不幸福，3= 说不上幸福不幸福，4= 比较幸福，5= 非常幸福。分值越高，表示被访者越幸福。

2. 自变量

本研究的目标是考察社会质量对留守经历大学生主观幸福感的影响，社会质量即本研究的自变量。根据社会质量理论，社会质量主要分为四个维度：社会经济保障、社会凝聚、社会包容、社会赋权。

（1）社会经济保障。社会经济保障主要反映的是人们所掌握的经济资源的多寡，本研究主要从个人年收入和家庭经济条件两个方面进行测量。

个人年收入：测量的是被访者过去一年的收入总额。在 2015 年的大学生调查中，询问被访者通过月生活费、勤工俭学、兼职、创业、奖助学金、压岁钱、理财等渠道获得的收入，我们将对这些具体的收入进行加总，算出总收入，并对总收入取对数放入模型中。

家庭经济条件：测量的是被访者对家庭经济条件的主观评价。在 2015 年的大学生调查中，询问被访者"与周围同学相比，您的家庭经济条件是?"，要求被访者在"很不好、不太好、一般、比较好、非常好"中进行选择，并对被访者的每个答案进行赋值：1= 很不好，2= 不太好，3= 一般，4= 比较好，5= 非常好。

（2）社会凝聚。社会凝聚主要反映那些建立在认同、价值以及规范基础上的社会关系被分享的程度，本研究主要从社会信任和社会冲突两个方面进行测量。

社会信任：测量的是被访者对机构和组织的信任程度。在 2015 年的大学生调查中，询问被访者"请问您对以下机构、组织（包括党组织、中央政府、地方政府、人大、政协、公安部门、法院、检察院、军队、群众团体）的信任程度如何？"，要求被访者在"很不信任、不信任、一般、信任、很信任"中进行选择，并对被访者的每个答案进行赋值：1= 很不信任，2= 不信任，3= 一般，4= 信任，5= 很信任。然后将各项加总形成一个复合型连续变量，分值越高，表示社会信任程度越高。

社会冲突：测量的是被访者对社会群体之间关系的看法。在 2015 年的大学生调查中，询问被访者"您认为当下中国社会下列社会群体之间（穷人与富人之间、老板与员工之间、不同种族 / 民族群体之间、不同宗教信仰之间、本地人与外地人之间、官员与老百姓之间）的社会冲突严重吗？"，要求被访者在"没有冲突、不太严重、比较严重、非常严重、不好说"中进行选择，并对被访者的每个答案进行赋值：1= 非常严重，2= 比较严重，3= 不好说，4= 不太严重，5= 没有冲突。然后将各项加总形成一个复合型连续变量，分值越高，表示社会冲突程度越低，社会团结程度越高。

（3）社会包容。社会包容主要反映的是社会中是否存在某个人或者某些群体遭受来自正式或非正式制度的系统性排斥，本研究主要从社会公平主观评价和对同性恋的态度两个方面进行测量。

社会公平主观评价：测量的是被访者对社会平等的看法。在 2015 年的大学生调查中，询问被访者"您是否同意大多数人都会尽可能公平地对待别人？"，要求被访者在"非常不同意、不太同意、比较同意、非常同意、不好说"中进行选择，并对被访者的每个答案进行赋值：1= 非常不同意，2= 不太同意，3= 不好说，4= 比较同意，5= 非常同意。分值越高，表示社会公平主观评价越高。

对同性恋的态度：测量的是被访者对特殊群体的社会接纳程度。在2015 年的大学生调查中，询问被访者"您对同性恋行为的接受程度如何？"，要求被访者在"完全不能接受、不太能接受、说不清、较能接受、完全能接受"中进行选择，并对被访者的每个答案进行赋值：1= 完全不能接受，2= 不太能接受，3= 说不清，4= 较能接受，5= 完全能接受。分值越高，表示被访者对同性恋行为的接纳程度越高。

（4）社会赋权。社会赋权主要反映的是社会成员全面参与社会互动的状况，本研究主要从被访者的社团参与和政治参与情况进行测量。

社团参与：测量被访者对学校社团组织的参与情况。在 2015 年的大学生调查中，询问被访者"您是否曾经加入学校社团?"，要求被访者在"从未加入任何社团、曾经加入过，只是一个普通成员、曾经加入过，自己是社团组织者 / 骨干或积极分子"中进行选择，我们对被访者的答案进行归类和赋值：0= 未加入过，1= 加入过。

政治参与：测量被访者在政治问题上的态度和行为。在 2015 年的大学生调查中，询问被访者"您是否参与过下列活动（与周围人讨论政治问题、在互联网上讨论政治问题、向新闻媒体写信反映意见、向政府部门反映意见、到政府部门上访、参与示威游行、参与罢工罢市罢课等行动）?"，要求被访者在"参加过、没有参加过"中进行选择，我们对被访者的答案进行赋值：0= 没有参加过，1= 参加过。然后将各项加总形成一个复合型连续变量，分值越高，表示政治参与程度越高。

3. 控制变量

本研究把性别、户口类型、政治面貌、学校类型、是否有国 / 海外学习经历作为控制变量放入模型。

4. 相关变量的描述统计

表 1 列出了因变量、自变量和控制变量的基本情况。

表 1　变量情况描述

变量	性质	均值	标准差	说明
因变量				
主观幸福感	连续	3.87	0.81	最小值为 1，最大值为 5。分值越高，幸福感越强
自变量				
个人年收入对数	连续	9.52	0.71	最小值为 3.40，最大值为 13.46
家庭经济条件	定类	2.61	0.73	1= 很不好，2= 不太好，3= 一般，4= 比较好，5= 非常好

续表

变量	性质	均值	标准差	说明
社会信任	连续	39.42	7.33	最小值为 10，最大值为 50
社会冲突	连续	17.99	4.55	最小值为 6，最大值为 30
社会公平主观评价	定类	3.29	1.16	1= 非常不同意，2= 不太同意，3= 不好说，4=比较同意，5= 非常同意
对同性恋的态度	定类	2.47	1.54	1= 完全不能接受，2= 不太能接受，3= 说不清，4= 较能接受，5= 完全能接受
社团参与	定类	0.83	0.37	0= 未加入过，1= 加入过
政治参与	连续	1.30	1.38	最小值为 0，最大值为 7
控制变量				
性别	定类	0.48	0.50	0= 女，1= 男
户口类型	定类	0.15	0.40	0= 农村户口，1= 非农户口
政治面貌	定类	0.06	0.24	0= 非党员，1= 党员
学校类型	定类	2.02	0.86	1= 高职院校，2= 普通大学，3= 重点大学
国 / 海外学习经历	定类	0.04	0.19	0= 否，1= 是

（三）方法说明

因变量主观幸福感为有序离散变量，已有研究文献中较多使用有序 Probit 模型或者 Logit 模型，但不少研究都发现 OLS 的结果与上述模型的结果基本一致（Ferrer-i-Carbonell & Frijters，2004；Wu & Li，2013；Wang & Xie，2015），而且 OLS 回归模型在解释上更具简洁性（洪岩璧，2017）。所以，本研究在讨论社会质量与主观幸福感之间的关系时，主要运用 OLS 回归模型进行分析。

四　数据分析结果

为了考察社会质量对留守经历大学生主观幸福感的影响，本研究以留守经历大学生主观幸福感为因变量，以性别、户口类型、政治面貌、学校类型和是否有国/海外学习经历为控制变量，以社会质量的四个维度为主要预测变量，采用多元线性回归方法，形成6个模型，如表2所示。

表2 留守经历大学生主观幸福感影响因素的多元线性
回归及各组变量的解释贡献率

变量	模型1 回归系数	模型2 回归系数	模型3 回归系数	模型4 回归系数	模型5 回归系数	模型6 回归系数	解释贡献率
控制变量							
性别（男）	-0.10^{***}	-0.08^{*}	-0.10^{**}	-0.10^{**}	-0.11^{**}	-0.08^{*}	10.44
户口类型（非农户口）	0.00	-0.09	-0.01	0.00	0.00	0.11^{**}	
政治面貌（党员）	0.22^{**}	0.18^{*}	0.16^{*}	0.20^{**}	0.23^{**}	0.14^{*}	
学校类型（普通大学）	-0.00	0.02	0.04	-0.02	0.00	0.01	10.44
学校类型（重点大学）	-0.05	-0.07	-0.01	-0.06	-0.04	-0.04	
国/海外学习经历（有）	0.41^{***}	0.05	0.39^{***}	0.40^{***}	0.42^{***}	0.04	
社会经济保障因素							
个人年收入对数		-0.06^{*}				-0.06^{*}	
家庭经济条件（不太好）		0.25^{**}				0.29^{***}	
家庭经济条件（一般）		0.48^{***}				0.53^{***}	50.95
家庭经济条件（比较好）		0.88^{***}				0.88^{***}	
家庭经济条件（非常好）		1.20^{***}				1.17^{***}	
社会凝聚因素							
社会信任			0.02^{***}			0.02^{***}	25.64
社会冲突			0.01^{*}			0.01^{**}	

续表

变量	模型1 回归系数	模型2 回归系数	模型3 回归系数	模型4 回归系数	模型5 回归系数	模型6 回归系数	模型6 解释贡献率
社会包容因素							
社会公平主观评价（不太同意）				−0.02		−0.01	
社会公平主观评价（不好说）				0.00		−0.02	11.87
社会公平主观评价（比较同意）				0.08		0.01	
社会公平主观评价（非常同意）				0.18		0.06	
对同性恋的态度（不太能接受）				−0.04		−0.04	
对同性恋的态度（说不清）				0.15**		0.21***	11.87
对同性恋的态度（较能接受）				—		—	
对同性恋的态度（完全能接受）				−0.00		0.07	
社会赋权因素							
社团参与（加入过）					0.05	0.04	1.09
政治参与					0.01	0.01	
常数项	3.91***	4.14***	3.04***	3.86***	3.84***	3.11***	
R=sqr	0.019	0.067	0.050	0.031	0.023	0.114	
Prob>F	0.000	0.000	0.000	0.000	0.000	0.000	

$^*p < 0.05$，$^{**}p < 0.01$，$^{***}p < 0.001$。

模型1中，我们只放入了性别、户口类型、政治面貌、学校类型和国/海外学习经历等控制变量，结果显示，性别、政治面貌和国/海外学习经历对留守经历大学生的主观幸福感有显著的影响。具体表现为：在留守经历大学生中，男性大学生的主观幸福感弱于女性大学生；党员大学生的主观幸福感强于非党员大学生；国/海外学习经历对留守经历大学生的主观幸福感有正向的促进作用，有过此经历的大学生的主观幸福感明显较强。但是，户口类型和学校类型的影响并不显著，样本中这些有过留守经历的大学生大多来自农村，所以户口类型的差异并不明显，幸福感在该变量上的差异也就不明显。同时，这些具有留守经历大学生进入的学校层次越高，幸福感越低弱，但在统计上并不显著。

模型2中，除了控制变量外，我们只加入了社会经济保障变量，结果发现，在控制性别、户口类型等特征时，个人收入与家庭经济条件对留守经历大学生的主观幸福感都有显著影响，具体表现为：个人年收入变量的回归系数为负数，这就意味着随着个人年收入的增加，留守经历大学生的主观幸福感反而减弱；家庭经济条件也有显著的影响，回归系数逐渐变大，这说明随着家庭经济条件的改善，留守经历大学生的主观幸福感也在逐步提高。

模型3中，除了控制变量外，我们只加入了社会凝聚变量，结果发现，社会信任和社会冲突两个变量都有显著影响。社会信任的评价越高，留守经历大学生的主观幸福感也越强。同时，留守经历大学生对群体之间的社会冲突的评价越高，其主观幸福感也越强。

模型4中，除了控制变量外，我们只加入了社会包容变量，结果发现，社会公平主观评价对留守经历大学生的主观幸福感的影响并不显著。对同性恋的接纳程度变量中，相对于完全不能接受的被访者，持中立态度的人的主观幸福感相对较强，主观幸福感在其他接纳态度上的差异并不明显。

模型5中，除了控制变量外，我们只加入了社会赋权的变量，结果发现，无论是社团参与还是政治参与，对留守经历大学生的主观幸福感的影响都不显著。

为了综合考虑社会质量各个维度对主观幸福感的影响，我们将社会经济保障、社会凝聚、社会包容和社会赋权四个维度的变量同时放入模型当中，即模型6。模型6在回归分析的基础上，采用Shapley值分解方法，对留守经历大学生主观幸福感的影响因素进行分析。Shapley 值分解方法可以对自变量与因变量之间的关系进行更深入的分析，分解各自变量的具体贡献和相对重要程度（Wan，2004；陈斌开、杨依山、许伟，2009），同时，Shapley 值分解的各变量的贡献率可以相加，从而能够估计出一组自变量的总贡献率（万广华，2006；Yang et al.，2014）。

结果显示，除了社会赋权因素外，社会经济保障、社会凝聚和社会包容因素对留守经历大学生的主观幸福感都有不同程度的影响，而且回归系数与前面几个模型的回归系数相比变化不大，影响具有一定的稳定性。同时我们发现，从模型 1 到模型 5 中，模型 2 中的 R^2 值最大，说明社会经济保障因素对模型的解释力最好。在模型 6 中，我们进一步证明了这个结论：相对于控制变量和社会质量其他三个维度变量，社会经济保障因素对模型的解释贡献率最高，高达 50.95%；其次是社会凝聚因素，解释贡献率为 25.64%；然后是社会包容因素，解释贡献率为 11.87%；社会赋权因素的解释贡献率最低，只有 1.09%。这说明，社会经济保障因素对留守经历大学生的主观幸福感的影响作用最大。

五　结论与启示

基于中国社会科学院社会学研究所 2015 年"中国大学生追踪调查"数据，我们考察了社会质量的社会经济保障、社会凝聚、社会包容和社会赋权四个维度与留守经历大学生主观幸福感之间的关系。结果显示，社会经济保障、社会凝聚和社会包容对主观幸福感都有不同程度的影响，而且影响作用具有一定的稳定性。这与已有的研究结论基本一致。

首先，社会经济保障对留守经历大学生主观幸福感具有不同程度的影响。随着个人年收入的增加，留守经历大学生的主观幸福感反而减弱。但是，留守经历大学生的家庭经济条件对他们的主观幸福感具有正向的促进作用，家庭经济条件越好，主观幸福感也越强。在本研究中，个人年收入主要测量的是留守经历大学生的生活费、兼职、奖助学金、勤工俭学等收入的累积，虽然生活费在一定程度上可以体现家庭经济条件，但这里所测量的生活费只是个人年收入中极小的一个部分，占大部分的还是除生活费之外的兼职、奖助学金和勤工俭学等方面的收入，这也是留守经历大学生在校期间的主要经济来源。收入越高，意味着留守经历大学生相对于其他学生群体需要花费越多的时间和精力去获取，这在一定程度上降低及减弱了他们的生活质量和满意度以及主观幸福感。结果还显示，家庭经济条件越好，家庭能够给予留守经历大学生的经济支持和社会支持会越大，主观幸福感也就越强。

其次，社会凝聚具有显著和稳定的影响。在我们的研究中，社会信任主要测量的是被访者对机构、组织的信任程度，而这种信任是人们的一种判断，这种判断反映的是机构和组织运行是否令人满意（Mishler & Rose，2001）。在这种判断中，人们会将自身的生活状况与机构和组织的工作联系在一起，这些机构和组织的工作运行是否达到人们的期望和要求，将在很大程度上影响人们的满意度。研究结果显示，随着社会信任程度的提高，留守经历大学生的主观幸福感增强。同时，社会冲突也会影响留守经历大学生的主观幸福感，因为社会冲突较多的社会环境，会引发人们的不确定性、无助感和无方向感，减弱人们的幸福感（迪尔凯姆，2003）。我们的研究结果也表明，随着社会冲突的减少（被访者对社会冲突主观评价越高），留守经历大学生的主观幸福感也越来越强。

最后，社会包容对留守经历大学生的主观幸福感有一定程度的影响，但影响有限。我们的研究表明，主观幸福感只在对同性恋持中立态度的留守经历大学生上有显著差异，其他维度上的差异并不明显。这可能与留守经历大学生的社会包容度总体上越来越高有关。

但是，与已有的一些研究结论不同的是，我们的研究发现，社会质量中的社会赋权维度对留守经历大学生的主观幸福感的影响并不显著。这与当代留守经历大学生社团参与程度、政治参与程度越来越高有关。当今社会，参与社团和表达政治观点的途径越来越广泛，社会成员利益表达的难度降低，社会参与影响人们满意度的重要性也在减弱。此外，与已有的关于社会质量与主观幸福感之间的关系的研究认为，社会包容或社会赋权对主观幸福感的影响最大的结论不同，我们的研究显示，社会质量的四个维度中，对留守经历大学生主观幸福感的影响作用最大的是社会经济保障因素。童年的留守经历、生活的艰苦和不确定性，使这些留守经历大学生对生活的物质经济条件比较重视，基本的生活保障仍然是留守经历大学生的重要需求。这符合马斯洛的需求层次理论的核心思想，即只有当基本的生理需求得到满足了，人们才有可能去追求更高层次的需求。

青年兴则国家兴，青年强则国家强。留守经历大学生作为青年群体的一部分，对国家和民族的发展具有不可替代的作用。特殊的留守经历，使该群体的发展需要我们给予更多的关注。我们的研究指出了社会质量对留守经历大学生的主观幸福感有着重要影响，说明在关注该群体的主观幸福感时，不能忽视社会和社会发展的因素。同时，社会经济保障是留守经历大学生主观幸福感最大的影响因素，启示我们在关注社会成员幸福感的问题时，应该着重增强留守经历大学生的物质安全感。当然，这并不意味着仅限于对经济基础的保障，还要增强和提高留守经历大学生的社会凝聚力和社会包容性，关注他们对社会的态度、感受和认同感，为他们创造更加健康和谐的社会环境，提升他们的幸福感。而社会赋权在本研究的结果中表现不显著，这并不意味着社会赋权对提升留守经历大学生的主观幸福感没有任何作用；相反，这启示我们可以通过加强社会赋权、社会参与建设来提升留守经历大学生的主观幸福感。同时，留守经历对个体的长期影响效应也启发我们在今后的留守儿童保护工作中，应重视加强对留守儿童尤其是小学阶段留守儿童的社会心理发展的积极引导和培育（刘志军，2021），最大限度地减轻童年时期的留守经历对未来成长和发展可能造成的负面影响。

参考文献

埃米尔·迪尔凯姆，2003，《自杀论》，冯韵译，商务印书馆。

边燕杰、肖阳，2014，《中英居民主观幸福感比较研究》，《社会学研究》第 2 期，第 22~42 页。

陈斌开、杨依山、许伟，2009，《中国城镇居民劳动收入差距演变及其原因：1990~2005》，《经济研究》第 12 期，第 30~42 页。

高艺秦、吕晓英，2018，《当代大学生主观幸福感实证研究——以北京农学院为例》，《高教论坛》第 4 期，第 121~125 页。

韩莹莹，2016，《社会质量与居民幸福感——以广东四县（区）为考察对象》，《中国行政管理》第 8 期，第 109~114 页。

何冬丽，2012，《留守经历大学生主观幸福感现状及影响因素分析》，《中国学校卫生》第 7 期，第 863~865 页。

洪岩璧，2017，《再分配与幸福感阶层差异的变迁（2005~2013）》，《社会》第 2 期，第 106~132 页。

李焰、赵君，2005，《大学生幸福感及其影响因素的研究》，《清华大学教育研究》第 S1 期，第 168~174 页。

李建军、黄健，2015，《高等教育与幸福——基于中日两国微观数据的研究》，《北京大学教育评论》第 1 期，第 96~107 页。

梁业梅，2018，《留守经历大学生主观幸福感及影响因素分析——以广西壮族地区为例》，《集美大学学报》第 4 期，第 26~31 页。

林卡，2016，《社会质量与幸福感：基于中国三个城市调查数据的比较研究》，吕浩然译，《湖南师范大学社会科学学报》第 1 期，第 69~78 页。

刘会驰、吴明霞，2011，《大学生宽恕、人际关系满意感与主观幸福感的关系研究》，《中国临床心理学杂志》第 4 期，第 531~533 页。

刘志军，2018，《童年期留守经历的情感补偿与代际效应》，《浙江大学学报》（人文社会科学版）第 5 期，第 133~151 页。

刘志军，2021，《能力还是心理——对留守经历长期影响的一项实证检验》，《浙江社会科学》第 3 期，第 74~86 页。

鲁元平、王韬，2010，《主观幸福感影响因素研究评述》，《经济学动态》第 5 期，第 125~130 页。

骆素萍、周邦，2017，《有留守经历的大学生心理健康与主观幸福感关系研究——基于心理韧性的中介作用》，《西南交通大学学报》（社会科学版）第 1 期，第 72~78 页。

孟祥斐，2014，《社会凝聚与居民幸福感研究——基于深圳与厦门的数据考察》，《天府新论》第 1 期，第 122~130 页。

孟祥斐，2015，《社会质量与居民幸福感——基于深圳与厦门的实证分析》，《特区经济》第 8 期，第 28~32 页。

苗元江，2009，《从幸福感到幸福指数》，《南京社会科学》第 2 期，第 103~108 页。

丘海雄、李敢，2012，《国外多元视野"幸福"观研析》，《社会学研究》第 2 期，第

224~241 页。

任强、唐启明，2014，《我国留守儿童的情感健康研究》，《北京大学教育评论》第 3 期，第 30~49 页。

万广华，2006，《经济发展与收入不均等：方法和证据》，上海人民出版社。

王菲，2019，《幸福感与中国劳动力市场：近三十年的经验》，《劳动经济》第 4 期，第 16~25 页。

王玉花，2010，《有童年期留守经历的大学生成人依恋、社会支持与主观幸福感的关系研究》，《心理学探新》第 2 期，第 71~75 页。

吴菲，2016，《更富裕是否意味着更幸福？基于横截面时间序列数据的分析（2003~2013）》，《社会》第 4 期，第 157~185 页。

严标宾、郑雪、邱林，2003a，《大学生主观幸福感的跨文化研究：来自 48 个国家和地区的调查报告》，《心理科学》第 5 期，第 851~855 页。

严标宾、郑雪、邱林，2003b，《大学生主观幸福感的影响因素研究》，《华南师范大学学报》（自然科学版）第 2 期，第 137~142 页。

杨菊华、段成荣，2008，《农村地区流动儿童、留守儿童和其他儿童教育机会比较研究》，《人口研究》第 1 期，第 11~21 页。

姚远、张顺，2018，《持久的"心灵烙印"：留守时间如何影响青年早期的主观福祉》，《青年研究》第 3 期，第 23~33 页。

袁浩、马丹，2011，《社会质量视野下的主观幸福感——基于上海的经验研究》，《吉林大学社会科学学报》第 4 期，第 138~145 页。

张海东，2010，《从发展道路到社会质量：社会发展研究的范式转换》，《江海学刊》第 3 期，第 119~123 页。

张羽、邢占军，2005，《大学生群体主观幸福感的初步研究》，《青少年研究》第 4 期，第 7~9 页。

郑雪、王玲、邱林、严标宾，2003，《大学生主观幸福感及其与人格特征的关系》，《中国临床心理学杂志》第 2 期，第 105~107 页。

周皓，2016，《人口流动与儿童心理健康的异质性》，《人口与经济》第 4 期，第 45~52 页。

Abbott, P. & C.Wallace. 2009. *Regimes for living:Structure, agency and quality of life.* Final Report to EU, Workcare. Aberdeen: University of Aberdeen.

Abbott, P. & C.Wallace. 2012. "Social Quality:A Way to Measure the Quality of Society." *Social Indicators Research* 108(1).

Beck.W. et al. 1997. *The Social Quality of Europe.* The Hague, Netherlands: Kluwer Law International.

Bohnke,P.2008. "Does Society Matter? Life Satisfaction in the Enlarged Europe." *Social Indicators Research* 87(2).

Diener, E. 1984. "Subjective well-being." *Psychology Bulletin* 95(3).

Diener, E.1994."Assessing Subjective Well-being: Progress and Opportunities." *Social Indicators Research* 31(2).

Easterlin, R. A. 1974. "Does Economic Growth Improve the Human Lot? Some Empirical Evidence." In P. A. David & M. W. Reder(eds.), *Nations and Households in Economic Growth*. New York: Academic Press.

Easterlin, R. 1995."Will Raising the Incomes of All Increase the Happiness of All?"*Journal of Economic Behavior* & Organization 27(1).

Easterlin, R. 2011."Income and Happiness: Towards a Unified Theory." *The Economic Journal* 111(473).

Ferrer-i-Carbonell,Ada & Paul Frijters. 2004."How Important is Methodology for the Estimates of the Determinants of Happiness?"*Econoomic Journal* 114(497).

Kahneman, D. & A. Krueger. 2006."Developments in the Measurement of Subjective Well-Being."*Journal of Economic Perspectives* 20(1).

Mishler,William & Richard Rose. 2001."What are the Origins of Political Trust? Testing Institutional and Cultural Theories in Post-Communist Societies."*Comparative Political Studies* 34(1).

Monnickendam, M. & Y. Berman 2008. "An Empirical Analysis of the Interrelationship between Components of the Social Quality Theoretical Construct." *Social Indicators Research* 86(3).

Okma,P. & R.Veenhoven. 1999."Is Langer Leven Nog Wel Leuk? Levensvoldoening van hoog-bejaarden in 8 EU-landen."*Social Wetenschappen* 42(4).

Tokuda, Y. et al. 2010. "Individual and Country-Level Effects of Social Trust on Happiness: The Asia Barometer Survey." *Journal of Applied Social Psychology* 40 (10).

Veenhoven, R. 2004. "Happiness as a Public Policy Aim: The Greatest Happiness Principle." In P.A.Linley & Joseph(Eds.),*Positive Psychology in Practive.*New York:Wiley.

Wan, Guanghua. 2004."Accounting for Income Inequality in Rural China: A Regression-based Approach."*Journal of Comparative Economics* 32(2).

Wang, Jia & Yu Xie 2015."Feeling Good About the Iron Rice Bowl:Economic Sector and Happiness in Post-Reform Urban China."*Social Science Research* 53.

Wu, Xiaogang & Jun Li. 2013."Economic Growth,Income Inequality and Subjective Well-Being:Evidence from China." *PSC Research Report*.

Xu, H. & Y. Xie. 2015. "The Causal Effects of Rural-to-urban Migration on Children's Well-being in China." *European Sociological Review* 31(4).

Yang, J.et al. 2014. "An Analysis of Education Inequality in China." *International of Educational Development* 37(2).

代际贫困与教育扶贫

—— 中国社会学会 2021 年学术年会"代际贫困与教育扶贫"论坛综述

李 涛 黄嘉欣 邓霜娇[*]

（教育部人文社会科学重点研究基地
东北师范大学中国农村教育发展研究院 长春）

2021 年 7 月 18 日，中国社会学会 2021 年学术年会"代际贫困与教育扶贫"论坛在线召开。本次论坛由教育部人文社会科学重点研究基地东北师范大学中国农村教育发展研究院牵头，联合中国社会科学院中国教育发展智库、西南大学教育政策研究所、重庆师范大学历史与社会学院、《中国农村教育评论》编辑部、《探索与争鸣》编辑部、《东北师大学报》（哲学社会科学版）编辑部共同主办，负责人为李涛、邬志辉、李春玲、李玲、杨如安和秦卫波。

扶贫先扶志，扶贫必扶智。教育是阻断贫困代际传递的根本之策。在中国脱贫攻坚战取得全面胜利的重大历史新起点，"代际贫困与教育扶贫"

---

[*] 李涛，教育部人文社会科学重点研究基地东北师范大学中国农村教育发展研究院教授、博士生导师，《中国农村教育评论》副主编；黄嘉欣，东北师范大学中国农村教育发展研究院博士研究生，《中国农村教育评论》编辑；邓霜娇，东北师范大学中国农村教育发展研究院博士研究生。

领域下一步的研究与实践工作将如何深化展开？如何进一步助力乡村振兴？如何有效阻断代际贫困？这亟须学界全面总结经验、厘清现状、检视问题、研判未来。

本次论坛紧密围绕"代际贫困与教育扶贫"中心议题，共设立了"教育贫困的理论谱系与实践前沿""贫困和相对贫困人群的社会流动与再生产""代际贫困传递的发生机制与阻断策略""乡村振兴战略下的中国教育扶贫""学业成就提升与教育贫困改善""教育扶贫经验反思：中国与世界"六个主题单元展开学术研讨。共有来自清华大学、北京大学、北京师范大学、华东师范大学、东北师范大学、南京大学、中山大学、天津大学、西南大学、陕西师范大学等多所国内知名高校与科研院所的 32 位受邀发言人做汇报发言。

论坛首先由东北师范大学中国农村教育发展研究院院长邬志辉教授致辞。他讲到，中国脱贫攻坚工作取得的重大成效为世界各国提供了宝贵经验，但在新形势下如何巩固脱贫攻坚成果、消除代际贫困仍然是当前和今后一个时期我国面临的紧迫难题。贫困的根源在于人的能力不足。教育正是促进人全面发展、阻断代际贫困的重要力量。由于贫困成因复杂且极具隐蔽性，因此如何有效改进教育扶贫工作，进而使教育贫困格局发生更大的根本性逆转，亟须学者们积极思考和有效回应。他向中国社会学会对本论坛的大力支持表示感谢，向积极参与本次论坛的与会学者表示欢迎，并预祝本次论坛取得圆满成功。

在第一单元"教育贫困的理论谱系与实践前沿"中，共有五位学者先后发言。学者们通过对"代际贫困与教育扶贫"领域国内外文献的系统梳理，明晰了理论的发展脉络与谱系，对 2020 年后中国教育扶贫实践开展了具有前沿价值的战略研判和机制设计。西南大学李玲教授对我国 2020 年后教育扶贫工作中相对贫困的识别问题展开论述，提出了建立义务教育阶段相对贫困识别指标体系的长效机制。东北师范大学李涛教授从宏观、系统和未来视角，回顾了我国教育扶贫取得的成就与现状，剖析了痛点与难点，进而提出 2020 年后我国教育扶贫发展的战略、目标与任务。山西师范大学任义科教授对国外脱贫方式和多维贫困的相关研究进行了全面系统综述，探讨了"家庭生计策略"和"政府帮扶工作"两个维度对改善贫困家庭福利、缓解家庭贫困的作用。宁夏大学田养邑副教授系统梳理了十年来我国学界在教育扶贫研究领域的学术发展脉络，并提出未来教育扶贫领域需进一步拓宽研究空间，如可创造性的开发"教育扶贫文化"等。天津师范大学硕士研究生杨琬祺基于科学知识图谱方法，梳理了"贫困学生""精准扶贫"等教育扶贫领域重要概念的演进脉络，对阻断贫困代际传递的相关文献做出了整体性的回顾与反思。

第二单元中，共有五位学者围绕"贫困和相对贫困人群的社会流动与再生产"这一主题展开论述。南通大学吕国光教授系统考察了从晚清普及学校教育以来，我国教育代际流动性的历史演变、现状特点和未来趋势，发现我国百年来普及学校教育成效显著，教育代际向上流动总体呈现 U 形分布，建议通过教育进一步促进社会公平、实现社会结构的优化与转型。中国音乐学院徐晓雯讲师采用"全国高校毕业生就业状况调查数据"，运用倾向值匹配方法证明了居住在城市与重点大学入学机会的相关性。陕西师范大学常亚慧教授从弱势家庭的"亲子互动"和"家校互动"切入，以"符号互动论"为理论解释框架，分析了教育贫困在互动中的"再生产"机制。南京大学博士研究生陈云龙在中国情境下对布迪厄"文化资本"与"文化再生产"概念的理论意义和解释限度进行了重新反思，重新审视文化资本理论的功用。北京大学硕士研究生赵平分析了进城务工家庭群体中，不同家庭安置决定对儿童非认知能力的影响及其作用机制。

在第三单元"代际贫困传递的发生机制与阻断策略"中，六位学者在对"三区三州"等深度贫困地区展开扎实田野工作的基础上，聚焦"辍学"议题，提出了深度贫困地区教育贫困发生的学理解释和治理之策。新疆农业大学博士研究生李敬以新疆南疆四地州少数民族农户为研究对象，发现提高受教育年限对打破阶级固化具有积极影响，分析了在少数民族地区国家通用语言水平、职业技能、高等入学机会对改善个体贫困方面具有的重要作用。廊坊师范学院时玥讲师对四川凉山州贫困县的义务教育辍学问题特征、治理困境以及长效治理机制进行了实证研究，提出规范治理制度、健全复学监督机制、提高教育保障力度等建议。西北农林科技大学硕士研究生张月琼聚焦教育保障的薄弱环节，对大凉山彝族女童辍学问题的现状及成因展开了调查，提出"加大控辍保学督察力度""持续推进农村移风易俗""强化两性平等的生育观念"和"培养适龄儿童接受学前教育观念"等针对性建议。云南师范大学硕士研究生张新培梳理了小凉山地区的教育脱贫历程，通过当地反贫困具体实例，讲述了扶贫道路上"穷县办大教育"的中国故事。河南大学博士研究生宋小香以"个案学校"为例，对控辍劝返教育实践展开了田野调查，明晰了控辍劝返的实践机制与发生逻辑，并通过"互动仪式链"理论展开机制解释。华南师范大学硕士研究生李正华探讨了民族地区的农村青少年"非贫辍学"的现象及其成因，指出民族地区的农村青少年发生辍学行为是物理空间、符号空间、权力空间、人际空间相互作用的结果。

第四单元的主题为"乡村振兴战略下的中国教育扶贫"。六位学者分别从中等职业教育扶贫、乡村小规模学校设计、高等学校教育扶贫、校地托管办学、职业教育反贫困和乡村教育理论反思角度，为我国乡村振兴战略背景下的教育扶贫路径提供新思路。天津大学潘海生教授基于柯布－道格拉斯生产函数模型，对 2000~2019 年我国有扶贫任务省份的中等、高等职业教育扶贫成效进行了实证研究，发现我国高等职业教育整体扶贫成效要高于中等职业教育。西安建筑大学周崐副教授从教育资源类型及其利用方式出发，探讨了乡村小规模学校校园及建筑的分类和功能构成，系统介绍了不同类型的乡村小规模学校建筑计划及设计方法，为今后小规模学校建设提供了新思路。华东师范大学博士研究生王晓茜以四所定点扶贫高校作为典型案例，分析了高校巩固拓展脱贫攻坚成果的作用机制。重庆师范大学胡之骐副教授详细介绍了精准扶贫政策背景下的校地托管办学模式，以自己亲身实践帮扶的地方学校为例，展示了高校与地方合作办学模式下该实验学校的发展脉络及其背后的帮扶思路。上海市教育科学研究院魏延志博士把乡村职业教育反贫困嵌入乡村振兴战略背景之中，重点介绍了后扶贫时期我国职业教育反贫困面临的形势与挑战、思路与路径。海南师范大学谢君君研究员对梁漱溟的乡村教育思想进行了再思考，通过构建新的互动分析框架重新思考了乡村教育问题，提出乡村文化自觉和文化复兴的新思路。

　　第五单元的主题为"学业成就提升与教育贫困改善"。中山大学杨再苹博士以学业成绩为代理变量考察了"家庭生计"和"民族文化"对学校教育的嵌入机制，进而提出民族教育政策的微观干预机制。清华大学硕士研究生刘博远探讨了我国区域、城乡间教育资源分布不均背景下，班级规模与学生学业发展之间的关系问题，指出师资力量成为班级规模与学生学业发展的关键性要素。河北大学付鸿彦副研究员探究了家庭文化资本、青少年认知能力、父母参与对中学生学业成就的影响及其传导路径，提出要重视家庭文化氛围建设、强化父母教育参与。华中师范大学钱佳副教授以家校沟通中教师对待不同学生家庭背景时的行为为切入点，指出为促进微观教育公平，需引导教师"有教无类"地进行家校合作育人，加强对弱势家长教育参与的指导。南京工程学院赵迪讲师探讨了非认知能力对初升高的重要影响，提出尤其在农村籍学生群体中，通过政策干预加强学生非认知能力的发展，更有利于促进教育平等。

　　第六单元的主题为"教育扶贫经验反思：中国与世界"。学者们讲述了教育扶贫道路上的中国故事和国际经验。河南大学姚松副教授探讨了社会组织机构在参与教育缓解相对贫困实践中的积极作用，提出了社会组织参与完善教育扶贫的优化框架体系。北京师范大学硕士研究生赵平以中央政府部门发布的教育扶贫政策文件为研究对象，分析了部门协同的演变历程与内在机理，梳理了教育扶贫政策协作部门数量逐渐增多，合作网络由整体向关键部门聚集的特点及变化趋势。西南大学李献庆博士以"人的自由发展"与"人的全面发展"相结合的价值观念，论述新时代"教育反贫从偏重外部帮扶转向提升内生动力""从分配正义转向承认正义"的内在逻辑。同济大学硕士研究生石雪怡对联合国教科文组织促进女童教育的理念演变、推进策略与实施路径进行了全面系统的论述。

宁夏大学教育学院博士研究生柳安娜以在田野调查过程中的实际体验为例，揭示当下乡村教育人力资源供给逻辑关系不合理的现实，并从阿马蒂亚·森的福利经济增长理论视角建构了我国乡村教育人力资源供需平衡的新型模型关系。

英国皇家艺术研究院院士、全球中国学术院院长常向群教授，复旦大学社会发展与公共政策学院张乐天教授，华东师范大学教育学部周勇教授，西南大学教育政策研究所所长李玲教授，重庆师范大学副校长杨如安教授，《东北师大学报》（哲学社会科学版）秦卫波常务主编作为各单元学术评议人做了如下学术点评。

一是要扎根中国本土生成原创理论。目前许多研究者都有志于开展有关中国问题的学术研究。他们深入中国贫困地区和社会实践，开展了大量田野调查，获得了丰富的一手资料，但对这些资料却存在大量套用国外经典理论解释的现象，缺乏基于本土实践生成的原创解释。研究者们应该对国外经典理论持审慎反思的态度，反省现成理论的适用边界和解释力度，需要从经验案例中生成与本土实践真正匹配适契的原创理论，形成中国学人理论研究的学术自觉。

二是要兼顾研究细节和全局。学术论文写作是一项具有系统性、复杂性的严谨工程，既要注重研究全局，也要做到对论文写作细节的关注。在现有的研究论文中，一些更应该被关注的核心与重点却没有被很好地阐明，变量关系的假设检验和逻辑验证均依托于引用文献的规范与适契。但部分论文研究设计中，对关键变量、核心问题、重要概念的支撑性文献论证不足。这严重影响了研究成果的呈现和整体质量。

三是要注重学科交叉基础上真正的学理对话。越来越多的研究者尝试从不同学科理论视角重新审视"代际贫困与教育扶贫"领域中的问题，为这个领域的研究注入了新血液、新思维，呈现学科间理论交叉融合的局面。但我们还需要真正促进不同学科之间实质性的学理对话。这就要求各位研究者在运用多领域理论解释贫困问题时，要深入思考理论之间内生性、深层的逻辑关联。

　　本次论坛由中国社会科学院中国教育发展智库副理事长李春玲研究员、《探索与争鸣》叶祝弟主编、东北师范大学中国农村教育发展研究院副院长李伯玲研究员等 7 人主持会议不同单元，东北师范大学中国农村教育发展研究院院长助理李涛教授做大会总结发言。

　　李涛教授总结本次论坛：有情怀、有内容、有理论、有实践、有期待。在情怀上，论坛对贫困者深切关注，体现了浓浓的人文关怀；在内容上，论坛是一场丰盛的学术盛宴；在理论上，论坛在"传统与现代""中国与世界""当前与未来"三重维度中形成了教育扶贫研究的共识与新知，达成了批判与反省，蕴含着深刻学理；在实践中，与会者多采取田野调查等方式探索中国，通过支教帮扶等多种途径身体力行参与教育扶贫实践改进；在期待上，学界前辈对年轻学者们提出了殷殷期许。最后他总结了四点反思：一是如何真正达成有深度、有质量的学术对话和研讨，二是如何在学术审美与论题雅趣中插上学术想象力的翅膀，三是如何在有限时间内实现准确完整的学术表达、在新数字时代对会议新技能达成"上手状态"，四是如何在线上开放办会与知识保护的多重矛盾中达成平衡。

　　论坛共收到参稿论文 102 篇，总来稿作者人数为 114 人，有 79 篇论文被收录入论坛论文集——《代际贫困与教育扶贫》，其中 32 篇论文被论坛接受并邀请作者发言，总接受率为 31.4%。受邀发言者中既有教授、副教授、讲师（博士后）等教师身份作者，也包括博士研究生和硕士研究生等学生身份作者；既有知名专家学者，又有年轻学术新锐。这呈现了论坛参与学者群体分布的广泛性和丰富性。

主编的话（征稿启事）

《中国农村教育评论》系教育部人文社会科学重点研究基地东北师范大学中国农村教育发展研究院和中国教育学会农村分会联合主办的国际性学术集刊，主编为邬志辉教授，副主编为李涛教授。

本集刊是为了提高中国农村教育研究学术水准、促进与国际学术界对话交流而搭建的一个学术平台，每辑突出一个主题。本集刊的宗旨是面向城镇化、工业化、信息化和农业现代化进程中的中国，研究社会转型过程中的重大农村教育理论与实践问题，推动运用社会学、教育学、经济学、文化学、人类学等多学科视角与方法观察和研究农村教育，推进规范的实证主义、解释主义、批判主义等研究范式在农村教育研究中的应用，促进以农村教育为主题的研究之间开展学术对话，提升中国学术话术的国际影响力，生产农村教育新知，服务国家重大决策，改进农村教育实践。本集刊具有以下特点。

首先，国际化视野与本土化行动交融。我们正处在社会转型的大时代，全面记录、深刻省思社会变迁进程中的农村教育问题，既具有中国价值，也具有世界意义。农村教育问题既是中国本土特有的问题，也是世界发达国家和其他发展中国家共同面临的问题，国际经验和教训可资中国借鉴，中国经验和教训亦可供世界参考。我们期盼"中国农村教育发展道路"能够和"世界农村教育发展道路"进行对话，并形成各自的民族教育自觉，生成中国本土的教育理论思维与教育实践模式。

其次，学理性探索与实证性研究兼顾。从事农村教育研究受到最多的批评是"没有理论"。农村教育问题并不是天然地没有理论，20世纪二三十年代我国出现的一大批农村教育家，如陶行知、晏阳初、梁漱溟等，都有自己的农村教育思想，因此本集刊重视农村教育理论的生产。同时，我们注重"用数据说话"和开展规范的实证研究，并倡导对数据进行深度挖掘和可视化处理。

最后，前沿性问题和最新进展结合。在迈进共同富裕、乡村全面振兴的社会进程中，中国农村教育还面临着一系列重大的理论与实践问题。回应国家重大关切、反映理论最新进展、总结实践典型经验，实现理论、政策与实践的三重观照是我们办刊的宗旨，也是本集刊的特色。因此，我们特别关注国家社科基金重大项目，国家社会科学（自然科学）基金或全国教育科学规划重大、重点项目，教育部重大项目，国际组织资助的重大项目的研究进展，并为之提供标志性研究成果的发表平台。同时，本集刊关注学界热点问题及对热点问题的深度反思。

本集刊分设"教育理论""教育调查""教育文化""教育政策""学术书评""会议综述"等栏目。"教育理论"栏目侧重于从社会学、经济学、政治学、人类学等跨学科视野审视农村教育问题，反映交叉学科理论与方法的新进展，与经典学术观点对话，推动农村教育学术思维的深化。"教育调查"栏目侧重于反映农村教育真实面貌的调查报告、个案研究，既鼓励运用国家公布的统计数据做深入的时间序列化研究，也欢迎基于调研工作所做的截面数据调查报告，更倡导运用自主开发的时序化数据库数据进行研究。"教育文化"栏目侧重于从文化视角分析农村教育与农村社会之间的关系，形成富有洞见的农村教育文化解释。"教育政策"栏目侧重于对国家已经颁布的重大农村教育政策的评价与评论、对国家拟出台农村教育新政策的建言与提案，关注农村教育政策变迁的历史梳理与分析，同时推动教育政策研究最近理论与方法的引介与运用。"学术书评"栏目侧重于推介中国学术话语，更以开放的眼光关注具有重大理论意义的国内外、教育学科内外相关重要学术著作，推进农村教育学核心概念、支撑性理论的形成和学科理论体系的构建。"会议综述"栏目侧重于全景展示和立体反映学术会议的研究成果与思想交锋。学术会议是学者集中发表研究成果、展开学术对话、提示未来学术发展的平台，好的学术会议对学科建设和学术发展具有划时代的意义。

本集刊拟向下列读者群提供服务：一是从事农村教育研究的国内外学者与研究人员，二是各级教育行政部门的决策者与管理者，三是农村各级各类学校、农业院校及普通高校涉农专业的实务人员，四是从事农村教育研究的硕士研究生和博士研究生，五是关心和支持农村教育的各民主党派、非政府组织、社会工作机构、新闻媒体等的工作人员。

本集刊面向国内外公开发行，我们诚挚欢迎各位专家学者赐稿。本集刊接受中英文两种语言投稿。来稿原则上是未正式发表或未公开出版的原始稿件。除学术书评和会议综述外，论文要求在字数 2 万～5 万字。作者若有好的选题，也可主动与本刊联系，共商研究写作计划，以保证本刊的学术风格。投稿时请寄纸质文稿 1 份，同时将电子文本（*.doc 格式）发至邮箱 lit456@nenu.edu.cn。纸质文稿寄至：130024，长春市人民大街 5268 号东北师范大学中国农村教育发展研究院《中国农村教育评论》编辑部。信封上请注明"投稿"字样。来稿收到，即复回札。来稿采用匿名评审，时间约为 2 个月。如果评审专家评审通过，编辑部将与作者联系。如不拟采用，原稿不再退还，作者若需返还，可来电来函与编辑部联系。编辑部有权对来稿做必要的处理，并与作者联系。

衷心期盼《中国农村教育评论》能成为你学术研究道路上的新朋友、农村教育改革中的新伙伴、农村教育政策制定中的新智囊！

邬志辉

《中国农村教育评论》主编

China's Rural Education Review

Vol. 4

Table of Contents & Abstracts

The Alchemy of the Mathematics Curriculum: Inscriptions and the Fabrication of the Child

Thomas Popkewitz

translated by Chang Yahui / 1

Abstract: School subjects are analogous to medieval alchemy. There is a magical change as mathematics, science, and social sciences move from their disciplinary spaces into the classroom. The educational and social psychologies have little or nothing to do with understanding disciplinary practices. They are intellectual inventions for normalizing and governing the child's con-duct, relationships, and communications. The author examines this alchemy in standards based mathematics educational policy and research for K-12 schools. He argues that the emphasis on "problem solving," collaboration, and "communities of learning" sanctify science and scientists as possessing authoritative knowledge over increasing realms of human phenomena, thus narrowing the boundaries of possible action and critical thought; and while reforms stress the need for educational equity for "all children," with "no child left behind," the pedagogical models divide, demarcate, and exclude particular children from participation.

Keywords: alchemy; inscriptions device; teaching method; mathematics; reform standards

The Dissociation from the Boundary between Family and School in Homework

Chang Yahui   Zhao Simeng / 38

Abstract: Based on the field habitus theory, this study takes homework as the breakthrough point, and adopts qualitative research method to investigate and analyze the homework situation of class C students in M primary school. Parents from different social and economic status background participate in the action and students' homework performance shows a hierarchical picture, which shows the different boundary patterns in homework. Under the influence of habitus, the parents of middle and upper class tend to cooperate with each other in parenting, students' homework performance is better, which reflects the boundary blending; the parenting style of working-class family field tends to let children grow up naturally, which shows the separation of family and school. However, in the state of integration and separation, parents' bad participation will lead to bad performance of students. Therefore, it is necessary to seek a reasonable boundary between family and school and carry out benign family-school interaction in order to form a benign family-school cooperation.

Keywords: homework; the boundary between family and school; field; habit

School Distribution in China's Severely Impoverished Counties: From a Spatial Perspective

Si Hongchang / 72

Abstract: In 2020, which is a pivotal year for China to end poverty in all rounds, poverty was all eliminated in the severely impoverished counties, which still face difficulties in educational development, especially in spatial distribution. Based on the previous research in counties, this study analyzes the spatial distribution of education in 52 severely impoverished counties in seven provinces. Three kinds of spatial types and ?different school's distribution are examined from a spatial perspective. Specific suggestions are provided for the educational development in impoverished counties.

Keywords: severely impoverished counties; spatial distribution of education; schools'spatial distribution; education in impoverished counties

Research on the Preschool Teachers' Job Burnout in China County Areas from the Perspective of Job Demands-Resources Model

Zhao Na   Huo Ming / 102

Abstract: The harm caused by the rural preschool teachers' job burnout has been gradually revealed.It will not only have a negative impact on teachers' working attitude, but also affect the physical and mental health development of children and teachers.In this study, 10,581 preschool teachers in thirty-four counties from eighteen provinces were investigated, in addition, the present situation and influencing factors of preschool teachers' job burnout in county areas are fully analyzed by using the multi-level structural equation model. The research results showed that:1.As a whole, the situation of job burnout of preschool teachers in county areas is not optimistic. 2.The problem of job burnout among male, older, higher education level rural preschool teachers ; or rural preschool teachers with 4-5 and 11-20 years of teaching experience, lower professional title, authorized; or rural preschool teachers in western,county, town and independent public kindergartens is more prominent.3.The latent variables of job resources and job demands respectively have a negative and positive impact on preschool teachers' job burnout.Job demands have a partially mediation effect in the relationship between job resources and job burnout of preschool teachers. The inclusion of kindergarten variables increases the impact of latent variables on teacher burnout. Therefore, preschool teacher burnout is different among kindergartens.In order to solve the problem of job burnout,this study holds that the government should pay attention to the group differences and spatial heterogeneity among kindergartens, reduce the degree of work requirements and strive to build an adequate and specific network of work resources.And all of this needs to be done from the perspective of diversity and integration.

Keywords: preschool teachers; job demands; job resources; job burnout

From Public to Private School: A sutdy on the Phenomenon of Rural School Choice under the Restriction of Structural Factors—Based on the Observation of a Private School

Chen Mingqiu   Wei Feng / **158**

Abstract: In recent years, with the continuous development of rural private education, more and more rural students choose to transfer from public schools to private schools. The phenomenon of school choice from public schools to private schools in rural areas is closely related to the influence of social structural factors. On the one hand, The unbalanced educational development among counties has resulted instudents "voting with their feet"and choosing high-quality private schools outside their own county or city.The low-quality of rural education under the dual urban-rural structure has also caused rural school students to "flee"one after another. On the other hand, with the China's urbanization, hundreds of millions of rural laborers have nigrated to cities, which has caused changes in the traditional family structure in rural areas. A large number of "left-behind children" and "children of divorced families" face the dilemma of having nowhere to go, and private schools that provide boarding services become their temporary "home". The social structure deeply influences and restricts the destiny and choices of individuals.

As the active "rational person", the subject of school choice does not passively bear the constraints of the structure, but tries to break free from the constraints of structural rules through the action of school choice. On the one hand, due to the desire for high-quality educational resources, the school-choosing behavior occurred among schools between counties, between urban and rural areas, and between urban schools. On the other hand, parents of left-behind children and children from divorced families make the decision of choosing schools out of consideration of economic and safety benefits. Seeking a plan to maximize the comprehensive benefits of children and families under the structure network reflects the individual's active consciousness and rational thinking.

Keywords: school choice; rural private school; rural public school

Peasants' Traditional Action Orientation and Its Educational Significance of Intergenerational Transmission

Zhao Tongyou / 199

Abstract: Taking nature-human structure as action system; mode of production as action framework; habitus as action outcome, this study tries to understand the patterns of peasants' action, its inclination and outcome within the context of peasant economy, including potential, unexpected educational outcomes. Nature-Human structure being action system, human action is constrained by nature to a great extent, which results in fatalism in their belief system (called limited-will action). Mode of production being action framework, frames peasants' action characterized by experience-oriented and lack of accuracy. Meanwhile, the non-process action constrained by mode of production, shaping a habitus of action-outcome inclination. It is called outcome-oriented action which inclines to violate rational rules transforms to emotional action. Taking the form of habitus as a mediator, the whole set of action hides in the socialization of the interaction between peasants and their offspring, conflicting with the instrumentally rational action dominated in school field. The conflict predicts that peasants' offspring may encounter the crisis of habitus transformation and adaptation in school, revealing another way to perceive cultural and social reproduction.

Keywords: peasant; action; habitus; education

Agree to Disagree: Study on Acculturation Strategies of Undergraduate with Rural HUKOU

Xiao Tong   Wu Zhihui / 227

Abstract: Driven by the external force of globalization and the internal transformation of the country, the structural change of social practice has come. Nowadays, the era of "mobility" has become an unavoidable reality, which is manifested through rational fission and reflexive modernization, the digestion of rural culture and tradition, individual identity anxiety and so on. Based on the broad vision of social transformation and cultural conflict, this study makes a more in-depth theoretical discussion and data interpretation of the acculturation strategies of rural students. The survey found that the strategies of separation and marginalization weren't conducive to the construction of social network of rural undergraduates; the assimilation strategy could expand the scale and intensity of their social network, while with more emotional burdens and isolation pressure. They should choose the integration strategy, and get the eternal vitality from urban and rural culture with the life attitude of accommodating divergent views.

Keywords: undergraduate with rural HUKOU; acculturation strategies;

social transformation

A Study on the Subjective Well-being of College Students with Left-behind Experience: Based on the Perspective of Social Quality

Liu Senlin / **271**

Abstract: The subjective well-being of college students with left-behind experience is special, and is an important issue that people concern. There are various factors that affect the subjective well-being of college students with left-behind experience, and the influence of social quality level cannot be ignored. This study analyzes the correlations between social economic security, social cohesion, social inclusion, social empowerment and subjective well-being for college students who have left-behind experience, from the perspective of social quality, based on "The Panel Survey of Chinese University Students" data. We find that social economic security, social cohesion and social inclusion all have different degrees and significant influences on the subjective well-being of college students with left-behind experience. But the influence of social empowerment is not significant. At the same time, we also find that social economic security, which is composed of personal income and family economic conditions, has the greatest influence on the subjective well-being of college students with left-behind experience. This shows that the social interaction and social participation of college students, who have the left-behind experience, with the outside world will not affect their subjective well-being, but their inner feelings, identity, and material security are the source of subjective well-being.

Keywords: college students with left-behind experience; social quality; subjective well-being

图书在版编目（CIP）数据

中国农村教育评论 . 第四辑 / 邬志辉主编 . -- 北京：
社会科学文献出版社，2021.12
　ISBN 978-7-5201-9334-4

　Ⅰ. ①中… 　Ⅱ. ①邬… 　Ⅲ. ①乡村教育 - 研究 - 中国
Ⅳ. ① G725

　中国版本图书馆 CIP 数据核字（2021）第 218716 号

中国农村教育评论　第四辑

主　　编 / 邬志辉

出 版 人 / 王利民
组稿编辑 / 谢蕊芬
责任编辑 / 赵　娜　孟宁宁
责任印制 / 王京美

出　　版 / 社会科学文献出版社·群学出版分社（010）59366453
　　　　　　地址：北京市北三环中路甲 29 号院华龙大厦　邮编：100029
　　　　　　网址：www.ssap.com.cn
发　　行 / 市场营销中心（010）59367081　59367083
印　　装 / 三河市龙林印务有限公司

规　　格 / 开　本：787mm×1092mm　1/16
　　　　　　印　张：19.75　字　数：295 千字
版　　次 / 2021 年 12 月第 1 版　2021 年 12 月第 1 次印刷
书　　号 / ISBN 978-7-5201-9334-4
定　　价 / 128.00 元